ASIA

북한
한국
일본
중국
버마
라오스
태국
캄보디아
베트남
말레이시아
필리핀
인도네시아

아시아를 읽는 결정적 사건 9 THE
NEWS

THE NEWS
아시아를 읽는 결정적 사건 9

쉐일라 코로넬 외 지음 | 오귀환 옮김

ALJAZEERA New York Times INQUIRER panorama theguardian THE ASIAN AGE

गोरखवापत्र The Nation AP The Indian EXPRESS THE GLOBE AND MAIL CHRONICLE CNN

Le Monde BBC नवभारत HIMAL The Tribune TIME NDTV DER SPIEGEL

asia network 푸른숲

일러두기

1. 본문에 나오는 인명 및 지명은 관용을 따르되 현지 발음을 고려하여 표기했다.
2. 단행본은 《 》, 잡지와 신문, 방송은 〈 〉로 표기했다.
3. 이 책에 나오는 각국 기본 사항은 해당 국가 정부 공식사이트 및 www.wikipedia.org, www.cia.gov, www.worldstatesmen.org 등을 참고했다.
4. 본문에 있는 각주는 모두 역자가 쓴 것이다.
5. 별도 표기가 없는 본문 사진의 저작권은 저자에게 있다.

온전한 아시아의 눈으로

이런 '유'의 책은 더러 있었다. 대개, 서양인이 기획·편집하고 서양 기자들이 썼다. '양념' 냄새가 나긴 하지만 한둘쯤 아시아나 라틴 아메리카 기자들 글을 집어넣은 것도 아주 없진 않다.

그런데 읽기가 마뜩지 않다. 모조리 무슨 '특종'이라 우기든지 아니면 기자들을 마치 '영웅'처럼 만들어놓았다. 그도 저도 아니면 '교범'쯤 되는 것처럼 말하기도 한다.

'최초 보도' '최초 인터뷰' '단독 취재' '독점 취재' 웬 '특종'이 그리도 많은지. '20세기 언론사를 통틀어 가장 뛰어난 기자로……' '세계 최고 전쟁 기자로서……' '세계사를 뒤흔든 기자인……' 웬 기자들이 제 몸에 역사성까지 붙여 '영웅'으로 등장하는지. 그러다가 신나면 '탐사 보도의 전형' '정치 기사의 본보기' 같은 말들을 내걸고 아예 가르치려고 든다.

그렇다. 보기에 따라서 그런 것들은 ……일 수도 있고 ……아닐 수도 있다. 다만, 아시아의 눈으로 읽기에는 몹시 거슬린다는 뜻이다. 이런 '유'의 책들이 하나같이 기자 '정신'을 앞세우고 언론 '사명'을 말하지만 여전히 서구중심주의(Euro-centric)를 깔고 있는 탓이다.

이 세상에는 서양 언론만 있고 그 현장에는 서양 기자만 있는 풍경이다. 아시아, 아프리카, 라틴아메리카는 그 서양 기자들 일터쯤으로만 등장한다. 그 투란 것도 대개, '왔노라, 보았노라, 썼노라' 같은 고대 점령자들의 낭만기가 물씬 풍긴다. 그 눈길 속에는 점령지 시민들을 향한 서양식 '의젓함'만 굴러다닌다.

그 사이, 아시아 기자들은 대개 '2류' 아니면 '3류' 쯤으로 휘둘렸다. 눈꼴사납게 여겼지만 대꾸하지도 못하고, 못 본 척하거나 콧방귀만 뀌었다.

왜냐하면 군소리하는 걸 시답잖은 일이라 여기거나 스스로를 잘 드러내지 않는 문화적 차이도 있었고, 또 그런 일에 관심도 없었다. 게으르기도 했다. 게다가 별로 팔리지 않을 이런 '유'의 책 한 권 만들어 낼 만한 돈줄 찾기도 힘들었으니 말이다.

그런 아시아 기자들 모습은 취재 현장에서도 그대로 드러났다. 순진한 아시아 기자들은 애먹고 취재한 정보를 친절하게 심장에다 허파 꽈리까지 덧붙여 서양 기자 '친구'들에게 건네주기 일쑤였고, 그 결과 '최초 보도' '최초 인터뷰' 같은 타이틀은 늘 그 '친구'들 몫이 되곤 했다.

"인터뷰해달라고 해서 몇 마디 풀었더니, 정작 자기들이 취재한 것처럼 보도해버리더라."

몇 해 전 쓰나미가 덮쳤을 때, 사전 감지를 하고도 못 본 척했던 타이 공무원을 고발해 이른바 '특종'을 터뜨렸던 〈네이션(The Nation)〉의 쁘라윗이 영국 방송에 인터뷰를 해주고 난 뒤 털어놓은 분통이 대개 순진한 아시아 기자들 것이다.

이쯤에서 우리는 '서구중심주의'를 몰아내고 그 자리에 대신 '아시아중심주의'를 옮겨 심겠다는 뜻이 전혀 없음을 분명하게 밝혀둔다. 그런 것들이 독선적인 사관을 만든 주범들이고 세계 시민사회를 망친 주역들이라 믿기 때문이다. 그런데도 우리가 이런 '유'의 책을 만든 까닭은 온전한 아시아의 눈으로 아시아를 보자는 결심이 있어서이다. 그게 바로 '아시아의 눈'을 강조하며, '아시아 뉴스를 아시아 기자들 손으로'를 내걸고 2000년 아시아 기자들이 모여 만든 아시아네트워크의 정신이었고, 2007년 아시아네트워크 출판사로 이어졌다.

'아시아에도 언론이 있고, 아시아에도 기자들이 있다.'

우리는 아시아 언론 현실과 그 현장을 뛰는 기자들 모습을 정직하게 보여주면서, 독자들과 함께 아시아를 고민해보고 싶었다.

정문태

차
례

1장 사건의 전모를 파헤치다

2장 뉴스 인물을 만나다

3장 아시아의 뉴스, 아시아의 기자

피플파워에 쫓겨난 로빈후드 대통령

대통령이 점차 갱단 두목처럼 되어 간다는 대통령 친구의 폭로는 필리핀을 뒤흔들었다. 그러나 사람들은 아직도 '뉴스'에 굶주려 있었다.

네팔 왕세자, 왕실을 쏘다

분명한 사실은 이 참살이 네팔 정치에 씻을 수 없는 상처를 남겼고 군주제에 대한 전통적인 존경심을 앗아가버렸다는 점이다.

01

NEWS

사건의 전모를
파헤치다

독가스, 도시를 뒤덮다

기업과 정부가 한 목소리로 장담한 '철저한 안전 시스템'은 전혀
작동하지 않았다. 2007년 현재 50만 명 피해자들의 고통은 계속
되고 있고 아무도 처벌받지 않았다.

피 플 파 워 에
쫓 겨 난
로빈후드 대통령

마닐라

말레이시아

필리핀

P H I L I P P I N E S

공식명칭 필리핀 공화국(Republic of the Philippines)

약칭 필리핀(Philippines)

수도 마닐라(Manila)

정부형태 공화국

면적 29만 9,764제곱킬로미터

인구 7,649만 8,735명(2000년 5월 기준)

인종 말레이족 95.5퍼센트

종교 가톨릭교 82.9퍼센트, 개신교 5.4퍼센트, 이슬람교 4.6퍼센트, 기타 약 5퍼센트

언어 필리핀어(공용어), 영어(공용어), 그 외 8개–타갈로그어, 세부아노어, 일로카노어, 일리가이논어(일롱고어),
비콜어, 와라이와라이어, 팜팡고어, 팡가시난어–통용어

1인당 GDP 구매력평가기준(PPP) 5,365달러(2006년 추정)

'피플파워II'의 기폭제가 된 빛나는 특종

"잡아야지. 모조리 잡아야지. 시민 돈 훔쳐 먹는 놈들은 하나도 남김없이."

얼핏 경찰이나 검찰이 하는 말처럼 들릴 수 있는데, 사실은 '펜을 든 여전사들'로 널리 알려진 PCIJ(필리핀탐사저널리즘센터; Philippine Center for Investigative Journalism) 쉐일라(Sheila Coronel) 말이다.

"에스트라다 도둑질은 차원이 다르다. 망설임도 두려움도 없이 마음껏 대통령직과 시민을 유린한 경우다."

가냘픈 모습과 달리 그이 말 한 마디 한 마디는 뼛속까지 파고든다.

쉐일라는 이본느 추아(Yvonne Chua), 루즈 림반(Luz Rimban), 위니아 다팅귀누(Vinia Datinguinoo) 등 이른바 '여걸 4인방'을 이끌었던 기자로서 부패한 에스트라다 전 대통령을 쫓아낸 지난 2001년 필리핀 '피플파워II'의 기폭제 노릇을 한 기자이다.

이들은 에스트라다 대통령 정부의 온갖 협박과 방해공작을 뚫고 '1년에 오직 5만 달러를 번다는 대통령이 어떻게 한 건에 수백만 달러가 넘는 재산을 긁어모을 수 있었는가? 그 폭발하는 의문에 대해서' 라는 제목을 단 폭로 기사를 터트려 필리핀 사회를 뒤흔들었다.

"에스트라다를 탄핵할 수 있었던 건, 처음부터 PCIJ가 폭로한 대통령의 뇌물수수와 부패 관련 기사 덕이었다."

하원에서 최초로 에스트라다 탄핵에 서명했던 헤헤르손 알바레즈의 말처럼, 쉐일라와 그 동료들의 집요한 추적보도는 다시 에스트라다 탄핵 검사들에게 길잡이 노릇을 하면서 필리핀 역사를 새로 쓰게 만드는 동력이 되었다. 그리고 쉐일라와 그 동료들이 쓴 기사는 필리핀 언론사에 최고 권력자의 부정을 최초로 폭로한 빛나는 특종으로 기록되었다. 쉐일라가 이끌어온 PCIJ는 1989년 창설 때부터 부정부패에 매서운 칼날을 들이대며 필리핀 언론의 새로운 가능성을 열었고, 1993년 부정을 저질렀던 대법원 판사가 이들에게 직격탄을 맞고 쫓겨날 때쯤에는 이미 필리핀 언론의 상징으로 굳건히 자리 잡았다. 하여, 필리핀 시민사회는 늘 그이들이 쏟아내는 '충격적인 뉴스' 에 귀 기울였고, 시민들은 그때마다 '경악' 했다. 그 시민들은 그 놀람과 분노를 '특종' 이라 불러주는 데 결코 인색하지 않았다.

쉐일라와 그 동료들이 힘들게 달려온 세월은 '사회 감시기능' 이라는 언론의 참된 가치를 실현한 시간이었고, 언론이 어디를 향해 가야 하는지를 온몸으로 가르친 시간이었다. 그건 또 아직 언론이 죽지 않고 살아 있음을 보여준 아시아 언론사의 쾌거였다.

정문태

피 플 파 워 에
쫓 겨 난
로빈후드 대통령

쉐일라 코로넬

스타 대통령 탄생

　조지프 에스트라다(Joseph Estrada)는 스캔들 메이커였다. 1998년 압도적인 표차로 필리핀 대통령에 당선된 이 전직 영화배우는 바쿠스 예찬자인 양 술에 절어 지냈다. 또 전에 출연한 영화의 여주인공 두 명을 비롯해 패션모델 한 명과 대통령 취임 초기 비행기에서 만난 필리핀항공 스튜어디스까지 여성 4명과 무절제한 관계를 이어가고 있었다.

　에스트라다는 밤 생활을 즐겼는데, 하룻밤에 한 사람당 100만 달러까지 잃을 수 있는 철야 마작파티도 자주 열었다. 한 병에 1,000달러짜리 와인 샤또 뻬트뤼스(Chateau Petrus)를 마셔댔으며, 수상한 다이어트 약을 먹고 설사를 하면서까지 새끼 돼지 구이 등 음식에 탐닉했다. 음식, 친구, 와인, 그리고 여성에게 퍼붓는 그의 욕망은 가히 전설이 될 만했다. 그러나 아직도 마초를 떠받드는 필리핀 사회는 그의 지나친 행동을 문제삼지 않았다.

필리핀 사람들은 에스트라다를 '에랍(Erap; 타갈로그어로 친구를 거꾸로 쓴 말)'이라는 애칭으로 부른다. 대학을 중퇴한 에스트라다는 대중 연설을 통해 부유하고 많이 배우고 영어를 즐겨 쓰는 엘리트층을 조롱했다. 가톨릭 국가 필리핀을 오랫동안 지배해온 가톨릭 교회에 대해서도 고개를 치켜들었다. 자신의 오입질에 분개하는 가톨릭 사제에게 "내 부인들은 전혀 불평하지 않는데 당신이 왜 나서느냐?"고 대꾸했다.

나는 1980년대 초 독재자 페르디난드 마르코스(Ferdinand Marcos) 집권 말기부터 필리핀 대통령을 취재해왔다. 에스트라다가 등장할 때까지 역대 대통령의 온갖 모습을 보아온 셈이었다.

교활한 음모가이자 뛰어난 변호사인 마르코스는 20년 가까이 필리핀을 철권 통치했다. 마닐라 거리에서 3일 동안 벌어진 대규모 대중 시위 '피플파워(People Power)'로 1986년 2월 25일 마르코스가 권좌에서 물러난 뒤, 그의 가장 강력한 정적이었던 니노이 아키노(Ninoi Aquino) 전 상원의원의 부인으로 정치 경험이 전혀 없던 가정주부 코라손 아키노(Corazon Aquino)가 민주 필리핀의 새 대통령이 되었다. 정치 경력을 악의나 교활함으로 여기는 필리핀 시민들에게 코리 아키노[1]는 반독재 투쟁의 상징이었으며, 그녀 스스로도 마르코스와 완전히 다르다는 이미지를 심으려 애썼다.

그러나 필리핀 시민들은 곧 아키노의 무능과 무경험에 좌절했다. 말썽 많던 그녀의 대통령 임기가 끝나는 1992년, 시민들은 보다 전문적인 지도자를 원했다. 국방장관과 군 참모총장으로 오랫동안 정부 조직을 이끌어왔던 피델 라모스(Fidel Ramos)가 적임자로 보였다. 그

---

1) 코라손 아키노의 애칭. 남편 니노이 아키노는 1983년 암살당했다.

는 필리핀을 아시아의 차세대 호랑이 경제국가로 만들겠다는 비전을 지녔고 실제로 필리핀은 높은 경제성장을 기록했다. 그러나 1997년 말 몰아닥친 동아시아 경제위기로 희망은 사라져버렸다. 필리핀이 한 때 맛본 번영은 거품일 뿐이었고, 대다수 필리핀 시민들은 거품 밖 현실로 내팽개쳐졌다.

1990년대 말에 이르자 가난한 필리핀 사람들에게 도움을 주지 못하는 민주 정치는 더 이상 신선하지 않았다. 시민들이 트라포(Trapo : 타갈로그어로 행주)라 부르는 '전통적인 정치인'들에 대한 염증도 커졌다. 관공서는 부패, 범법 비호, 위선으로 가득 찼다. 정치적 비주류이면서 자칭 가난한 사람들의 우상인 에스트라다 같은 사람을 위한 무대가 마련된 셈이다.

그 무렵 다른 사람들처럼 나도 지긋지긋한 필리핀 정치를 더 이상 생각하기 싫었지만, 메트로 마닐라(Metro Manila) 산 후안(San Juan) 시장을 오랫동안 지낸 뒤 1987년 상원의원이 된 조지프 에스트라다는 왠지 미심쩍었다. 상원의원 임기 6년 대부분을 낮잠이나 자면서 보낸 에스트라다가 발안한 것은 필리핀 물소 보존에 관한 법률 하나뿐이었다. 라모스 정부 부통령이 된 에스트라다는 범죄퇴치위원회 위원장으로서 범죄 현장에 우지 소총을 메고 나타나는 등 영화의 한 장면을 연상시키는

필리핀의 대중교통 수단인 지프니에 탄 에스트라다. '지프니 대통령'으로도 불리는 그는 서민적이고 대중적인 이미지를 만들기 위해 노력했다.

기벽을 선보였다. 제대로 한 일은 거의 없었지만 쇼맨십은 훌륭했다.

하지만 에스트라다의 인기는 대단히 높았다. 필리핀 시민들은 에스트라다가 대학도 나오지 않았고, 박식하지도 않으며, 영어보다 타갈로그어를 좋아한다는 것을 잘 알았다. 에스트라다는 자신이 연기했던 여러 영화 배역을 환기시키며 가난한 사람들의 후보이자 대중의 우상으로 투영되도록 애썼다.

덤덤했던 1998년 대통령 선거의 후보 10명 가운데 '민심'을 가장 정확하게 포착한 사람은 바로 에스트라다였다. 그는 가는 곳마다 사람들에게 둘러싸였다. 유세 기간 내내 에스트라다는 유권자들 앞에서 노래를 불렀고 그들을 웃겼다. 자신의 단점을 부정하기는커녕 오히려 농담거리로 삼아 무력화시켰다.

나는 에스트라다를 찍지 않았다. 그러나 그에게 기회를 줄 생각은 있었다. 결국 에스트라다는 시민들의 선택을 받아 2위를 600만 표 이상 따돌리고 승리했다.

에스트라다는 1998년 6월 유서 깊은 가톨릭 성당에서 열린 화려한 대통령 취임식에서 전임자들과 달리 타갈로그어로 연설했다. 많은 필리핀 시민들이 가진 정치 혐오의 정곡을 찌른 것이다. 그는 재임 기간 동안 가족과 친구뿐만 아니라 누구에게도 특혜를 주지 않겠다고 공언했다.

에스트라다는 취임식

1998년 6월 30일 대통령 취임식 당시 에스트라다. 존경받는 의사이자 교수였던 에스트라다의 부인 루이사 에헤르시토(Luisa Ejercito)는 에스트라다가 대통령직에서 쫓겨난 직후 상원의원에 선출됐다.

에서 대통령직은 일생에서 가장 위대한 "연기(performance)"가 될 것이라고 했다. 그때 그가 문자 그대로 연기를 의미했다고는 생각하지 않았다. 하지만 곧 내 생각이 짧았다는 것을 깨달았다. 그는 본명 '조지프 에헤르시토(Joseph Ejercito)'가 아닌 '조지프 에스트라다'라는 예명으로 대통령 선서를 했다. 그가 대통령직을 단지 또 하나의 영화 배역으로 보고 있다는 첫 번째 암시였다. 일단 조명과 카메라가 꺼지면 그는 모든 가면을 벗어던졌고, 자신이 그토록 비난했던 것들을 즐겼다.

소문의 시작

대통령 취임 첫 해가 저물어 갈 즈음부터 대통령의 부패와 방탕한 생활이 입소문을 타기 시작했다. 크게 놀랄 일도 아니었다. 그는 전혀 사려 깊은 사람이 아니었다. 공적인 영역뿐 아니라 사적인 영역에서도 신중하지 못했다. 그가 여성 6명과 적어도 자녀 11명을 낳았고, 미인대회 우승자들이나 여배우들과 즐기며, 하룻밤에도 여러 여자들의 집을 전전하는 바람에 경호원들이 허둥댔다는 이야기가 널리 퍼져나갔다.

에스트라다는 대통령이 되었지만 여전히 행실 나쁜 영화배우같이 처신했다. 가정 밖에서 '신중하지 못했음'을 인정하면서도 그런 질문을 받으면 화를 냈다. 그는 대통령의 여자관계를 문제 삼는 기자들과 비판자들에게 "내 부인들보다 당신들이 더 걱정하는 것 같다"고 쏘아붙였다.

커피숍과 술집 숫자만큼 많은 정치 스캔들이 난무하는 나라에서 에스트라다의 사생활은 가십거리를 만들어내는 공장이었다. 그 가십들은 그냥 흘려버리기에는 너무나 달콤했다. 대중을 사로잡는 두 가지가 섹스와 정치인데 우리의 대통령은 그 두 가지 모두를 멋지게 제공한 것이다.

처음에는 에스트라다를 보면 기분전환이 되는 것 같았다. 필리핀의 도덕 수호자들 앞에 콧대를 높게 세우는 대통령이 등장한 것이다. 대다수 정치인들의 위선과 비교할 때 그의 진솔함은 어느 정도 신선하기까지 했다.

그러나 스캔들은 다른 문제로 비화되었다. 얼마나 많은 공직자들이 부인을 속이고 있을까? 정직한 사람을 세는 게 빠르지 않을까? 확실히 에스트라다는 다른 사람들보다 훨씬 더 광범위하게 간통을 저질렀다. 그러나 모든 공직자들과 달리 간통을 시인했다.

나는 공무원의 사생활은 사적 영역이라고 여기지만 국사와 연관되면 탐사 보도할 가치가 있다고 생각해왔다. 그러나 에스트라다 집권 초기 나는 그 연관성을 보지 못했다.

1999년 초, 나는 파티에서 아무나 들어갈 수 없는 마닐라 교외 주택가 왁왁(WackWack)에 웅장한 맨션이 건립되고 있다는 말을 들었다. 에스트라다가 총애하는 배우 출신 정부(情婦) 라아르니 엔리케즈(Laarni Enriquez)를 위한 것이었다. 파티에 참석한 한 손님도 에스트라다의 저택이 왁왁에서는 단연 화제라고 귀띔했다. 그 정보는 두세 다리 거쳐 흘러온 것이었다. 나는 이 루머를 머릿속에 잘 기억해두었다.

그 당시 작은 기자 조직 PCIJ를 꾸려 활동하던 동료들과 나는 대통령의 정부 운영에 더 관심이 많았다. 우리는 주류 언론사들이 무시하거나 시간과 노력이 많이 들어 포기한, 특히 부패와 환경·사회복지에 초점을 맞춘 탐사취재기사를 신문과 방송에 팔았다.

에스트라다 집권 1년 뒤, 계간 〈PCIJ〉는 논란을 일으킨 대통령의 공직자 임명과 '밤의 내각'을 보도하기 시작했다. 대통령과 구린내 나는 사업가와 정치인들의 술자리 모임인 '밤의 내각'은 국가 정책 결정을 좌우하고 있었다. 마닐라 기자들 사이에는 이 사업가들이 정부 계약 등 대통령 인가가 필요한 거래에서 에스트라다의 몫을 보장한다는 이야기가 나돌았다.

이러한 소문을 언급한 칼럼이 있었지만 알맹이가 없었다. 소문을 취재하고 탐사하는 진지한 시도는 나타나지 않았다. 당시 에스트라다는 절대적인 인기를 누렸고, 언론과 다소 불편하기는 해도 여전히 밀월을 즐기고 있었다. 그러다 비판 기사가 나타나기 시작하자 대통령은 지체 없이 반격했다.

1999년 말 규모는 작으나 열의 있는 한 신문이 논란 많은 정부의 전력(電力) 계약 문제를 보도했다. 에스트라다는 곧 신문사를 대통령의 친구들에게 매각하라고 신문사주들에게 압력을 넣었다. 또 필리핀 최대 일간지 〈필리핀 데일리 인콰이어러(Philippine Daily Inquirer)〉가 대통령 가족의 비행을 보도하자 광고 보이콧을 사주하기도 했다. 1999년 말 대통령이 언론사의 가장 심각한 위협인 돈줄을 거침없이 조일 수 있다고 여긴 사주들은 발꿈치를 높이 들고 걸을 만큼 조심했다.

대통령의 재산은 합법적인가?

2000년 새해로 접어들자 PCIJ는 지금이 에스트라다의 대통령직 수행을 진지하게 파고들 시점이라고 결정했다. 부정부패로 얼룩진 거래와 욕심 많은 에스트라다의 정부들 소문이 곳곳에서 끊임없이 나돌고 있었다. 나는 단출한 PCIJ 사무실로 기자들을 불러 모았다. PCIJ 전속 기자 4명과 기고자 3명은 모두 여성이었다. 우리는 소문에 관한 정보와 기삿거리에 대한 아이디어를 공유했다.

논의 끝에 우리는 대통령과 그 가족이 소유한 재산을 체계적으로 조사하기로 했다. 뇌물과 비밀 거래를 증명해내기는 어려울 테고, 우리가 가진 것은 전부 소문에 불과했다. 당시 에스트라다의 권력과 인기는 절정에 있었다. 어떤 취재원도 입을 열지 않을 것이 분명했고 내부에서 비리를 폭로할 가능성도 없었다.

1차 취재원 확보가 불가능했기 때문에, 우리는 문건에 집중해야 했다. 필요한 문건이 있는 곳이면 어디든지 찾아갔다. 뇌물이 오고간 거래 문건을 찾을 순 없었지만 거래 자금 행방은 추적할 수 있었다. 에스트라다와 그의 가족이 대통령직을 이용해 얼마나 많은 돈을 벌었는지는 조사할 수 없었지만, 그 돈을 어디에 썼는지는 알 수 있었다. 우리는 대통령 가족의 자산과 생활 방식에 대한 정보를 모았다.

작은 잡지와 웹사이트가 있었지만, 더 많은 사람들에게 알리기 위해 주로 신문과 방송매체에 의존했던 우리는 취재 내용을 주요 언론사들이 보도할지조차 확신할 수 없었다. 어떤 매체도 우리가 찾아낸 사실을 감히 세상에 알리려 하지 않는다면 어떻게 할 것인가? 우리는 그 시점에서 그런 걱정은 무의미하다고 결론지었다. 더 중요한 것은 시작하는 것이었다.

초기에 우리가 잡은 에스트라다의 자산 규모는 개략적이었다. 조사 첫 단계는 대통령의 자산과 부채에 관한 진술서였다. 다른 동남아시아 국가들과 달리 필리핀에서는 공공기록을 정기적으로 공개한다는 점이 행운이었다.

1980년대 필리핀 상원은 모든 정부 관리와 공무원이 일 년에 한 번씩 자산목록을 제출하도록 정한 법안을 통과시켰다. 마르코스 정부가 저지른 부정부패를 막으려는 조치였다. 이 법은 공직자가 재산과 부채를 정직하게 제출하도록 요구했고, 위반 행위에 대한 제재 규정과 자산진술서의 대중 공개도 분명히 못 박았다.

조사 초기 전략은 에스트라다가 자산진술서에 모든 취득자산을 성실히 신고했는지 밝혀내는 것이었다. 필리핀 법은 공무원이 자산 취득 과정을 밝히지 못한 재산은 부패의 증거로 간주한다고 규정하고 있었다. 우리는 에스트라다가 소유 재산을 모두 공개하지 않았다는 것을 직감적으로 알았다. 이제 우리는 대통령과 그 가족이 합법적인 소득으로 구입했다고 설명할 수 없는 불법 취득자산 입증에 매달렸다.

먼저 에스트라다가 상원의원이 된 1987년부터 지금까지 신고한 자산부터 검색했다. 비교적 쉬운 작업이었다. 다음에는 신고하지 않은 자산을 찾고자 에스트라다와 가족이 이사회 임원이거나 법인 설립자로 등록된 회사들을 체계적으로 조사했다.

이 조사는 회사 기록을 보관한 증권거래위원회 컴퓨터 단말기에서 시작했다. 이 일을 맡은 기자이자 PCIJ 조사책임자가 증권거래위원회 컴퓨터에 에스트라다의 본명과 부인을 비롯해 여러 정부, 그리고 자녀들의 이름을 입력해 그들이 설립자이거나 이사회 임원인 회사 목록을 뽑았다.

다음 단계인 회사 기록 검색 작업은 필리핀대학 언론학과 학생들 도움을 받았다. 학생들은 마닐라의 복잡한 에드사(Edsa) 거리에 있는 증권거래소 앞에 아침 7시부터 줄을 섰다. 필요한 회사의 등기서류와 금융기록은 신청한 지 대여섯 시간 뒤에 얻을 수 있었다. 한 사람당 하루에 단 3건으로 제한된 탓이다.

조사 결과, 대통령과 그의 가족이 설립자, 이사, 주요 주주로 드러난 회사가 66개나 되었기 때문에 회사 등기서류와 금융기록을 확보하는 것만 몇 달이 걸렸다.

이 문서들은 2000년 7월 보도한 첫 기사 '대통령은 자신의 재산을 설명할 수 있을까?'의 뼈대가 되었다. 우리는 기사에서 에스트라다 가족의 다양한 주식 소유 내용을 열거한 뒤, 대통령이 자산신고서에 일부만 기록했고 나머지 회사 주식들을 누락시켰다는 사실을 폭로했다. 66개 회사 가운데 14개 회사의 보유자산만 6억 페소[2](약 1,500만 달러)인데 에스트라다는 1999년 전체 자산을 기껏 3,600만 페소(약 90만 달러)로 신고했다. 에스트라다가 공개한 소득세 신고서에는 순수입이 겨우 230만 페소(약 6만 달러)로 되어 있었다.

우리 기사는 그 많은 주식을 취득한 자금원을 밝히라고 요구했다. 또 그와 가족이 소유하고 있으나 신고하지 않은 다른 자산 목록, 재규어 한 대, 랜드로버 한 대, 그리고 메르세데스 벤츠 승용차 몇 대 등도 추가로 공개했다. 에스트라다의 소득세 신고서는 차량을 구입한 자금원도 밝히지 못한다고 기사에 덧붙였다.

염려했던 대로 대부분 신문들은 우리 기사를 외면했다. 마닐라에 있는 작은 경제신문과 필리핀 중부 세부(Cebu)의 지방신문이 보도했을 뿐이다. 그렇지만 에스트라다는 이 기사가 국회에서 신년 연두교서를 발표하고 미국 방문을 하는 시점에 맞춰 나온 악의적인 것이라며 날뛰었다.

부동산은 감출 수 없다

나는 우리 첫 기사가 단지 표면을 건드린 정도라는 것을 알고 있었다. 더 파고들어야 했다. 대통령 측근을 포함한 여러 제보자들은 에스

---

[2] 필리핀 화폐 단위. 1페소는 한화 약 24원에 해당한다.

트라다와 정부들이 엄청나게 많은 돈을 가졌고 극심한 낭비를 한다고 알려주었다. 나와 동료들은 대통령의 정부들을 위해 짓고 있다는 웅장한 맨션들 이야기에 더 세심한 주의를 기울였다. 에스트라다를 좀 아는 사람들은 대통령이 이멜다 마르코스(Imelda Marcos)[3]같이 일종의 '건축 단지'를 가졌다고 일러주었다. 하지만 에스트라다는 이멜다와 달리 대형 공공건물들보다는 대저택을 더 선호했다.

에스트라다는 실제로 몇 년 동안 소규모 주택건축 사업을 해왔다. 우리는 조사 끝에 에스트라다의 부동산회사가 메트로 마닐라 동쪽 끝자락 교외에 저택 34채를 건축한다는 사실을 알아냈다. 건설 예정지를 방문한 PCIJ는 이 공사로 지역에 물난리가 난다고 불평하는 이웃 주민들과 이야기를 나누었다. 주민들은 이 건축 사업이 허가받지 않았다고 말했다.

주택 건축에 필요한 허가 내용을 조사한 결과, 에스트라다의 회사가 모든 법규를 위반한 사실을 발견했다. 필요한 허가 8건 가운데 1건도 받지 않은 상태였다. 주민들은 대통령이 직접 이 프로젝트를 점검하는 것을 보았다고 말했다. 중대한 사건이었다. 필리핀 헌법은 대통령과 고위 공직자들의 재임 중 사업 관여를 금지했다. 헌법은 또 공직자가 된 뒤 60일 내에 보유 주식을 스스로 처분하도록 요구했다.

PCIJ 기자 한 명은 직감적으로 에스트라다가 주식 처분 규정을 따랐는지 조사해야겠다고 판단했다. 그녀는 증권거래위원회 깊숙이 있는 문서에서 에스트라다의 불법행위를 알아냈다. 에스트라다는 시한 60일이 한참 지난 뒤에 주식을 부인에게 넘겼는데, 그 역시 사촌 이내 친척에게 처분해서는 안 된다는 규정 위반이었다. 사실상 주식을 처

---

3) 필리핀 전 대통령 페르디난드 마르코스의 부인(1929. 7. 2.~)이자 정치인. 남편이 1986년 대규모 민주화 시위로 축출되면서 함께 하와이로 망명했다.

분하지 않은 것이다. 훨씬 심각한 대통령의 위헌 행위를 확인하는 순간이었다.

나는 흥분했다. 헌법 위반은 탄핵의 근거가 되기 때문이다. 변호사들이 사실을 확인해주었을 때 나는 믿을 수가 없었다. 동시에 조금 겁도 났다. PCIJ는 작은 비영리 단체다. 직원이라야 고작 15명이었다. 우리는 대통령에게 도전할 만한 자금과 영향력을 갖고 있는 대형 미디어가 아니었다.

그러나 우리는 2000년 8월 대통령의 헌법 위반 가능성을 주제로 보도했다. 대형 방송사에 정치 프로그램을 보급해온 독립 외주제작사와 함께 몇 달 동안 이 기사의 영상물도 제작했다. 방영을 고작 몇 시간 앞두고, 흥분한 방송국 고위 관계자들이 프로그램 방영을 어떻게든 막으려고 했으나 프로듀서들은 소신을 굽히지 않았다.

우리의 탐사 취재는 2000년 3분기 무렵까지 잘 진행되었다. 더 많은 제보가 있었고, 새로 합류한 전직 세금 심사관은 에스트라다 재산 추적을 위해 필요한 서류들을 알려주었다. 우리는 대통령 자산 가운데 상당수가 가명과 차명으로 은닉되어 있을 것으로 추정했다. 건축 중인 저택은 에스트라다 이름으로 등기하지 않았을 것이다. 대통령이 그렇게까지 경솔하지는 않을 것이기 때문이다.

대통령의 부동산을 찾으러 다니는 우리에게 사람들은 찾지 못하거나, 대통령 소유임을 증명할 수 없을 것이라고 했다. 에스트라다는 비판에 관대하지 않으니 조심하라는 경고도 받았다. 그때 이멜다 마르코스가 대통령궁 장에 숨겨두었던 구두 3,000켤레가 떠올랐다. 그러나 건물을 감출 방법은 없다는 것이 나의 생각이었다.

에스트라다 소유 부동산 추적에는 숱한 시행착오가 있었다. 우리가 가진 것은 소문이나 허술한 정보뿐이어서 전 소유자나 주소, 혹은 지역만 아는 경우도 있었다. 우리는 처음 일을 시작했을 때 부동산에 관한 지식이 부족했지만 조사가 끝날 때쯤에는 부동산 매매 전문가가 되어 있었다.

처음에는 흐름도를 그려가면서 거기에 맞게 취재팀을 조직했다. 흐름도 하나는 부동산 구입, 건축 단계에서 누가 개입하고 어떤 서류가 필요한지 보여주는 것이었다. 여기에는 원토지 소유자, 소유자의 변호사, 건축설계사, 구매자, 건축노동자, 인테리어 디자이너, 조경기사 등 필요한 인적 자원 목록이 포함되었다. 그리고 상황 흐름도 정리했다. 곧 이웃들이 건축 공사를 알게 될 것이고, 건물이 들어설 지역의 입주자협의회가 알게 될 것이고, 관청에 허가를 얻게 될 것이고, 시청에 건축계획서가 제출될 것이라는 식으로 말이다. 사람들의 눈에 띄지 않은 채, 적어도 서류 한 박스도 없이 집을 짓는다는 것은 불가능했다.

우리는 먼저 토지대장, 매매계약서, 건축허가서, 건축계획서를 비롯한 서류를 입수했다. 대통령이나 가족 명의로 된 것은 하나도 없었다. 우리는 방향을 바꿔 에스트라다나 그의 정부, 아니면 토지 구입을 대행한 친구를 만난 다른 인적 자원, 즉 건축설계사, 변호사, 건축회사, 자재공급업자, 계약자, 이웃에 관한 자료를 수집했다.

많은 맨션이 입주자협의회에서 운영하는 폐쇄적이고 독립적인 공동체였지만, 일부는 건축허가서와 건축계획서를 보여주며 취재를 도와주었다. 에스트라다가 건축 현장을 둘러봤다고 증언한 주민들도 있었다. 한 주민은 우리 사무실까지 찾아와 대통령의 중개자들이 대통령 정부가 소유한 부동산을 사라고 했다고 털어놓았다. 그는 정부의 바로 옆집에 살고 있었다.

우리는 타일업자, 풀장 건축업자, 전기기사, 커튼업자 등 문자 그대로 도움을 줄 수 있는 모든 사람들에게 전화를 걸었다. 나는 문제의 부동산이나 제보자를 찾기 위해 차를 타고 도시 주변을 뒤질 때를 빼곤 보통 하루 6~7시간씩 전화통에 매달렸다. 에스트라다의 재산에 관한 첫 보도가 나간 뒤, 많은 시민들이 전화나 전자우편을 통해 사진을 포함한 많은 정보를 제공해주었다. 추가 정보를 줄 수 있는 다른 취재원을 알려주기도 했다. 덕분에 취재는 순조롭게 진행되었다.

몇 달 동안 추가 조사를 한 뒤, 결과를 유형별로 분류했다. 실제 소유자를 밝혀내기 어렵다고 여겼던 맨션도 서서히 정체가 드러났다. 에스트라다는 회사 설립이나 부동산 구입에 몇몇 특정 로펌을 내세우고 있었다. 한 로펌은 특히 노른자위 주거 필지를 구입하고자 5개가 넘는 회사를 설립했다. 그 로펌의 전 파트너는 대통령 정치 담당 보좌관으로 대통령궁에서 일하고 있었다.

일부 회사에는 에스트라다와 매우 가깝다고 알려진 사업가들이 이름을 빌려주었다. 에스트라다는 모든 저택에 동일한 건축업자와 인테리어업자를 고용했는데 심지어 디자인까지 똑같았다. 매일 밤 다른 집에서 자는 에스트라다가 생활리듬을 잃지 않기 위해선 모든 집의 설계가 같아야 했던 모양이다.

시청과 일부 취재원에게 받은 건축 계획은 저택들의 웅장함을 보여주기에 충분했다. 특히 대통령이 총애하는 정부를 위한 저택에는 사우나실 3개, 미니극장, 규모가 어지간한 헬스클럽, 미용실, 지하 주차장이 있었다. 작은 마을 하나를 충분히 밝힐 수 있는 발전기도 있었다. 땅값만 해도 필리핀에서는 대단한 액수인 500만 달러였다. 거기에 건축비 500만 달러가 추가됐다. 필리핀의 유명한 휴양지 이름을 따 '보라카이(Boracay)'라 부르는 또 다른 저택에는 백사장과 인공파도 설비를 갖춘 수영장까지 있었다.

2000년 10월 무렵 우리는 취재한 내용을 공개할 준비를 마쳤다. 한

가지 문제는 기사를 용감하게 게재할 신문을 확보하지 못했다는 점이었다.

2000년 4분기 상황이 극적으로 바뀌었다. 대통령의 오랜 친구이며 막작 파트너인 주지사 루이스 차빗 싱손(Luis 'Chavit' Singson)이 기자 회견을 열고 에스트라다는 '불법도박의 영주'라고 비난하며 자신이 대통령에게 뇌물을 전달하는 배달책이었다고 폭로했다. 불법도박업 자들에게 끌어모은 뇌물을 매달 에스트라다에게 건넸다는 것이다. 그는 자신이 불법도박 이익금 배당에서 제외되었고, 대통령 측근인 라이벌에게 암살 위협을 받고 있기 때문에 폭로하게 되었다고 주장했다.

싱손의 폭로는 필리핀을 뒤흔들었다. 대통령이 점차 갱단 두목처럼 되어간다는 내부고발 때문이었다. 마치 마피아 영화 같았다. 그러나 사람들은 아직도 굶주려 있었다. 조심스러웠던 언론사 사주들은 '팔리는' 뉴스를 찾아 재빠르게 움직였다. 바야흐로 '에스트라다 폭로의 계절'이었다.

더 좋은 타이밍은 기대할 수 없었다. 우리는 여러 날 밤을 새워 부족한 점을 보완하며 신문 연속 기사와 방송 기사 원고를 만들었다. 10월 23일 대통령이 정부들에게 수백만 페소짜리 부동산을 사주기 위해 이름을 빌린 사람들을 다룬 3부짜리 기사 가운데 1부를 보도했다. 바로 그 주에 필리핀 최대 방송도 우리 기사를 방송했다.

1개월 뒤에는 대통령 재직 기간 2년 반 동안 에스트라다가 취득한 부동산을 한눈에 보여주는 기사를 보도했다. 자그마치 총 20억 페소(약 5,000만 달러)에 이르는 최고급 부동산 17필지였다. 우리는 이 기사에서 필리핀 최고 사업가 일부가 부동산 취득에 이름을 빌려주었고 건축비용까지 댔다고 밝혔다.

이뿐 아니라 몇 주일에 걸쳐 에스트라다의 카지노 부정을 다루는 후속보도를 TV로도 방영했다. 우리는 자칭 가난한 사람들의 수호자라던 대통령이 정부들을 위해 고가의 부동산에 돈을 물 쓰듯 했다고 폭로했다.

우리는 분노했지만 희망을 붙잡고 있었다

필리핀은 스캔들로 들끓었다. 필리핀 사회에 강력한 영향력을 미치는 마닐라 교구 하이메 신(Jaime Sin) 대주교는 공개적으로 에스트라다가 필리핀 국정에 대한 "도덕적 지배권"을 상실했다고 선언했다. 코라손 아키노 전 대통령은 대통령의 "품위 있는 하야"를 위해 가톨릭 교구를 돌며 기도회를 열었다. 야당도 집회를 벌였다. 적극적인 활동가들은 우리가 폭로한 '보라카이' 맨션 앞까지 가서 "여기가 바로 여러분의 세금이 들어간 곳입니다!"라고 쓴 플래카드를 흔들며 시위를 벌였다.

11월이 되자 필리핀 하원은 우리가 취재한 내용을 인용하면서 에스트라다 탄핵 발의를 의결했다. 12월에는 국영 TV가 생중계하는 가운데 상원이 탄핵 심판을 시작했다. 재판은 검사가 '보라카이' 맨션 구입대금으로 발행된 1억 3,000만 페소(약 320만 달러)짜리 수표를 공개하는 것으로 시작됐다.

수표에는 호세 벨라르데(Jose Velarde)라는 이름이 이서되어 있었는데, 이것은 에스트라다가 가공인물 명의의 계좌를 개설할 때 쓰곤 하는 이름이었다. TV 카메라는 수표에 적힌 서명을 확대해 보여준 뒤, 500페소짜리 지폐에 인쇄되어 있는 에스트라다의 서명을 보여주었다. 두 서명은 등골이 오싹할 정도로 같았다.

몇 주 동안 수많은 필리핀 사람들은 대통령 탄핵심판을 지켜보았다. 많은 시민들은 생업을 뒤로한 채 대통령의 월권에 대한 끔찍한 증언을 들었다. 시민들의 뜨거운 관심을 확인한 방송국은 골든아워 정규 프로그램을 취소하고 탄핵심판을 생중계했다. 증언을 통해 대통령이 주식시장을 조작해 수십억 페소를 벌어들였고, 정부사업 계약에서 리베이트를 챙겼으며, 도박과 밀수 같은 불법 사업에서 뇌물을 짜낸 사실이 드러났다.

재판이 진행됨에 따라 항의 시위가 거의 매일 벌어졌다. 시위에 참가한 단체들은 대통령 사임을 요구했다. 경제가 하향곡선을 그리자 심지어 보수적인 경제단체도 대통령 사임을 요구하고 나섰다. 반(反)에스트라다 퇴역장성들이 고집 센 현역 장교들을 부추기자 군부도 점차 동요하기 시작했다. 이런 상황에서도 대통령은 영화 이야기를 하며 버텼다. 주인공은 사방에서 연달아 얻어맞지만 결국 되살아날 것이라며 말이다.

그러나 각본은 에스트라다가 쓰는 것이 아니었다. 2001년 1월 16일 에스트라다와 한편인 상원 다수파는 표결을 통해 호세 벨라르데의 여러 계좌기록이 들어 있는 봉투 하나를 개봉하지 않기로 했다. 불법적으로 수백만 페소를 취득한 혐의로 대통령을 기소하는 데 필수적인 자료들이었다.

오후 10시에 표결이 있었다. 그 날은 탄핵심판 가운데도 특히 길고 고통스러웠다. 탄핵심판법정에서 상원의원 중 10명은 봉투를 개봉하는 데 투표했으나 11명은 반대한 것이다. 놀라운 표결 결과 발표에 이어진 무거운 침묵 끝에 상원의장이 수치스러운 재판을 참을 수 없어 사임한다고 전격 발표했다. 상원의장에게 공감하는 의원들이 연단으로 달려가 그를 끌어안았다. 그리고 검사들은 항의 표시로 재판장을 떠났다. 사람들을 격동시키기에 충분한 모든 장면들이 TV 카메라를 통해 그대로 생중계되었다. 다음에 무슨 일이 벌어질지 아무도 알 수 없었다.

그날 밤 나는 수많은 필리핀 사람들처럼 TV를 보았다. 한 시간도 안 돼 수천 명이 거리로 뛰쳐나와 경적을 울리고, 냄비를 두드리고, 촛불을 켜며 상원 표결에 항의했다. 거리로 나오라는 휴대폰 문자메시지가 널리 퍼졌다. 사람들은 1986년 반마르코스 시위가 벌어졌던 '피플파워' 기념탑 인근 에드사로 몰려들었다. 자정 무렵 신 대주교와 아키노 전 대통령이 도착해 대중 앞에서 연설을 했다. 그들도 그날 밤 TV를 보았고 시민들과 함께 대통령 하야를 요구했다.

밤 11시쯤 나는 에드사 상황을 알아보기 위해 차를 몰았다. 상원 표결 결과에 항의하기 위해 민주주의 성지로 모이라는 휴대폰 문자메시지를 그동안 여러 번 받았다. 정말 감동이었다. 사람들은 분노하면서도 한 가닥 희망을 붙잡고 있었다.

몇 시간 뒤, 다시 차를 몰고 집으로 향하려는데 사람들이 빠르게 내 차를 에워쌌다. 꼼짝도 할 수 없었다. 창문을 내리고 사람들에게 옆으로 비켜줄 수 없느냐고 물었다. 그중 한 사람이 나를 알아보고는 다른 사람들에게 "PCIJ다. 길을 비켜주자, 길을 비켜 주자"고 외쳤다. 놀랍게도 사람들은 길을 열어주었다. 나는 그곳을 빠져나오면서 "PCIJ, PCIJ!"라고 외치는 소리를 들었다. 그 소리는 모여 있던 수천 명 사이에서 물결처럼 퍼져나갔다. 사람들은 나에게 손을 흔들고 미소 지으며 말했다.

"고마워요. 정말 고마워요."

처음 겪는 일이었다. 이 순간만큼은 기자라는 직업의 매력을 흠뻑 느낄 수 있었다. 사람들은 자리를 떠나지 않았고 날이 갈수록 더 늘어

피플파워 II. 2001년 1월 부패한 대통령 에스트라다의 사임을 요구하며 모인 사람들. 1998년 대중들의 압도적인 지지로 대통령에 오른 에스트라다는 바로 그 대중들의 반대에 직면하여 쫓겨난다.

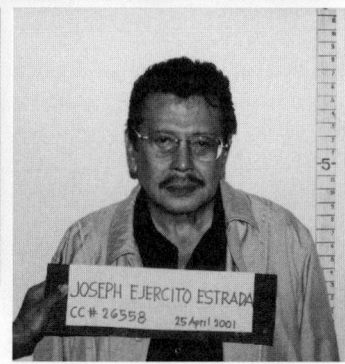

2001년 4월 25일 부패혐의로 감옥에 수감된 에스트라다. 필리핀 역사상 체포 영장이 발부된 최초 대통령으로 2007년 9월 종신형을 선고 받았으나 2007년 10월 25일 아로요 대통령 사면으로 석방된다. 이후 아로요 사임 시위에 적극 참여한다.

났다.

4일 뒤 피플파워에 직면한 에스트라다는 대통령 관저인 말라카낭(Malacanang)궁을 떠났다. 사람들이 말라카낭궁으로 행진하겠다고 위협하자 경호실에서 대통령과 가족을 뒷문으로 빼돌렸다. 영화는 끝났다. 콧대가 꺾인 주연배우는 고개를 숙였다. 에스트라다의 영화는 그렇게 끝났다.

쉐일라 코로넬 (Sheila Coronel)

필리핀대학에서 정치학을 공부하고 런던 스쿨 오브 이코노믹스(LSE)에서 정치학 석사를 받았다. 1982년 필리핀에서 기자가 되어 〈필리핀 파노라마(Philippines Panorama)〉, 〈마닐라 크로니클(Manila Chronicle)〉에서 일했다. 반아키노정부 쿠데타 기사를 〈뉴욕 타임스(The New York Times)〉, 〈가디언(The Guardian)〉에 실었다. 1989년 동료들과 PCIJ 탐사보도에 집중했고 저널리스트들의 탐사 기술 훈련 프로그램을 운영했다. PCIJ는 군사, 빈곤, 부정부패 등 사회문제를 집중 탐사보도했고, 아시아와 필리핀에서 최고 탐사보도 조직으로 자리잡았다. Ramon Magsaysay상(2003년)을 비롯해 여러 상을 받았다. 현재 컬럼비아대학 언론대학원 교수이며 Stabile Center for Investigative Journalism 책임자이다.

이멜다 마르코스 (Imelda Romualdez Marcos, 1929년 7월 2일~)

미스 필리핀(1953년) 출신으로 필리핀 퍼스트 레이디(1965~1986년), 마닐라 시장(1976~1986년), 필리핀 복지부 장관(1978~1986년), 필리핀 하원의원 (1978~1981년)을 지냈다. 마닐라에서 태어나, 1954년 주목받는 젊은 정치인 페르디난드 마르코스와 결혼하여 이례적으로 적극적인 정치 '내조' 뿐 아니라 스스로 정치인으로 나서 필리핀 국내외에서 상당한 정치적 영향력을 행사했 다. 1986년 피플파워에 밀려 대통령궁을 떠날 때 남긴 구두 3,000여 컬레가 알려지는 바람에 이멜다의 사치스러운 생활은 세계적으로 회자되었다. 남편 마르코스 사망 후 필리핀에 돌아왔으며, 부정축재 등 혐의로 재판 중이다.

조지프 에스트라다 (Joseph Ejercito Estrada, 1937년 3월 19일 ~)

필리핀 13대 대통령(1998년 6월 30일~ 2001년 1월 20일)이자 전직 유명 영화 배우로 '에랍'으로 더 잘 알려져 있다.

마닐라 톤도 빈민가에서 출생했다. 영화에서 가난한 사람들을 돕는 의적 역 할로 얻은 인기를 앞세워 1969년 고향 산 후안 시장에 당선돼 18년 동안 재 임했고 1987년 상원의원, 1992년 부통령에 당선됐다. 1998년 대선에서 3개 야당 단일 후보로 출마해, '어리석고 경제를 전혀 모르는 문외한'이라는 비 판에도 불구하고 '가난한 이들의 영웅' '로빈홋' 같은 이미지로 인기몰이를 하며 여당 후보보다 600만 표 이상을 더 얻어 당선됐다.

불법 도박업자에게 약 120억 원을 상납받았다는 측근의 폭로는 국민들의 누 적된 불만을 고조시켜 대통령 사퇴 요구 시위 '피플파워 II'를 촉발했다. 2001년 2월 20일 에스트라다 사임으로 부통령 글로리아 아로요가 필리핀 역 사상 두 번째 여성 대통령에 취임하여 3년 6개월 동안 잔여 임기를 수행했다. 필리핀 역사상 체포영장이 발부된 최초 대통령으로 부패, 독직, 공금횡령, 공

문서 허위 작성 등 부정축재 혐의 8건으로 기소되어 2007년 9월 종신형을 선고받았으나 '정치활동을 않겠다'는 약속을 하고, 2007년 10월 25일 대통령의 사면을 받아 석방됐다. 하지만 약속과 달리 부패 추문에 휩싸인 아로요 대통령 사임 시위에 적극 참여한다. 부패하고 무능했던 에스트라다 인기가 여전히 높은 것은 소수 귀족가문이 권력과 부를 독점한 필리핀에서 최저 생계비 이하로 살아야 하는 많은 필리핀 국민들의 '가진 자'를 향한 분노를 보여준다. 그의 아들은 현직 상원의원이다.

코라손 아키노 (Maria Corazon Sumulong Cojuangco Aquino, 1933년 1월 25일 ~)
필리핀 11대 대통령(1986~1992년)으로 루손 섬 대부호 코후앙코가에서 출생했다. 1955년, 최연소 시장에 당선된 정치 명문가 출신 베니그노 아키노와 결혼한다. 상원의원이던 남편이 투옥(1972년)된 후 미국으로 망명(1980년)했다가 마닐라 공항에서 암살(1983년)될 때까지 유력한 정치가의 조용한 내조자였다. '무자비하고 썩어빠진 독재자 마르코스에 살해당한 아키노 상원의원의 부인'이라는 이름은 반독재 시민운동 '피플파워'의 상징으로 떠올라 1986년 대통령 선거 야당 단일후보로 추대되어 반마르코스 열풍을 일으켰다. 마르코스 진영의 선거 조작으로 코라손 아키노 패배가 공식 발표되나 코라손 아키노를 중심으로 한 불복종운동에 필리핀 국민 다수와 일부 군부세력, 미국이 지지하고, 2월 25일 야당 국회의원들은 코라손 아키노를 대통령으로 선포했다. 같은 날 마르코스는 망명했다. 이로써 필리핀 첫 여성 대통령, 실권을 가진 아시아 최초 여성 대통령이 탄생했다.
민주주의를 열망하는 국민들의 전폭적 지지로 대통령이 되었으나 인권회복, 극심한 빈부격차 해결, 세계은행·국제통화기금과 협상 등 주요 국정현안에 미온적이고 미숙하게 대처했으며, 재임 6년 동안 군부 쿠데타가 6차례 발생하는 등 사회 불안정이 계속돼 국민들의 불만과 불신을 키웠다. 1992년 5월 피델 라모스에게 대통령직을 인계한 후 영향력 있는 정치인으로 활동하고 있다.

2007년 외아들 베니그노 3세 상원의원 당선을 적극적으로 도왔다.

페르디난드 마르코스 (Ferdinand Edralin Marcos, 1917년 9월 11일~1989년 9월 28일)

필리핀 10대 대통령(1965~1986년)으로 루손 섬의 작은 마을에서 태어났다. 살인혐의로 기소된 상황에서 우수한 성적으로 변호사 시험에 합격한 필리핀대학 법학도 청년 마르코스는 대법원에 항소했다. 그의 인상적인 변호에 법원이 만장일치로 무죄를 선고한 사건은 뛰어난 변호사로 알려지는 계기가 되었다. 제2차 세계대전 당시 일본 침략군에 맞선 전투에 정보장교로 참전했다 포로가 되었다. 이후 전투에서 게릴라 지도자였다는 그의 주장은 논란이 많다. 하원의원(1949~1959년), 상원의원(1959~1965년), 상원의장(1963년), 자유당(Liberal Party) 총재를 거쳐 1965년 대통령에 당선되었다. 1972년 9월 21일 필리핀 전국에 계엄령을 선포하고 공산주의자와 시민활동가 수천 명을 적법절차 없이 체포·구금했고, 1976년 대통령 영구 집권이 가능하도록 헌법을 개정했다. 계엄령 당시 법적 절차 없이 1,500명 이상이 살해되고 759명이 실종되었다는 인권 단체 보고가 있다. 1981년 계엄령을 해제하나 마르코스 독재정권의 반대 진영에 대한 테러, 체포, 감금, 사형, 고문, 언론탄압 등 정치탄압과 인권유린, 그리고 족벌정치, 부정부패가 만든 국가 경제 악화로 국민들의 불만이 높아졌다. 1983년 8월 21일 마르코스 최대 정적 전 상원의원 베니그노 아키노가 암살당하고, 1986년 대통령 선거에서 마르코스 진영은 야당 단일 후보 아키노 상원의원 부인 코라손 아키노를 상대로 광범위하고 적극적인 선거부정을 질렀다. 마르코스 승리 선언에 대규모 시위가 전국적으로 벌어진다. 다시 계엄을 실시하려는 마르코스의 계획은 군부 반대로 좌절되고 1986년 2월 26일 군인들과 시민들의 무혈 혁명 '피플파워(People Power)' 또는 '에드사혁명(EDSA Revolution)'에 밀린 마르코스와 가족, 그리고 추종자들은 하와이 호놀룰루로 망명했다.

마르코스 집권 말기 악화된 필리핀 경제는 필리핀을 남동아시아 최대 채무국으로 만들었다. 재임 시 마르코스와 측근들이 빼돌린 자산은 수십억 달러에 이르렀다. 이멜다 마르코스가 한 인터뷰에서 그들 가족이 "실제로 필리핀의 모든 것을 소유한다"고 한 말은 과장이 아니었다. 마르코스 축재 규모는 정확하게 알 수 없으나 30억~350억 달러로 추정하며 그의 수많은 스위스 은행 계좌 중 한 곳에서 금 24.6킬로그램이 발견되었고, 금괴·보석 그리고 여러 스위스 은행계좌에 예치한 엄청난 재산 관련 서류들이 가득 찬 슈트케이스가 마르코스 가족과 함께 망명지 호놀룰루에 도착했다. 필리핀은 마르코스 집권 시 발생한 채무 280억 달러에 대한 이자를 갚고 있으며 마르코스 부부는 불법재산 반출, 부정축재 혐의 등으로 필리핀 법원에 기소된 상태이다. 마르코스 부부의 아들은 현재 필리핀 상원의원이다. 집권 시 마르코스의 든든한 배경이었던 미국 정부는 1988년 마르코스 부부를 갈취·횡령 혐의로 기소했다. 국제적 비정부 부정부패 조사기구 트랜스페어런시 인터내셔널(Transparency International)은 마르코스를 인도네시아 전 대통령 수하르토에 이은 가장 부패한 국가수반으로 꼽는다.

피델 라모스 (Fidel Valdez Ramos, 1928년 3월 19일 ~)
12대 필리핀 대통령(1992~1998년), 필리핀 국방부 장관(1988~1991년), 필리핀 참모총장을 지냈다. 미국 웨스트 포인트 육군사관학교를 졸업하고 일리노이대학 건축공학 석사 학위를 받았다. 마르코스 정부 계엄령을 실행한 필리핀 경찰 책임자였고 독재자 마르코스 최측근 실세로 악명 높은 자문조직 로렉스12(Rolex12) 일원으로 마르코스 독재정권 20년 동안 권력 중심에 있었다. 반마르코스 세력의 중심인 아키노 진영에 합류하여 1986년 마르코스를 사임·망명시킨 '피플파워'에서 군부반란을 주도했고 아키노 정권 참모총장으로 군부 쿠데타를 여러 차례 진압했다.
1992년 코라손 아키노의 지지를 받으며 대통령에 당선되어 격렬한 부정선거 비난 속에서 필리핀 역사상 가장 적은 득표율로 취임했다. 임기 전반 만만치 않은 여건에도 빠른 경제성장과 정치안정을 이루었으나 임기 후반 아시아 금융위기와 미숙한 경제정책 등으로 아시아 경제의 호랑이로 주목받던 필리핀 경제는 후퇴했다. 퇴임 후에도 상당한 정치적 영향력을 가지고 있으며 쿠데타 연계 의혹을 받고 있다.

필리핀 연표

1521년 스페인 후원을 받은 탐험가 마젤란(Ferdianad Magellan), 필리핀 상륙.

1565년 스페인, 필리핀 식민통치 시작.

1896년 필리핀 독립을 위한 투쟁 조직 까티푸난(Katipunan), 스페인 식민당국에 맞선 무장투쟁 필리핀 혁명 시작.

1898년 4월 스페인-미국 전쟁 발발.

1898년 6월 독립운동 지도자 아귀날도(Emilio Aguinaldo), 필리핀 독립 선언, 국가 수반임을 선언.

1898년 12월 10일 스페인-미국 전쟁 패전국 스페인이 필리핀 등 식민영토를 미국에 양도하는 내용을 포함하는 파리조약(Treaty of Paris) 조인.

1899년 미국의 독립선언 무효화로 초기 필리핀 공화국과 미국의 전쟁 발발.

1901년 미국군, 아귀날도 체포.

1935년 미국, 자치권을 확대한 미연방으로 필리핀 통치 형태 전환.

1942~1945년 일본 점령 기간.

1946년 7월 4일 미국, 필리핀 독립 승인.

1960년대 말~ 1970년대 초 아시아에서 두 번째, 일본 다음으로 경제 발전 이룸.

1965년 12월 페르디난드 마르코스 대통령 취임.

1972년 마르코스, 전국에 계엄령 선포.

1976년 마르코스, 영구 집권 가능하도록 헌법 개정.

1983년 8월 21일 마르코스의 정적 야당 지도자 베니그노 아키노(Benigno Simeon Aquino Jr.) 암살.

1986년 광범위한 부정이 판친 대통령 선거에서 마르코스 승리 선언. 마르코스
독재에 분노해온 시민들의 전국적 반마르코스 운동 '피플파워' 촉발.

1986년 2월 25일 야당 국회의원들, 야당 후보 코라손 아키노를 필리핀 대통
령으로 선포. 마르코스 망명.

1992년 5월 피델 라모스 대통령 취임.

1998년 5월 조지프 에스트라다 대통령 취임.

2001년 1월 20일 '피플파워II'로 에스트라다 사임. 부통령이던 글로리아 마카
파갈 아로요(Gloria Macapagal Arroyo) 대통령 취임.

네팔 왕세자,
왕 실 을
쏘다

네
팔
NEPAL

공식명칭 네팔(Nepal)

약칭 네팔(Nepal)

수도 카트만두(Kathmandu)

정부형태 민주공화국

면적 14만 7,181제곱킬로미터

인구 2,321만 4,681명(2001년 기준)

인종 체트리족 15.5퍼센트, 브라만힐족 12.5퍼센트, 마갈족 7퍼센트, 타루족 6.6퍼센트, 타망족 5.5퍼센트, 네와르족 5.4퍼센트, 카미족 3.9퍼센트, 야다브족 3.9퍼센트, 기타 약 39퍼센트

종교 힌두교 80.6퍼센트, 불교 10.7퍼센트, 이슬람교 4.2퍼센트, 끼란뜨교 3.6퍼센트, 기타 0.9퍼센트

언어 네팔어(공용어) 47.8퍼센트, 마이탈리어 12.1퍼센트, 보즈푸리어 7.4퍼센트, 타루어 5.8퍼센트, 타망어 5.1퍼센트, 뉴와르어 3.6퍼센트, 마갈어 3.3퍼센트, 아와디어 2.4퍼센트, 기타 약 12.5퍼센트

1인당 GDP 구매력평가기준(PPP) 1,500달러(2006년 추정)

언론 실험 — 산골로 되돌아간 외신기자

뉴욕, 마닐라, 콜롬보에서 외신기자로 일했던 쿤다(Kunda Dixit)는 어느 날 짐을 챙겨 히말라야로 되돌아갔다. 모두가 산골을 떠나 넓은 세상으로 나가고 싶어 하는 네팔, 그곳으로 되돌아간 쿤다를 놓고 사람들은 말했다.

"미국에서 공부도 했고, 외신 바닥에서 이름도 났고, 돈도 잘 버는데 뭣하러 산골로……"

그 뒤 쿤다 소식이 잠시 끊기는가 했더니, 카트만두에서 〈네팔리 타임스(The Nepali Times)〉라는 영어 신문을 만들어냈다. 세계 최고 문맹률을 지닌 네팔에서 신문을 찍는다는 건 누가 봐도 모험이었다.

그런데 속내를 아는 이들에게는 별로 놀라운 일이 아니었다. 네팔에서 처음으로 인쇄기를 돌렸던 글쟁이 아버지를 둔 쿤다 집안 내력이 다 그랬으니. 그이 동생 카낙(Kanak Mani Dixit)도 영어 잡지 〈히말 사우스아시안(Himal Southasian)〉과 네팔어 잡지 〈히말 카발파트리카(Himal Khabarpatrika)〉를 발행하면서 여러 차례 투옥당했던 이름난 언론인이고.

그러나 외신에서 자유롭게 일했던 쿤다에게 되돌아간 고향은 만만찮았다. '제대로 된 신문' 한번 해보겠다고 마음먹은 쿤다였지만 해묵은 왕정 아래 켜켜이 쌓인 권위주의와 고집스런 마오이스트(Maoist)로 또렷이 갈린 네팔에서 신문을 찍는 일은 호락호락하지 않았다. 그이가 만들고 싶었던 '제대로 된 신문'의 원칙들은 둘로 갈린 사회로부터 협공당했다.

"철지난 왕정독재를 인정할 수도 없지만, 그렇다고 폭력노선을 고집하는 마오이스트를 칭찬해댈 수만도 없었다."

쿤다는 외롭다고 했다. 왕정은 왕정대로, 마오이스트는 마오이스트대로 〈네팔리 타임스〉를 눈엣가시처럼 여겼으니. 물론 공격도 당했다. 심지어 정체불명 괴한들이 그의 살림집 안마당에서 아내가 운영하는 작은 학교를 불 지르기까지 했다. 〈네팔리 타임스〉 논조에 불만을 품은 이들 짓임을 알고 있었지만, '쿤다식 원칙'은 끝내 기사를 접었다.

"〈네팔리 타임스〉를 공격했다면 기사가 되겠지만 우리 가족을 겨냥한 것이라, 자칫 테러라는 사회 문제를 개인적인 걸로 몰아갈 수도 있다는 염려 탓이었다. 다른 신문이 객관적으로 다뤘으니……"

그런 쿤다는 세상 모든 언론들이 하나같이 '음모론'을 퍼트리며 마구잡이로 떠들어대던 그 '왕실학살극(2001년)' 앞에서도 원칙을 지켜냈다.

"확인할 수 없는 뉴스나 객관성 없는 보도가 언론의 질을 떨어뜨리는 주범이다. '사실'에 자신 없는 건 보도하지 않는 게 결국 이기는 길이다."

내일 아침 당장 신문을 팔아야 하는 발행인 입장에서 쉽지 않은 결정이었다. 그리고 시민들이 〈네팔리 타임스〉가 가장 정확하고 정직한 신문임을 알기까지는 상당한 시간이 필요했다. 그 모든 음모론이 숙지고 흥분이 가라앉고 나서야 〈네팔리 타임스〉 가치를 보았으니.

그런 쿤다가 지난해부터는 '평화대장정'을 시작했다. '인민전쟁'이라는 제목을 걸고 네팔 전역을 돌아다니고 있다. 내전 동안 모았던 사진과 책을 들고 골짜기를 돌며 사람들과 직접 부딪치는 새로운 언론실험이다. 세상에 태어나서 한 번도 신문이나 사진을 본 적이 없었던 산골 사람들에게 쿤다는 '현장언론'의 진수를 보여주고 있다. 쿤다가 지나가는 골짜기에서는 한때 서로를 적으로 여겼던 정부군과 마오이스트 게릴라들이 함께 눈물을 뿌리고 있다. '쿤다식' 언론은 그렇게 깊은 골짜기에서도 평화를 만들어가고 있다. 비록 네팔 사회가 '쿤다식' 언론에 익숙해지기까지는 아직도 많은 시간이 필요하겠지만.

정문태

네팔 왕세자,
왕 실 을
쏘다

쿤다 딕시트

신이여, 국왕을 구하소서

그해 여름 카트만두(Kathmandu)[4]에는 우기가 일찍 찾아왔다. 철이른 비로 히말라야 등반 시즌이 막 끝나버린 5월 마지막 주는 흐리고 축축해서 예년 이맘때처럼 무덥지 않았다.

내가 발행인이자 편집인인 〈네팔리 타임스(The Nepali Times)〉는 의도적으로 영어를 쓰는 소수 엘리트 집단인 중상류층, 전문직 종사자, 카트만두 주재 외교관 및 사업가를 겨냥해 발행했다. 히말미디어에서 발행하는 네팔어 격주간 잡지 〈히말(Himal)〉의 손실을 메우기 위해 창간한 주간 〈네팔리 타임스〉는 창간호부터 흑자를 기록했고, 곧 권위를 인정받기 시작했다. 타블로이드 판형에 말랑말랑하고 생생한 기사를 실은 신문은 경쾌한 느낌을 줬다.

하지만 우리는 심각한 문제도 다루었고, 네팔 농촌 문제를 보도해

4) 네팔의 수도.

카트만두에 사는 정책결정자들이 수도뿐 아니라 다른 지역에도 관심을 갖도록 노력했다. 농촌에서는 마오이스트가 세력을 넓혀가고 있었다. 우리는 이런 보도도 하고자 나름대로 최선을 다했다. 왕실 관계자들은 비렌드라(Birendra) 국왕이 우리 잡지의 열렬한 구독자라고 말하기도 했다.

〈히말〉5월 마지막 주 표지는 육군이 군인들에게 지급할지 검토 중인 독일제 G-36 공격용 소총 기사였다. 기사는 디펜드라(Dipendra) 왕세자가 G-36에 관심이 많다는 이유로 성능 실험을 요청한 사실을 실었다. 디펜드라 왕세자는 특히 총에 부착된 레이저 망원경을 좋아한다고 보도했다.

2001년 6월 1일 금요일 아침, 〈네팔리 타임스〉1면에는 "끝까지 싸우자"라는 제목으로 이어지는 네팔의 정치적 혼란 상황을 실었다. 정당들은 카트만두에 들어앉아 말싸움만 했고, 그런 정치권의 기괴한 짓거리에 놀아난 대중들은 파업을 벌였다. 그런 가운데 마오이스트5)

2000년 12월 비렌드라 국왕이 자신의 생일에 평화의 상징인 비둘기를 날려보내고 있다. 이승에서 맞는 마지막 생일이었다(좌). ⓒ Min Ratna Bajracharya   디펜드라 왕세자가 파키스탄 무기 박람회에서 라이플총을 보고 있다. 왕세자는 평소 총에 관심이 많았던 것으로 알려졌다(우).

는 다른 지역에서 무력 혁명을 벌여나갔다. 마오이스트는 네팔 국가(國歌)가 군주제[6]와 국왕을 미화한다면서 폐기 운동을 시작했다. 나는 금요일에 "신이여, 국왕을 구하소서"라는 제목으로 그 문제를 분석한 사설을 실었다. 또 13면에는 "적격한 왕세자"라는 제목으로 31세가 된 디펜드라 왕세자의 됨됨이를 분석하고, 결혼할 때가 되었다는 기사를 실었다. 물론 이 제목이 그날 오후 늦게 일어날 사건을 귀신처럼 예언하리라고는 상상도 못했다.

지난 5년 동안 왕실 문제가 그렇게 공개적으로 기사화된 적이 없었고, 더구나 주류 언론에서 다룬 경우는 매우 드물었다. 우리는 기사 주제인 왕세자 결혼 계획을 둘러싼 왕실 가족 사이 불협화음이 곧 벌어질 비극의 원인이 될 줄은 전혀 몰랐다. 기사는 이런 내용이었다.

적격한 왕세자

현재 네팔 왕위 계승자인 왕세자 디펜드라 비르 비크람 샤 데브(Dipendra Bir Bikram Shah Dev)의 31번째 생일 잔치를 준비하는 가운데 모든 관심이 왕세자에게 집중돼 있다. 사람들은 왕세자가 서른한 살이나 되었는데도 왜 결혼하지 않는지 왕위 계승자로서 위치가 위태로운 것은 아닌지 묻고 있다.

서른한 살이 되도록 미혼인 왕세자는, 아마 네팔 왕가의 전통을 깨는 인물이 될 것이다. 왕실도 왕세자 결혼 문제를 걱정하고 있다. 그러나 그의 마음을 아는 사람이 없다. 왕세자와 가까운 이들은 그와 친밀한 여성이 두 명 있다고 말한다. 한 명은 어릴 적 연인

---

5) 1949년 결성된 네팔 공산당에서 1995년 독립, 마오쩌둥의 사상을 이어받아 군주제 타도와 중국식 인민공화국 건설을 외치며 봉기하여 1996년부터 게릴라 투쟁을 벌이기 시작했다. 2006년 11월 정부군과 평화협정을 체결해 임시정부를 구성했고, 2007년 5월 10일 제헌의회 구성을 위한 총선에 참여해 다수당이 됐다.

6) 네팔 군주제는 1950년대 이후 국왕이 사실상 강력한 통치권을 행사하는 전제적 형태로 유지되어왔다. 2006년 마오이스트와 평화협정 체결 후 의회는 왕정 철폐, 공화제 도입을 승인했고, 2008년 4월 10일 총선을 통해 구성된 제헌의회는 5월 28일 왕정 폐지와 공화국 출범을 표결로 결정해 239년간 이어져온 네팔 왕정이 역사 속으로 사라졌다.

이고, 다른 한 명은 나이가 들어 알게 되었다. 한 왕실 관계자는 "중혼을 원치 않는 왕세자가 두 여인 사이에서 고민하고 있다"고 전했다.

디펜드라 왕세자는 천성적으로 로맨틱하며 농담을 즐기고 마음이 열려 있다. 그를 가르친 교수들은 왕세자가 시를 발표하진 않았지만, 할아버지인 고(故) 마헨드라 국왕의 시적 재능을 물려받았으며, 자유로운 사고방식을 가졌다고 말했다. 왕세자가 의회민주주의에 반대한다는 말도 있으나, 실제로는 의회민주주의를 지지하며 네팔 국민들이 사회 규범을 지키고 책임의식을 가져야 한다고 생각한다. 왕세자는 매우 학구적인데, 특히 네팔 지리에 관심이 많다. 주요 신문을 꼼꼼히 읽고, 네팔 경제 부흥을 모색하는 토론에도 참가하고 있다.

디펜드라 왕세자는 6월 27일 31세가 된다. 왕세자가 결혼할 가장 알맞은 시기가 왔다. 네팔 국민들은 가까운 장래에 그의 결혼을 축하할 수 있기를 바라며, 결혼식이 가장 웅장하게 치러지기를 원한다. 사람들은 결혼식이 언제쯤 거행될지 걱정스럽게 지켜보고 있다. (《네팔리 타임스》 2001년 6월 1일)

왕궁이 공격당했다?

그날 저녁 나는 한 리셉션에 참석했다가 차를 몰고 왕궁을 지나 집으로 돌아가고 있었다. 러시아워라서 카트만두 거리는 분주하고 시끄러웠지만, 모든 것이 평화로워 보였다. 가까운 타멜(Thamel) 지역은 히말라야 트레킹을 마치고 카트만두로 방금 돌아온 관광객들로 붐볐다. 이탈리아 레스토랑 '파이어 앤드 아이스'—왕세자도 자주 들러 구석 테이블에서 손수 피자를 구웠던—는 관광객, 카트만두에 머물고 있는 국외 추방자, 그리고 주말을 앞두고 긴장을 푼 네팔인으로 북적거렸다.

밤 9시 30분쯤 집에 도착하자마자 비렌드라 국왕이 심장발작으로 병원에 입원했냐고 묻는 친구 전화를 받았다. 국왕의 심장에 문제가 있다는 것은 이미 알려진 사실이기 때문에 그런 일은 있음직했다. 뒤이어 왕궁이 공격을 받았다는 소문이 들려왔다.

나는 '바로 그거다'라고 생각했다. 마오이스트가 세력을 확산해온 속도를 보면 카트만두에서도 극적인 공격을 할 것이라고 쉽사리 예상할 수 있었다. 나는 여기저기 전화를 걸기 시작했다. 왕궁 주변에 사는 사람들은 총소리는 들었는데 왕궁 문은 아무 이상이 없어 보인다고 전했다.

또 한 친구는 군 병원이 있는 시 외곽 차우니(Chhauni) 기지 쪽으로 군용 지프와 차들이 달려가는 것을 보았다고 했다. 전화기는 계속 울려댔다. 휴대폰을 도입한 지 1년 조금 넘은 네팔에서 휴대폰을 가진 사람들은 저마다 서로 전화를 했다. 그 시각 파티에 참석했던 한 친구는 모든 휴대폰이 한꺼번에 울려댔다고 기억했다.

차우니 병원에 근무하는 사람들도 친구와 친척들에게 전화하기 바빴다. 전화를 받은 사람들은 다시 다른 사람들에게 전화를 걸었다. 일부 정보는 사람들을 거치면서 와전됐지만, 서서히 큰 그림이 잡히기 시작했다. 거의 모든 사람들은 그 정보들이 너무 충격적이고 믿을 수 없었기 때문에 가십거리에 지나지 않는다고 단정했다.

그러나 전화벨은 그치지 않고 울려댔다. 비렌드라 국왕 사망, 아이스와랴(Aiswarya) 왕비 사망, 쉬루티(Shruti) 공주 부상, 니라잔(Nirajan) 왕자 사망, 디펜드라 왕세자 혼수상태……

총격 발생 3시간 뒤인 오후 11시, 우리는 그 정보를 우리 웹사이트에 올릴 것인지 결정해야 했다. 망설였다. 정보의 진위는 확인할 수 없는 상태였다. '만일 우리가 들은 모든 정보가 한 진원지에서 시작된 소문이라면?' 우리는 묻지 않을 수 없었다. 실제로 그런 일이 네팔에서 발생한 전례가 있었기 때문에 큰 기사일수록 명백한 사실이라는 확신이 더 필요했다.

몬순 구름이 몰려들고 카트만두 계곡을 둘러싼 산골짜기 곳곳에서 계속 번개가 번쩍였다. 갑자기 머리 위로 헬리콥터가 날아가는 소리가 들렸다. 붉은 야간 표시등을 깜박이는 헬리콥터는 산을 넘어 서쪽으로 가려는 것 같았다. 그러나 헬리콥터는 10분 뒤 되돌아왔다. 궂은 날씨 탓이 분명했다.

우리는 나중에 왕실 전용 헬리콥터 슈퍼 푸마가 국왕의 남동생 갸넨드라(Gyanendra) 왕자를 데려오기 위해 포카라(Pokhara)[7]로 가려 했다는 사실을 알게 됐다. 갸넨드라 왕자는 의장직을 맡은 자연보호협회 이사회에 참석하기 위해 왕궁에서 멀리 떨어져 있었던 것이다.

네팔 국민들은 그날 밤 무슨 일이 일어났는지 정확히 알지 못한 채 잠자리에 들었다. 이번 네팔 소식을 먼저 들은 사람들은 전 세계에 퍼져 있는 네팔인들이었다. 사건이 일어났을 때 유럽은 저녁이었고, 미국은 정오를 향하고 있었다. 해외에 있는 친척들이 내게 전화를 걸거나 전자우편을 보내오기 시작했다. 〈CNN〉은 정규방송을 중단한 채 네팔 왕궁 총격 사건을 보도했고, 〈BBC〉도 다른 뉴스를 인용해 많은 네팔 왕족이 총에 맞았다고 전했다.

오전 1시 30분, 우리는 처음으로 확실한 정보들을 웹사이트에 올렸다. "왕실 가족 가운데 적어도 6명이 사망" "왕세자가 왕족에게 총격을 가한 뒤 자신을 쏜 것으로 추정" "멀리 떨어져 있어 화를 면한 갸넨드라 왕자는 날씨 때문에 헬기를 타고 왕궁으로 돌아오지 못함".

그날 밤 카트만두 사람들은 세계 도처에 있는 아들딸, 친척 및 친구들에게 온 전화에 잠을 깼다. 그러나 사건 현장 왕궁 가까이 살지만 지구 반대편에서 전화가 오지 않던 라짐파트(Lazimpat)나 타멜 주민은 사건을 모르고 있었다.

---

7) 카트만두 서쪽에 있는 네팔 제2의 도시.

6월 2일 아침, 잠에서 깨어난 네팔 사람들은 뉴스에 경악했다. 사람들은 길거리로 몰려나와 기사가 실린 단 두 군데의 신문을 사서 읽었다. 뉴스를 실은 편집자들도 얼마나 충격이 컸던지 기사 내용이 뒤죽박죽이었다. 다른 신문들은 아예 이 이야기를 무시해버렸다. 정부는 즉각 국영 미디어에 이 사건 보도를 금지시켰다. 라디오와 TV는 계속 애도 음악만 내보냈다.

아름다운 히말라야 왕국의 잔인한 역사

차우니 병원에서는 왕족 8명이 사망한 가운데 비렌드라 국왕의 막내 동생 디렌드라(Dhirendra) 왕자가 꺼져가는 생명을 붙들고 힘겨운 싸움을 하고 있었다. 디펜드라 왕세자는 혼수상태였다. 날이 밝자 왕실 전용 헬리콥터는 전날 밤 카트만두 동쪽 40킬로미터 떨어진 군 기지까지 와 있던 갸넨드라 왕자를 태우고 차우니 병원으로 날아왔다.

프리비(Privy) 위원회[8]는 디펜드라 왕세자가 비록 혼수상태에 빠져 있고, 왕족들이 그가 가족을 살해했다는 사실을 알고 있다 할지라도 왕위 계승 법규에 따라 그를 국왕으로 선언해야만 했다. 세계 어디에도 이처럼 말도 안 되는 법을 가진 나라는 없을 뿐더러, 이러한 결정을 뒷받침할 만한 선례도 없었다.

웅장하고 아름다운 히말라야의 조용한 왕국, 석가모니의 출생지로 널리 알려진 나라 네팔, 그러나 그 속에는 왕족들의 피비린내 나는 역사가 숨어 있었다.

1770년 샤(Shah) 왕조는 무력으로 지역 일대를 통일해 네팔을 세웠

---

8) 네팔 왕실 자문위원회. 정치적 실권은 없으나, 왕실과 관련된 공식 결정을 형식적으로 승인하는 권한이 남아 있었다. 2006년 이 권한도 의회로 넘어갔다.

다. 지금까지 네팔을 통치해오고 있는 샤 왕조의 역사는 음모와 내부 투쟁으로 점철돼 있었다. 1854년 한 장군이 왕궁에서 귀족 40명을 학살했다. 그때부터 104년 동안 네팔 권력은, 총리직을 독점하며 실권을 행사해온 친영파 라나(Rana) 가문에게 넘어갔다. 그리고 1950년 신생독립국 인도의 도움으로 권력을 되찾을 때까지 샤 왕조의 국왕들은 이름뿐인 국가수반이었다.

네팔은 1959년 첫 선거를 통해 민주적으로 선출한 총리가 영국식 의회를 주재했다. 그러나 1960년 마헨드라(Mahendra) 국왕이 쿠데타를 일으켜 총리를 투옥하고 의회를 해산한 뒤 정당을 금지하며 철권통치를 시작했다. 그는 세 아들(비렌드라, 갸넨드라, 디렌드라)을 라나 가문의 세 자매와 나란히 결혼시켰다.

1972년 마헨드라 국왕이 서거하자 비렌드라가 왕위를 계승했다. 그는 유럽에서 교육받은 말씨가 부드러운 자유주의자였다. 1989년 피플파워의 물결이 카트만두를 휩쓸었을 때, 비렌드라는 다당제 민주주의를 회복시키고 입헌군주가 되었다.

그러나 1990년 이후 왕족의 권력과 영향력 상실을 받아들이지 않는 왕궁 강경파들이 권력을 되찾으러 음모를 꾸미고 있다는 사실은 카트만두에 널리 알려져 있었다. 갸넨드라는 전제군주적인 성향을 지녔고, 계모인 라트나(Ratna) 대비 역시 마찬가지였다.

그러던 중 1996년 마오쩌둥 사상을 신봉하는 반군이 정부 전복을 목표로 무력 투쟁을 시작했다. 카트만두 정당들의 정치적 무능과 부패가 불러일으킨 시민들의 환멸은 마오이스트에게 기회를 제공했고, 2000년에 이르러 그 영향력은 네팔 전역으로 확대되었다.

이런 상황에서도 비렌드라 국왕은 헌법이 자신에게 부여한 역할을 진지하게 받아들이고 사태에 개입하지 않았다. 그 덕분에 비렌드라 국왕은 인기가 높아졌고, 대중이 진심으로 좋아하고 존경하는 인물이 됐다. 아이스와랴 왕비는 국왕과 대조적으로, 사업을 벌여 이익을 챙기기에 급급한 욕심 많은 인물로 알려졌다.

자신을 위해 특별히 설립한 카트만두 기숙학교에 다닌 디펜드라 왕세자는 부모와 달리 왕족 티를 내지 않고 일반인과 잘 어울리는 친근한 사람이었다. 한편 왕세자와 절친한 갸넨드라의 아들 파라스(Paras)는 2001년에는 차를 몰고 가다 유명한 음악가를 치어 죽인 일이 있을 만큼 고주망태로 악명 높았다.

왕족들이 지나치게 방자하다는 이야기가 자주 들려왔다. 왕족의 욕심과 재산, 사업 이권 개입은 곧잘 사람들의 화젯거리가 되곤 했다.

왕세자와 연인

디펜드라 왕세자를 우려하는 이야기도 있었다. 네팔 정치인의 딸로 인도계 피가 절반 섞인 데비야니 라나(Devyani Rana)와 결혼하려는 왕세자의 계획을 국왕 부부가 반대한다는 태풍급 소문이었다.

아이스와랴 왕비는 자신보다 더 매력적이고 우아하며 영어도 잘하는 데비야니의 인도인 어머니를 싫어해서 이 결혼을 맹렬히 반대해온 것으로 알려졌다. 비렌드라 국왕은 결혼 문제에 강한 주장을 내세우지는 않았으나, 차기 왕비가 인도계 후손이 되어서는 안 된다고 우려했다. 심지어 아들이 인도계 후손인 여성과 결혼을 강행할 경우, 왕위 계승을 문제 삼을 수 있다는 암시까지 했다.

그러나 왕세자는 굽히지 않았다. 그는 많은 여자 친구들이 있었지만 데비야니에게 푹 빠져 있었다. 데비야니는 틈틈이 왕세자에게 결혼 문제를 해결하라고 압박했다.

이런 내용들은 대부분 왕실 참살 발생 후에야 밝혀졌다. 따라서 우리는 그제야 사건의 뒷이야기 즉, 디펜드라의 결혼 문제를 둘러싸고 왕실 안에서 긴장이 높았음을 알게 되었다.

왕세자는 대중들 사이에서 좋은 이미지를 갖고 있었다. 사람들은 그가 알코올중독자라는 사실을 몰랐다. 그가 정기적으로 마약과 진정제를 복용했고 왕궁 안에 있는 닭과

사건의 핵심 인물로 떠오른 데비야니 라나.

해오라기들을 총으로 쏴 죽였다는 것도 나중에 밝혀졌다. 왕궁 경호원들 틈에서 성장한 왕세자는 어릴 때부터 총에 관심을 가졌다. 일곱 살 때 권총을 들고 찍은 사진이 있을 만큼 총을 무척 좋아했다. 왕궁에서 근무하는 사람들과 그 가족은 디펜드라가 왕궁 안에서 사격 연습하는 소리를 자주 들었다.

그러나 어느 누구도 심각하게 다루지 않았다. 어느 누구도 장차 국왕이 될 사람에게 감히 이야기를 꺼낼 수가 없었을 것이다.

목격자 진술과 왕족 인터뷰를 모두 종합해볼 때 베일에 가려져 있던 왕가에서 금방이라도 폭발할 듯한 위기가 드러난 것은 5월 말쯤이었다. 반드시 결혼 승낙을 얻어내야 했던 왕세자는 6월 1일 금요일 모든 왕족들을 왕궁 가족모임에 초청했다. 디펜드라는 삼촌 갸넨드라 왕자를 참석시키기 위해 여러 번 전화를 했다고 알려졌다. 왕족들은 통상 금요일 저녁에 만나 함께 술을 마시고 식사를 했으므로 그날 모임은 특별한 것이 아니었다.

디펜드라 왕세자가 살인을 계획하고 모든 왕족을 초청했다는 증거는 없다. 그가 실제로 그 모든 것을 계획했다 하더라도 증거를 찾기는

매우 어렵다. 왕세자는 그곳에 모인 왕실 가족에게, 누구의 어떤 반대가 있어도 데비야니와 결혼하겠다고 선언하려 했을 수도 있다.

원래 의도가 무엇이었든, 왕세자가 마지막 순간에 데비야니와 전화통화를 했다는 증거는 있다. 휴대폰 기록에 따르면 데비야니에게 전화를 걸어 장시간 이야기를 나누었고, 다시 그녀가 왕세자에게 전화를 걸어 잠깐 이야기를 나누었다.

하지만 대화 내용은 알려지지 않았다. 왕세자는 결국 사망했고, 데비야니는 네팔을 떠나 조사위원회의 조사에 응하지 않아 어떠한 이야기도 들을 수 없기 때문이다. 그녀는 조사위원회 대신 뉴델리 주재 네팔대사와 인터뷰했는데, 증언 가운데 일부만이 네팔 왕실 참살 사건 최종 보고서에 들어 있다.

6월 1일, 총격·살해·자살

왕세자와 데비야니의 통화내용은 아마 결혼 이야기가 잘 되어가지 않는다는 내용인 것 같다. 통화가 끝나자마자 왕세자는 막 손님들이 도착한 당구실로 향했다. 거기서 평소 즐기던 페이모스 그라우스(Famous Grouse) 위스키를 거푸 여러 잔 들이킨 왕세자는 술에 취해 혀가 꼬부라졌을 뿐 아니라 똑바로 설 수조차 없었다. 그러자 사촌들이 왕세자를 2층 그의 방으로 데려갔다. 디펜드라는 그곳에서 사촌들에게 어머니, 할머니의 결혼 반대 문제를 의논했지만 두 사람은 왕세자 생각에 동의하지 않았다고 전해졌다.

저녁 9시였다. 전투복 차림에 검은 장갑을 낀 디펜드라는 레이저 유도용 9MM 소형 경기관총(MP-5K) 한 정과, 특공대원이 사용하는 레이저 망원경이 달린 5.56MM 소총(M-16) 한 정, 그리고 프랑스제 엽총을 어깨에 둘러메고 아래층으로 내려왔다. 그는 아버지 쪽으로 향했다. 비렌드라는 아들이 총을 보여주고 싶어 다가온다고 여겼는지 아들을 향해 걸어갔다. 디펜드라는 천장에 대고 총을 한 발 쏜 뒤 바로 아버지에게 발사했다. 목격자들은 국왕이 믿을 수 없다는 눈빛으로 천천히 옆으로 쓰러졌다고 했다. 다른 가족은 쓰러지는 국왕을 붙잡으려고 달려갔다. 그때 왕세자는 몸을 돌려 방에서 걸어 나갔다.

아수라장이 된 지 채 1분도 지나지 않아 왕세자는 다시 돌아왔다. 그리고 이번에는 모든 총을 발사했다. 다시 총을 맞은 비렌드라 왕은 즉사한 것으로 보이며, 국왕을 보살피던 가족 역시 사살됐다. 디펜드라는 여동생 쉬루티, 삼촌들과 숙모 2명을 차례로 살해했다.

그러고 나서 정원 쪽으로 몸을 돌려 도망치고 있는 어머니 아이스와랴와 남동생 니라잔에게 총을 발사했다. 디펜드라는 계단 꼭대기와 자신의 방 사이에서 두 사람을 쏜 듯했다. 아이스와랴는 머리가 날아가고 없는 상태로 층계참에서, 니라잔은 피가 흥건한 잔디 위에서 뼈조각들이 이리저리 흩어진 채 발견됐다.

디펜드라는 연못을 가로지른 다리 인근에 쓰러져 있었다. 머리에 부상을 입었으나 목숨이 붙어 있는 상태였다. 첫 번째 사격이 시작된 지

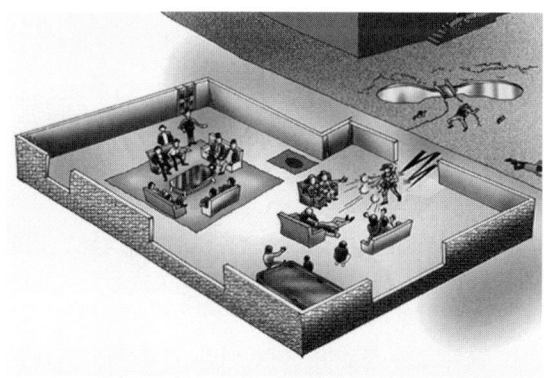

〈네팔리 타임스〉 1면 머리기사 "4일 동안 국왕 3명 등장"과 함께 실렸던 그림. 왕세자는 아버지를 쏜 뒤 방으로 돌아와 그때까지 살아 있었던 국왕과 그를 돌보던 왕족들에게 총을 난사했다. 국왕은 입구 맞은편 소파에서, 왕비는 건물 밖 층계에서, 사건의 가해자 왕세자는 연못 옆에서 발견되었다.

불과 5분도 되지 않아 이 모든 일이 일어났다. 이 사건으로 왕족 10명이 죽었고, 4명이 중상을 입었다.

중상자들은 대부분 오후 9시 20분 차우니 병원에 도착하자마자 사망판정을 받았다. 쉬루티 공주는 상대적으로 경상이었으나 오후 9시 55분에 사망했다. 의사들이 중환자들을 돌보느라 여념이 없는 사이 과다출혈로 사망한 것 같았다. 디펜드라 왕세자와 디렌드라 왕자는 이틀이 지난 6월 3일 사망했다.

갸넨드라 국왕 즉위

6월 2일 오후, 마침내 비렌드라 국왕과 아이스와랴 왕비가 사망했다는 공식 발표가 나왔다. 왜 사망했는지는 밝히지 않은 채 디펜드라 왕위 승계와 갸넨드라 왕자 섭정을 선포했다. 왕궁 고위 관리는 〈CNN〉에 왕실 가족이 "자동 무기의 우연한 발사"로 사망했다고 전했다.

정보가 차단된 상태에서 이 같은 공식 발표가 나오자 곳곳에서 소문과 음모론이 나돌았다. 정부도 혼란에 빠졌다. 사람들은 지시를 내리는 사람이 총리인지, 왕실인지, 혼수상태에 빠져 있는 디펜드라인지, 아니면 섭정을 맡은 갸넨드라인지 알지 못했다.

충격과 비통함은 분노로 바뀌었다. 삭발한 추모인사들이 거리에서 날뛰었고, 마오이스트는 이 혼란을 사회불안을 부추기는 기회로 이용했다. 고위 인사들이 장례식에 참석코자 차우니 병원으로 몰려들었다. 장례 행렬이 파슈파티(Pashupati) 사원 화장터에 당도하는 데 3시간이 걸렸다. 장례식장으로 가던 총리 차량은 날아온 돌에 맞아 파손됐다. 다음 날 화장터에는 군중 수천 명이 몰려들었다.

참살 조사를 위한 위원회도 구성됐다. 디펜드라 왕세자의 장례식 뒤 왕위에 오른 갸넨드라는 전국에 방영된 TV연설을 통해 국민들에게 "철저한 조사"를 약속했다. 이로써 네팔은 '4일 동안 국왕 3명'이 등장한 나라가 되었다. 갸넨드라의 즉위식 날은 수도 전역에 걸쳐 항의 시위가 일어났다. 경찰 발포로 최소 6명이 사망했고, 마오이스트로 의심되는 수백 명이 검거됐다. 경찰은 그들이 시위대에 잠입했다고 발표했다.

당시 〈네팔리 타임스〉 사무실은 시내를 굽어보는 언덕 위 6층 건물 1층에 있었다. 내 방은 북쪽을 향하고 있어 멀리 지평선 위로 눈에 뒤덮인 히말라야 산맥 봉우리들뿐 아니라 시내까지 볼 수 있었다. 갸넨드라가 즉위한 날 아침, 우리는 편집국에서 즉위식을 생중계하는 TV를 보다가 창문 밖으로 시내 주요 교차로에서 검은 연기가 동시에 치솟는 것을 목격했다. 분명 마오이스트가 참여한 시위대는 거리에서 타이어에 불을 지르고 경찰을 향해 돌을 던지고 있었다. 죽은 국왕에 대한 존경의 표시로 삭발을 한 시위자 대부분은 학살 배후 인물로 믿는 갸넨드라 반대 구호를 외치고 있었다. 상황은 통제범위를 벗어나 있었다.

갸넨드라가 우울한 모습으로 마차를 타고 즉위식장 하누만 도카 (Hanuman Dhoka)의 옛 사원 광장에서 왕궁으로 가는 동안, 시위대가 주요 도로를 모조리 점령했다고 비난하는 경찰 보고도 전해졌다. 결국 중무장한 특공대원들이 도로를 막았고, 분노로 말을 잃은 카트만두 시민들은 그저 바라보고 있을 뿐이었다.

네팔 군주제는 무너지는가

우리 〈히말〉은 일주일 뒤에나 발행될 예정이었다. 그러나 그때가 되면 이 뉴스는 모두 과거사가 되기 때문에 우리는 지금까지 없었던 특별판을 제작하기로 결정했다. 잡지 형식에 타블로이드 판형으로 발행한 특별판은 완전히 매진됐다. 혼돈과 루머 그리고 검열의 시기에 사람들이 신뢰할 수 있는 정보에 목말라 있었기 때문이다. 특별판은 당시 알고 있던 모든 내용을 담았다. 여러 목격자와 병원 의사들, 왕족들에게 직접 확인한 사실을 보도했다. 사설은 상황 악화를 막으려면 국민들이 침착해야 한다고 호소했다.

특별판이 사람들을 진정시키고 감정을 누그러뜨리는 데 도움을 줄 것이라는 예측은 들어맞았다. 그때까지도 왕족들 시신은 화장하지 못했고, 정부는 폭력시위가 재발하지 않도록 통행금지를 실시하고 있었다.

통행금지로 신문사 출근이 점차 힘들어졌다. 그래서 나는 사무실 컴퓨터와 프린터를 차에 실어 집으로 가져왔다. 그렇게 해서 우리 집 거실은 편집국이 되었다. 책임 편집자는 침낭과 갈아입을 옷을, 디자인팀은 캠핑 도구를 가지고 왔다. 기자들에게는 각자 집에서 전화로 기사를 보내라고 지시했다.

그 다음 주 발행될 〈네팔리 타임스〉 1면 머리기사 제목은 "4일 동안 국왕 3명 등장!"으로 달았다. 모든 사망자의 위치와 왕세자 디펜드라의 움직임을 자세히 그려 넣고, 가능한 한 사건을 시간대별로 나누어 취재 내용을 되도록 많이 싣고자 했다. 우리는 비교 검토를 통해 목격자 진술의 사실 여부를 확인했다. 추측성 기사나 확인하지 못한 내용은 싣지 않았다. 우리가 새로 밝혀낸 사실만을 실었다.

그러나 왕실참살 이후 유혈시위 속에서 진실도 붕괴되었다. 국영 언론이 정보를 거의 내놓지 않는 상황에서 대중은 단순한 진실보다 가장 복잡하게 얽히고설킨 음모론에 쏠렸다.

그리고 한 주 뒤 우리는 호송된 사람들을 헌신적으로 돌보았던 군 병원 고참 의사 인터뷰 기사를 단독 보도했다. 의사는 인터뷰에서 왕세자가 머리에 총탄 한 발을 맞았을 뿐이라고 밝혔다. 이 증언은 그동안 왕세자가 사살됐다던 소문을 잠재웠다. 의사는 자신이 군 병원에서 겪었던 정신적 충격까지 생생하고 구체적으로 묘사했다. 그 기사는 왕실참살 사건에 대한 최초의 목격자 보도였으며 항간에 떠도는 소문들을 단숨에 바로잡았다.

참살 사건 조사위원회는 2주 뒤 예비조사 결과를 내놓고, 왕세자 디펜드라가 대량 참살을 저지른 장본인이라고 밝혔다. 우리와 같은 결론이었다. 〈네팔리 타임스〉는 6월 14일자 신문 머리기사에서 "디펜드라의 소행"이라고 보도했다. 그러나 거짓에 이끌리거나 정보가 없는 사람들은, 정부는 물론 진실을 말하는 그 어떤 사람도 믿지 않았다. 대다수 사람들은 인기 없는 새 국왕 갸넨드라에게 어쨌든 책임이 있다고 믿었다.

상황을 이렇게 만든 것은 왕궁과 정부 관리들만의 잘못은 아니었다. 선정주의 언론들도 사태를 악화시켰다. 나는 〈네팔리 타임스〉 1면에 내 기명사설을 실었다. 전례 없는 결정이었다.

"진실을 밝히고 거기에 해석을 붙이는 것, 이것이 언론의 세계 공통 역할이다. 그러나 정치인과 대부분 언론은 정반대로 가고 있다. 정치적 입장에 맞은 음모론만 좇으며 진실을 음모론에 꿰맞추듯 요리했다. 이제 진실은 밝혀졌다. 음모론이야말로 그 자체가 음모라는 것이 명백해졌다."

우리 역할은 미궁에 빠진 살인 사건의 탐정이었다. 증거자료를 모아 하나로 맞춘 뒤, 사건의 인과관계를 정확하게 밝혀내고, 목격 내용을 확인하고자 노력하는 것이 바로 우리 임무였다. 그러나 전통적으로 비밀스러운 왕실 가족이 사건 중심에 있었고, 너무나 충격적이었기 때문에 그 과정은 생각보다 훨씬 어려웠다. 기자들이 취재를 통해 밝혀낸 내용과 조사위원회 발표는 주요 대목에서 거의 같았다. 양쪽의 목격자 인터뷰 내용이 같기 때문이었다.

그러나 사람들이 대부분 정부 공식 조사 결과를 믿지 않았던 탓에 언론도 덩달아 의심을 받았다. 실제로, 자신이 알고 있는 사실을 고수한 기자들에게는 '왕실주의자' 또는 '편견을 가진 자'라는 딱지가 붙었다. 언론이 올바르게 행동했는지 판가름하는 최선의 방법은, 기자정신을 기준 삼아 내린 왕실참살 사건의 결론이 5년 뒤 더 많은 정보를 통한 검증에서도 유효한지 따지는 것이다.

왕실참살 사건을 둘러싼 음모는 지금도 여전히 떠돌고 있다. 갸넨드라가 인기 없다는 점도 한몫해왔다. 아들 손에 죽은 전 국왕 비렌드라의 혈통은 거의 모두 죽은 반면, 현 국왕 갸넨드라 가족은 모두 생존해 있다는 것을 모르는 사람이 없다. 시체 부검을 하지 않은 바람에 범행 당시 디펜드라 혈중 알코올 농도가 어느 정도였는지, 마약 성분이 검출됐는지도 의문이다. 음모

왕실참살 사건에 사용된 무기 중 하나인 M-16을 타라나스 라나바트(Taranath Ranabhat) 하원 대변인이 들고 있다.

론 가운데는 이런 내용도 있다. '현 국왕 갸넨드라의 아들 파라스가 디펜드라 가면을 쓰고 범행을 저질렀다.' '갸넨드라와 파라스 부자가, 디

펜드라가 모든 사람을 죽이도록 부추겼다.' '마오이스트가 왕궁에 침투해 범행을 저질렀다.' 'CIA와 인도 정보기관이 이번 참살의 배후다.'

참살 사건을 둘러싼 음모론은 케네디 암살 사건과 다이애나 왕세자비 사망 사고 경우처럼 결코 사라지지 않을 것이다. 그러나 반박할 만한 요소도 있다. 갸넨드라가 자연보호협회 이사회 때문에 카트만두에 없었던 것은 사실이다. 비록 갸넨드라 가족들은 살아남았지만, 그의 부인 코말(Komal)은 치명적인 중상을 입었으며 아직까지 심장 근처에 총탄 파편이 박혀 있는 상태다. 파라스가 마스크를 쓰고 범행을 저질렀다는 음모론은 사건 목격자가 너무 많다는 점에서 신빙성이 적다.

현재 디펜드라의 범행이라는 점은 대체로 수긍하는 것 같지만 일부 의문점이 남아 있고 정확한 사건 경위에 대한 진술도 엇갈리고 있다. 예를 들어 디펜드라는 자기 가족만 죽이려 했을까? 아니면 모든 사람들을 죽이려고 했을까? 처음에는 아버지만 살해하고 원하는 사람과 결혼하려 했는데, 아버지에게 중상을 입힌 뒤 방에서 나갔다가 다시 돌아온 후에 완전히 미쳐 날뛰게 된 것일까?

사건을 일으킨 주요 요인은 무엇일까? 국왕 부부가 아들이 데비야니와 결혼하는 것을 반대했기 때문일까? 아니면 디펜드라와 왕비의 관계가 전반적으로 좋지 않았기 때문일까? 국왕과 왕세자 사이에 정치 및 사상적 견해차는 얼마나 컸던 것일까?

또 파라스는 왜 광분한 사촌을 막지 못했을까? 처음 총격이 벌어진 뒤 디펜드라가 당구장에서 나갔을 때 어머니와 남동생은 왜 도망가지 않았을까? 경호원들은 왜

왕실참살 사건 후, 6월 14일에 발행된 《네팔리 타임스》의 표지.

총소리를 듣고도 방으로 달려오지 않았을까?

이런 의문들을 밝혀줄 수 있는 사람 대부분이 사망했기 때문에 아마도 끔찍한 그날 밤의 진실은 결코 밝혀지지 않을지도 모른다. 그러나 분명한 사실은 이 참살이 네팔 정치에 씻을 수 없는 상처를 남겼고 군주제에 대한 전통적인 존경심을 앗아가버렸다는 점이다. 이번 '살해'는 너무나 충격적이라 네팔 사람들은 이 단어를 입에 올리기조차 꺼릴 것이다. 오늘날 우리가 목격하고 있는 공화제 지지 물결은 이번 사건에 대한 늦지만 확실한 반응이다.

갸넨드라 국왕은 즉위 직후, 측근들에게 자신은 형과 다르다며, 입헌군주라는 현 헌법상 권력에 만족하지 않는다고 명백하게 밝혔다. 결국 갸넨드라는 2005년 2월 1일 친위 쿠데타를 일으켜 정권을 장악했다. 정치인과 시민사회 운동가들을 투옥하고 언론사 편집국에 군대를 보냈다.

우리 사무실에도 군인 3명이 들어와 기사를 검열했다. 첫 주, 이들은 여론칼럼 페이지의 만화 하나를 삭제하고, 사설에서 한 문장을 들어냈으며 심지어 '편집인에게 보내는 편지'에 실리는 편지 하나와 기명칼럼까지 빼버렸다. 나는 〈네팔리 타임스〉에 와 있던 군인 한 명과 매우 가까워졌다. 그가 영어를 구사할 줄 알았기 때문이다. 그는 자신이 해야 할 업무를 유감스러워하는 것 같았다.

"당신은 우리가 하고 있는 일을 이해해야 한다. 이것은 명령이다."

그 말에 나는 이렇게 답했다.

"나 또한 내가 하지 않으면 안 된다는 것을 하고 있다."

그 다음 주부터 우리는 검열을 거부했고, 통제를 받지 않는 듯이 행동했다. 잘린 기사가 있던 자리를 백지상태로 둔 채 신문과 잡지를 발행했다. 군인들이 이를 막으면, 말도 안 되는 글과 우스꽝스러운 논설들로 자리를 메웠다. 민주주의에 관한 우리 견해는 우화처럼 써서 실었다.

FM 방송들이 가장 엄격한 통제를 받았는데, 바로 그 라디오 방송국 동료들이 가장 용감하게 검열에 맞섰다. 뉴스 없이 음악만 방송하라는 지시를 받으면 뉴스를 노래로 불렀다. 스튜디오를 거리에 설치한 뒤 지나가는 사람들에게 최신 뉴스를 읽어주기도 했다.

언론은 전횡을 휘두르는 국왕에 대항해 싸우는 첨병으로, 자유언론 탄압에 도전함으로써 국왕을 조롱했다. 결국 시민의 힘으로 갸넨드라가 의회를 복원시키고 민주주의 앞에 무릎 꿇게 만드는 데 14개월밖에 걸리지 않았다.

2008년 3월 현재 네팔 국민들은 제헌의회 의원을 뽑는 선거를 준비하고 있다. 이제 238년 동안 네팔을 지배해온 샤 왕조의 운명은 이 나라 국민 손에 달렸다. 2001년 6월 1일 그날 밤 일어났던 일이 긴 기다림 끝에 결실을 보려 하고 있다.

봉건적인 데다 무책임했고 또 순기능보다 역기능이 많은 군주제는 이제 생명을 다한 것으로 보인다. 네팔은 1990년에 이미 입헌군

2005년 2월 1일 비상사태를 선언하며 절대왕정으로 복귀를 시도한 갸넨드라 국왕. 민주주의 복귀를 외치는 피플파워에 밀려 2006년 권력 이양을 발표하고, 2008년 5월 제헌의회는 왕정 폐지를 결정했다. ⓒ 연합뉴스

주제를 도입해 형식상 민주주의 국가가 됐으나 실제로는 이제껏 봉건적 과거에 매달려 있었다. 2001년 6월 1일 왕족 참살 사건은 네팔 군주제에 최종적으로 치명상을 입힌 자해 행위였고 모든 것을 바꾸었다.

쿤다 딕시트 (Kunda Dixit)

네팔에서 태어나 미국 컬럼비아대학에서 저널리즘으로 학위를 받았다. 〈BBC〉, 〈IPS(Inter Press Service)〉에서 일했고 네팔로 돌아가 개발도상국 관점에서 뉴스를 생산·분석하는 비영리 독립 정보 에이전시 〈Panos Institute〉의 남아시아 지부를 설립해 운영했다. 현재 네팔에서 가장 널리 읽히는 네팔어 잡지 〈히말 카발파트리카 (Himal Khabarpatrika)〉와 네팔 최고 영어 잡지 〈네팔리 타임스(Nepali Times)〉 발행인이자 편집인이며 카트만두대학 언론 커뮤니케이션학과에서 강의한다.

갸넨드라 (King Gyanendra Bir Bikram Shah Dev, 1947년 7월 7일~)

네팔 샤 왕조(Shah Dynasty) 12대 국왕(2001년 6월 4일 ~)으로 마헨드라 왕의 둘째 아들, 비렌드라 왕의 남동생이다. 네팔 카트만두 나라얀히티 왕궁에서 태어났다. 국왕 등 왕실 가족을 살해하고 자살한 디펜드라 왕에 이어 왕위를 계승했다.

2005년 2월 1일 갸넨드라 국왕은 부패청산, 마오이스트 반란, 정부 무능을 이유로 총리 파면, 국회 해산, 비상사태 선언과 함께 국가 행정 전권을 장악하는 친위쿠데타를 일으켜 절대왕정으로 복귀했다. 3년 안에 "평화와 효율적인 민주주의"를 회복하겠다고 약속했으나, 국민 기본권을 억압하는 법령을 잇달아 발표하며 시민 기본권을 제한하고 반대자들을 억압하며 철권 독재정치를 폈다.

시민들의 반발을 무마하고자 2006년 2월 총선을 실시했으나 '왕당파'의 압승과 노골적 야당 탄압 등에 분노한 시민들은 네팔 7개 정당이 주도하는 국왕 하야를 요구하는 전국 총파업에 동참했고 20일에는 시민 10만여 명이 거리로 쏟아져 나와 "국왕 타도" "왕정 철폐" 구호를 외쳤다.

갸넨드라 국왕이 수도 카트만두에 통행금지령을 내리고 '위반 즉시 사살'을 명령했으나 시민들의 민주화 열망은 수그러들지 않았다. 21일 네팔 정부는 통행금지와 발포령을 11시간 연장하고 나섰다. 20일에는 칼린키에서 시위 참가자 3명이 경찰 총탄에 맞자 분노한 젊은이들이 경찰과 쫓고 쫓기는 '게릴라전'을 반복하기도 했다. 〈AFP〉는 2주 동안 이어진 시위에서 모두 14명이 숨졌다고 전했다.

2006년 4월 갸넨드라 국왕은 권력이양을 발표했고, 5월 정부는 국왕의 국군 통수권과 면세특권을 박탈했다. 6월에는 국왕의 법안거부권, 인사권, 왕위 계승임명권을 박탈했고, 2007년 왕궁과 왕실 소유 토지가 국유화되었다.

2008년 5월 28일 제헌의회가 첫 회기에서 왕정폐지와 공화국 출범을 표결로 결정함으로써 239년 네팔 왕정은 마침표를 찍었다.

데비야니 라나 (Devyani Rana)

네팔 전 왕세자 디펜드라 결혼 상대자로 알려졌다. 아버지는 네팔 최대 야당 라스트리아 프라자탄트라(Rastriya Prajatantra Party) 대표 파슈파티 슘쉐르 중 바하두르 라나(Pashupati Shumsher Jung Bahadur Rana), 어머니는 영향력 있는 인도 왕족 출신이다. 1951년 이후 네팔 수상을 대물림해온 라나 가문은 샤 왕조와 원한 맺힌 역사가 있다.

2001년 참살 사건 직후 데비야니 라나는 인도로 출국했으며 2007년 2월 22일 인도 명문가 출신 사업가 아이슈와랴 싱(Aishwarya Singh)과 결혼했다. 아이슈와랴 싱은 2008년 4월 현재 인도 인적자원개발부 장관 아르준 싱(Arjun Singh)의 손자다.

디펜드라 (Crown Prince Dipendra Bir Bikram Shah Dev, 1971년 6월 27일 ~2001년 6월 4일)

네팔 국왕(2001년 6월 1일~4일). 영국 이튼컬리지, 네팔 트리부반대학 (Tribhuvan University), 네팔왕실군사학교(Royal Nepal Military Academy)에서 공부했다.

2001년 6월 1일, 디펜드라 왕세자는 가족과 자신에게 총을 쏘았다. 이 사건으로 국왕 부처, 니라잔 왕자, 쉬루티 공주, 국왕의 여자 형제 샨티싱 공주(Princess Shanti Singh)와 샤라다 샤 공주(Princess Sharada Shah) 부부, 선왕의 사촌 자얀티 샤 왕자(Princess Jayanti Shah)가 사망하고 여럿이 부상당했다. 혼수상태에서 왕실법에 따라 왕위를 계승해 48시간 동안 네팔 국왕 자리에 있었다. 사건 발생 15시간 후 자문위원회 의장은 국영 방송을 통해 비렌드라 왕의 서거, 디펜드라 왕위 계승, 치료 중인 새 국왕이 신변상의 문제로 임무를 수행할 수 없어 갸넨드라 왕자가 섭정을 맡았음을 발표했다.

마오이스트 (Communist Party of Nepal-Maoist; CPN-M)

1994년 세워진 마오이스트 정치 정당으로 프라찬다 사령관(Comrade Prachanda)으로도 알려진 푸시파 카말 다할(Pushpa Kamal Dahal)이 이끌고 있다. 1996년 2월 4일 총리에게 보낸 편지에서 왕실특권 박탈을 포함 '민족주의, 민주주의, 생계보장'을 요구했으나 받아들여지지 않자 1996년 2월 13일 군주제 타도, 농민해방, 중국식 인민공화국 건설을 주장하며 무장봉기했다. 히말라야 농촌을 근거지로 하여 전투를 벌여 농촌지역을 장악했다. 은퇴한 영국 구르카용병, 인도 군대, 네팔 왕실군대가 마오이스트 반군 훈련에 관계했다고 추측된다. 중국은 2006년 민주화시위 이전까지 왕실을 도왔고 인도는 네팔 정부의 마오이스트 공격을 도왔다.

20년 내전으로 마오이스트와 정부군에 의해 13,000여 명이 살해되고 수만 명이 난민이 됐으며 해외원조와 관광에 기대는 네팔 경제는 더욱 어려워졌다. 인권단체들은 소년병, 살해, 고문 등 인권유린 행위를 지적하고 있으나 네팔의 많은 소외계층은 마오이스트를 억압적 구질서를 바꿀 유일한 대안으로 여긴다.

2001년 국왕 살해사건을 기회로 국왕과 정부의 합법성에 심각하게 도전해왔고 갸넨드라 국왕의 비상사태 선포로 분쟁이 격화됐다. 2005년 9월, 3개월 휴전을 일방적으로 선언하고 2005년 11월 독재군주 갸넨드라에 대항하고자 야당과 손잡은 뒤 벌인 2006년 3월 가두시위는 왕이 권력을 포기하도록 압박했다. 2006년 6월 16일 7개 정당 연합과, 2006년 11월 정부와 협정을 체결하고 내전에 종지부를 찍었다. 이후 마오이스트는 갸넨드라 국왕 축출과 군주제의 즉각적인 폐지 등을 강력하게 요구했고, 결국 2007년 12월 23일 왕정철폐 합의를 이끌어냈다. 2008년 4월 10일 제헌의회 총선에 참여해 다수당이 됐다.

비렌드라 국왕 (King Birendra Bir Bikram Shah Dev, 1945년 12월 28일 ~ 2001년 6월 1일)

전 네팔 국왕(1972~2001년)으로 선왕 마헨드라(Mahendra)의 아들이다. 인도 다즐링 세인트조셉컬리지(St. Joseph's college)를 졸업하고 이튼컬리지(Eton College), 도쿄대학, 하버드대학에서 공부했다. 1972년 1월 31일 왕위를 계승한다. 1970년 라나(Rana) 가문 아이스와랴와 결혼해 왕자 둘과 공주 하나를 두었다. 한때 세계적으로 드문 전제군주였다. 인도, 중국, 소비에트 연방의 주권 침해에 대항해 국가 독립을 지켰다.

1990년 대중적 민주화 요구 운동이 경찰과 시위대 유혈충돌로 격화되자 11월 9일 다당제 민주 입헌군주국의 수반으로 정당 금지 해제, 권력분립, 인권보호 등을 내용으로 하는 새 헌법을 공표했다. 1960년 마헨드라 국왕이 전제왕정을 시작한 지 30년 만에 네팔 민주주의가 회복됐다. 여러 정치 정당 간 다툼과 사회문제는 마오이스트와 왕당파 정부 세력의 무력충돌로 이어졌다. 2001년 6월 1일 왕위 계승자인 아들 디펜드라 왕세자의 총에 맞아 사망했다. 네팔 역대 국왕 중 가장 훌륭한 국왕으로 일컬어지고 있다.

아이스와랴 왕비 (Queen Aiswarya, 1949년 11월 7일 ~ 2001년 6월 1일)

네팔 왕비(1972~2001년), 비렌드라 국왕 아내, 디펜드라 왕세자, 니라잔 왕자, 쉬루티 공주의 어머니. 1950년대 네팔을 실질적으로 통치한 총리 가문 출신으로 비렌드라 국왕의 친민주주의적 태도에 반대했고 좌파에게 인기가 없었다. 1998년 군중이 왕비에게 돌을 던진 사건 후로 대중 앞에 나설 때 경비를 강화했다. 아들 디펜드라의 총에 맞아 남편을 비롯한 가족과 함께 51세에 사망했다.

네팔 연표

1768년 프리트비 나라얀 샤(Prithvi Narayan Shah), 통일 왕국 세움.

1814~16년 영국과 전쟁에서 패한 후, 조약에 따라 영국 사절이 카트만두 주재.

1846년 영국은 라나 가문을 내세워 네팔을 간접 통치. 이후 2차 세계대전이 끝날 때까지 100여 년 동안 세습 독재 실시.

1923년 1차 세계대전 후 영국과 조약 체결, 완전 독립 인정받음.

1951년 2차 세계대전 후 네팔 의회당과 인도 지원을 등에 업은 트리부반 (Tribhuhvan Bir Bikram Shah Dev) 왕 샤 왕조 복구.

1959년 트리부반의 아들 마헨드라(Mahendra Bir Bikram Shah Dev) 왕이 서구식 의회민주주의 도입. 선거를 통해 NC(네팔의회당; Nepal Congress, 이하 NC) 내각을 출범, 입헌국주국으로 전환.

1960년 마헨드라 왕이 NC 내각의 무능과 부정부패, 인도의 개입에 따른 국론 분열을 이유로 1년 반 만에 헌법을 정지, 의회와 내각을 해산, 모든 정당을 불법화하고 일종의 원로 모임인 판차야트(Panchayat)가 의회를 대신하게 함.

1972년 마헨드라 왕 사망. 비렌드라 왕 즉위.

1979년 판차야트 해체와 정당활동 자유를 요구하는 학생과 노동자들이 대규모 민주화 시위 벌임.

1990년 2월 18일 NC와 공산당 등 여러 정당, 학생, 노동자들이 전국적 민주화 항쟁 시작. 4월 9일 비렌드라 왕, 다당제 의회 민주주의 도입과 헌법 개정, 총선 실시 등을 통한 정치 개혁과 민선정부에게 권력을 이양하는 입헌군주국으로 전환을 약속. 이후 고질적 부정부패와 정치 불안으로 1년에 한 번 꼴로 총리가 바뀌는 등 정국 불안정을 거듭.

1996년 군주제 타도와 농민 해방을 외치며 네팔 마오이스트 무장봉기.

2001년 6월 1일 왕실참살 사건 발생. 비렌드라 국왕, 디펜드라 왕세자 등 왕족 10명 사망. 4일 비렌드라의 동생 갸넨드라 즉위.

2005년 2월 갸넨드라 국왕, 부패청산과 마오이스트 토벌을 이유로 친위쿠데타를 일으켜 절대왕정으로 복귀. 이후 국민 기본권을 억압하는 법령을 잇달아 발표, 철권통치. 국민들의 반발을 무마하고자 실시한 총선에서 왕당파가 노골적인 야당 탄압 끝에 '왕당파' 압승을 발표해 더 큰 반발 불러일으킴.

2005년 11월 22일 시민 10만여 명이 '국왕 타도' '왕정 철폐' 등 구호를 외치며 가두시위. 갸넨드라 국왕, 수도 카트만두에 통행금지령을 내리고 '위반 즉시 사살'을 명령했으나 시위 심화.

2006년 4월 6일 7개 정당과 대학생 주도로 전국적 총파업 투쟁 시작. 마오이스트는 카트만두로 향하는 모든 주요 도로 봉쇄.

2006년 4월 21일 갸넨드라 국왕, 권력 이양을 발표. 4월 24일 의회 복원 선언.

2006년 5월 의회, 국왕의 군 통수권과 면책 면세 특권 박탈.

2006년 6월 의회, 국왕 법안거부권과 인사권, 왕위계승임명권 박탈.

2006년 11월 정부군과 마오이스트, 휴전 합의. 임시의회 구성.

2007년 1월 임시의회 출범. 임시헌법 통과(마오이스트 의회진출 허용 및 임시의회 330석 중 83석 할당, 국왕의 행정권 총리 이양 등을 골자로 함).

2007년 4월 마오이스트, 합법적 정치 정당 공산청년연맹으로 조직 전환. 7개 정당—네팔공산당(UML), 마오이스트(CPN-M), 네팔의회당(NC), 좌파전선(Left Front), 네팔농민노동자당, 인민전선, 네팔사드브하바나당(Nepalese Sadbhabana)—으로 구성한 임시정부 출범. 준비 기간 부족을 이유로 애초 6월 20일 예정했던 총선을 11월 22일로 연기했으나, 마오이스트 반대로 재차 무산.

2007년 8월 임시정부, 왕궁과 부속 토지 몰수 결정 발표.

2008년 4월 10일 제헌의회 구성을 위한 총선 실시. 마오이스트가 직선 120석, 비례대표 29.92퍼센트 지지율 얻어 1위 차지. 전체 601석 가운데 총 220석을 확보하면서 압승.

2008년 5월 28일 제헌의회, 첫 회기에서 출석의원 564명 중 560명 찬성으로 왕정폐지와 공화국 출범 결정.

독 가 스,
도 시 를
뒤덮다

델리

중 국

파키스탄

부탄

네 팔

보팔

버 마

뭄바이

방글라데시

스리랑카

인 도
INDIA

공식명칭 인도 공화국(Republic of India)

약칭 인도(India)

수도 뉴델리(New Delhi)

정부형태 연방공화국

면적 330만 제곱킬로미터

인구 10억 2,700만 명(2001년 기준)

인종 인도─아리안족 72퍼센트, 드리비다족 25퍼센트, 몽고족과 기타 3퍼센트(2000년 기준)

종교 힌두교 80.5퍼센트, 이슬람교 13.4퍼센트, 기독교, 시크교 등 기타 6.1퍼센트

언어 영어(공용어), 힌디어(공용어), 기타 20여 개 언어

1인당 GDP 구매력평가기준(PPP) 2,700달러(2007년 추정)

'보팔' '라아즈쿠말', 그 지워버릴 수 없는 이름들

라아즈쿠말(Raajkumar Keswani)은 이 책을 기획하자마자 단숨에 원고를 마감한 멋진 글쟁이다. 되돌려 보낸 원고 수정도 단숨이었다. 마땅히 그이는 가장 먼저 손을 털고 책이 나오기만을 기다렸다.

그이 몸에는 기자로서 자신이 추적했던 한 사건에 대한 깊은 한이 절절이 배어 있다.

'보팔참사', 이미 24년이 지난 그 충격적인 사건의 피해자이기도 한 라아즈쿠말은 아직도 보팔이 계속되고 있다는 사실을 고발했다.

'보팔참사'가 낳은 기자 라아즈쿠말은 고달픈 환경 속에서도 '탐사보도'의 빛나는 본보기를 남긴 주인공이다. 본디 그이는 주류언론에서 일한 적도 없고 이름난 기자도 아니었다. 사실은 눈길주는 이마저 흔치 않은 보팔에서 찍어내던 잡지와 신문에서 일했고, 그러다가 쌈짓돈을 털어 혼자 북 치고 장구 치며 8면짜리 신문을 만들어 직접 자전거에 실고 돌리던 기자다. 그런 '촌놈 기자'가 피 토하며 쓴 '보팔참사' 예고 기사들을 큰 도시 신문들은 거들떠보

지도 않았다. 그래도 그이는 '보팔참사'를 예견하며 줄기차게 기사를 날렸다. 그러던 1984년 12월 2일, 결국 보팔의 유니온 카바이드 공장이 폭발하며 온 세상을 뒤흔들었다. 그렇게 해서 라아즈쿠말의 시대가 열렸다. 적어도, 겉보기에는 그랬다. 그의 시대는 자신도 보팔에서 피해자가 됨으로써 얻었다는 비극적 요소를 안고 있었지만, 어쨌든.

그이가 오래전부터 꾸준히 예보를 날린 기자일 뿐만 아니라 보팔이 폭발하던 날 현장을 최초로 취재한 기자라는 소문이 눈 깜빡할 새 나라 안팎으로 퍼져나갔다.

곧장 델리를 비롯한 대도시 주류 신문들이 그이의 기사를 실어날랐다. 그 순진한 '촌놈기자'에게 〈뉴욕 타임스〉와 같은 국제공룡자본언론들도 달려들었다. 라아즈쿠말은 보팔 전문기자로 정신없이 바빠졌다.

그러나 그 분주함이 라아즈쿠말의 시대를 닫는 서곡일 줄이야! 라아즈쿠말이 오랫동안 추적해서 고발해왔던 '보팔참사' 보도의 모든 공은 빤질빤질 세련된 '도시기자'와 '외국기자'들 몫으로 돌아가버렸으니!

결국 '촌놈기자' 라아즈쿠말은 그렇게 보팔에서 유니온 카바이드 공장 폭발에 당한 뒤, 다시 거대한 바깥세상 언론들에게 당했다. 그이는, 이중 피해자가 되었다.

그러나 다행스럽게도 적지 않은 아시아 언론 동지들이 그 이름 '라아즈쿠말'을 아직도 기억하고 있다. 세상은 잊어버렸지만, 여전히 계속되고 있는 '보팔참사'를 두고 '라아즈쿠말'이란 이름을 지워버릴 수 없는 탓이다.

정문태

독 가 스,
도 시 를
뒤덮다

라아즈쿠말 케스와니

보팔 2007년 10월 15일

20여 년 전 그날 밤 나는 그들과 함께 있었고, 지금도 함께 있다. 그날 밤, 이 도시의 모든 주민은 한 몸으로 눈앞에 닥친 공동의 운명과 맞부딪쳤다. 그리고 하나하나 쓰러져갔다. 모두가 달리고 또 달렸다. 죽을힘을 다해 달렸다. 죽음의 공포 앞에서 우리 모두는 어디로 가야 살 수 있을까, 오로지 그 생각만을 하며 달리고 또 달렸다.

하지만 누구도 목숨을 지켜줄 안전한 곳이 어디 있는지 알 길이 없었다. 어떤 이는 두 바퀴짜리를 타고, 어떤 이는 네 바퀴짜리를 타고 도망쳤다. 하지만 이도저도 없던 주민 대부분은 그저 두 다리로 허둥지둥 달렸다. 사람들은 모두 무언가로 입과 코를 막으려 했다. 마치 죽음의 신이 숨을 타고 몸 안에 들어오지 못하도록 하려는 듯 그렇게 애쓰고 있었다.

그러나 호흡기를 통해 밀려드는 죽음의 신을 막을 길은 없었다. 사람들의 처절한 노력은 무참히 짓밟혔다. 그 사건으로부터 정확히 23년이 지난 지금, 공식적인 사망자 숫자가 최종 집계되었다.

15,000명.

경악스러운 숫자다.

그날 밤 악몽은 인도 보팔(Bhopal) 유니온 카바이드(Union Carbide) 살충제 제조공장 사고로 시작됐다. 미국에 본사를 둔 이 다국적 화학회사의 보팔 공장 안 610호 저장 탱크에서 40톤에 이르는 막대한 메틸 이소시아네이트(Methyl Isocyanate; MIC)가 누출됐다. 가스는 구보팔 전역을 고스란히 가스실로 만들어버렸다.

사건 개요

범죄 발생일: 1984년 12월 2~3일.

원인: 돈에 눈이 멀어 안전조치 무시.

범행 내용: 이 끔찍한 범죄를 모르는 사람이 세상에 있단 말인가? 사건 당시 미국에 본사가 있던 유니온 카바이드는 현재 미국 다우(Dow Chemicals)와 합병.

처벌: 현재까지 어느 누구도 처벌받은 바 없음.

정의(正義): 아직도 저 멀리서 울부짖고 있음.

결말: 여전히 매일 악몽이 계속됨.

이 악몽은 약 50만 명에 이르는 보팔참사 생존자들의 삶 속에서 아직도 생생하게 이어지고 있다. 1984년 참사의 밤은 이 글을 쓰고 있는 지금까지도 물러갈 생각을 하지 않는다. 그 밤이 물러갈까? 정말이지 알 수가 없다. 그 밤이 다시 온다는 것은 확실하지만, 물러갈 것인지는 도무지 알 수 없다.

그 밤이 다시 온다는 것은 어떻게 알까? 바로 이 질문에 답하기 위해 나는 이곳 보팔에 와 있다. 이제 내 오래된 기억의 몇 페이지를 들추어보자. 오랜 세월에도 기억은 너무나 선명하고 깊이 새겨져 있다.

이야기는 오랜 과거로 거슬러 가야 한다.

1978년 11월 24일, 그것은 우연한 사고였을까?

금요일 오후였다. 나는 어렵게 장만한 오토바이를 손보고 있었다. 오토바이를 조립하는 데는 오토바이 수리공인 친구 선더 싱의 도움이 컸다. 선더 싱은 내가 스스로 해결하지 못하는 내 인생의 많은 문제들에 대해 늘 적절한 해답을 가지고 있었다.

얼마 뒤 나는 구보팔 누르 마할(Noor Mahal) 사무실로 돌아와 의자에 앉았다. 사무실은 내 인쇄소에 붙어 있었다. 도로에 몇몇 사람들이 모여 서성이는 모습이 보였다. '왜 저러지?' 나는 밖으로 나갔다. 사람들은 저마다 하늘을 쳐다보고 있었다. 하늘 한가운데 연기가 뒤덮여 있었다. 그 연기가 어디서 흘러나온 것인지 아는 사람은 아무도 없었다. 점점 더 많은 사람들이 길거리로 몰려나와 하늘을 쳐다보기 시작했다.

얼마 지나지 않아 연기의 정체가 밝혀졌다. 도로 북쪽에서 한 소년이 자전거를 타고 달려오며 외쳤다.

"유니온 카바이드 공장에 불이 났어요!"

나는 정신이 번쩍 들었다. 사건 현장인 유니온 카바이드 공장으로 가고자 오토바이를 타고 베라시아 로드의 칼리 축제 행진 광장으로 향했다. 현장에 도착하는 데는 기껏 몇 분밖에 걸리지 않았다. 역겨운 냄새가 사방에 진동하고 소방차 여러 대가 공장 출입구를 숨 가쁘게 들락거리는 가운데 사람들은 빈 터에 대피해 있었다. 공장 관계자들은 걱정스레 묻는 사람들에게 그저 물러서라는 의례적인 고함만 질러 댔다.

온갖 추측들이 난무했다. 이렇게 어수선한 분위기에서는 하찮은 정보라도 금세 퍼져나가기 마련이다. 공장 안 알파-넵솔 저장고에서 난 불길이 걷잡을 수 없이 번지고 있다는 말이 흘러나왔다.

사람들은 도저히 믿을 수 없다는 표정으로 서로를 바라보았다. 보팔 시민은 유니온 카바이드에서 그런 나쁜 일이 일어날 수 있다는 사실을 받아들일 수 없었다. 유니온 카바이드라는 이름은 이 도시가 자랑스럽게 여겨온 자부심의 상징인 데다, 그곳에 근무하는 노동자들은 한껏 존경을 받아왔다. 유니온 카바이드는 건전지 보급운동으로 주민들에게 친근하고 고마운 브랜드로 자리잡고 있었다. 그런데 오늘, 바로 그 회사가 하늘을 저렇게 시커멓게 만들었다고? 사람들은 도무지 믿을 수가 없었다.

도시 전역에서 소방관들이 몰려와 몇 시간 동안 사투를 벌인 뒤에야 불길이 잡혔다. 그러나 보팔 사람들 마음속에는 풀리지 않은 여러 의문들이 남았다.

"대체 무슨 일이지?"

"어디 무서워서 살 수가 있나."

"앞으로 또 이런 위험한 일이 벌어지지 않을까?"

저녁 늦게 돌아오면서 나도 똑같은 의문에 사로잡힐 수밖에 없었다.

다음 날 신문들은 일제히 1면 머리기사로 유니온 카바이드 화재 사건을 다루었다. 그러나 양만 많을 뿐 우리가 가졌던 중요한 의문에 속시원히 대답해주는 신문은 하나도 없었다. 아마도 유니온 카바이드 홍보팀이 언론사를 제대로 설득한 듯했다. 이번 화재가 그저 운이 없어 생긴 다른 사건들처럼 우연일 뿐이라는 식으로 말이다.

시간이 지나면서 이 사건은 잊혀갔다. 그 뒤 3년 동안은 '잘 돌아갑니다' 시기였다. 그러나 이제 진실이 표면 위로 떠올라 훨씬 강력한 경고음이 도시 전체에 울려퍼지게 된다.

1981~1984년, 친구의 죽음

　1981년 크리스마스이브였다. 내 오랜 친구이자 유니온 카바이드 설비 기사 모하메드 아슈라프는 야간근무를 하고 있었다. 그는 포스겐(phosgene) 제조라인의 손상된 파이프 이음새를 교체하라는 일상적인 작업지시를 받았다. 그런데 이음새를 제거하자마자 갑자기 무서운 포스겐 가스가 덮쳤다. 그 순간, 아슈라프는 그저 겁 없이 뒤로 물러났다. 아슈라프는 신속하게 병원으로 후송되었지만 의사들은 유독가스가 그의 온몸으로 퍼지는 것을 막을 수 없었다. 결국 이튿날 아침 친구는 숨을 거두고 말았다.

　아슈라프의 죽음은 엄청난 충격이었다. 친구를 죽음으로까지 몰고 간 문제를 왜 그동안 심각하게 여기지 않았던가? 나는 깊은 자괴감에 빠졌다. 내 가슴과 영혼에서 깊은 죄책감이 몰려왔다.

　지난 화재 사건 뒤, 나는 한 친구로부터 공장에 위험이 상존한다는 이야기를 듣고 속으로 걱정을 하긴 했다. 아슈라프처럼 유니온 카바이드 노동자였던 그 친구는 1978년 화재 사건에 대해 점차 무관심해지고 타성에 젖어드는 나를 일깨우고자 애썼다. 그는 지난 몇 년 동안 이 공장이 새로 도입한 여러 화학물질이 불안해서 직업을 바꿀까도 생각했다. 그의 주변에는 포스겐과 메틸 이소시아네이트와 같이 무서운 화학물질에 노출돼 여러 질병으로 고통받는 동료들이 꽤 있었다. 당시 나는 이런 우려를 제대로 이해하지 못했지만 이제 친구의 죽음 앞에서 깨어나야만 했다. 그 내용들을 조사하고 보도해 사람들이 옳은 판단을 할 수 있도록 돕는 게 내 일이라 여겼다. 진작 했어야 할 일이었다.

그 무렵 나는 8페이지짜리 힌디어 주간 신문 〈라파트(Rapat)〉를 발행하고 있었다. 고작 2,000부 찍는 신문이었지만 마음대로 쓸 수 있어 좋았다. 유니온 카바이드 기사도 그 가운데 하나였다.

우선 유니온 카바이드에 대해 몇 가지 짚고 넘어가자. 1969년 준공한 유니온 카바이드 인도 주식회사(Union Carbide India Ltd. ; UCIL)는 미국 유니온 카바이드의 자회사다. 준공 초기 조업 내용은 수입한 여러 살충제와 비누처럼 촉감이 부드러운 활석 덩어리인 소프 스톤과 석고 덩어리 등을 희석기에 넣어 혼합하는 단순한 공정이었다. 그리고 1975년 메틸 이소시아네이트를 주원료로 한 살충제 제조인가를 받아 1977년부터 생산했다. 미국에서 드럼통에 담은 채로 수입하는 메틸 이소시아네이트는 포스겐과 메틸라민계의 여러 가스가 상호작용을 일으켜 만드는, 치사율 높은 복합물질이었다. 1980년 보팔에 메틸 이소시아네이트 공장이 들어섰다. 그리고 바로 4년 뒤인 1984년, 보팔에게 '죽음의 도시'라는 절망적인 이름을 안겼다.

내가 처음 기사를 쓰려고 할 때는 이런 정보조차 없었다. 그저 '세빈'과 '테믹'이라는 살충제를 생산하는 공장이 있다는 것 말고는 유니온 카바이드를 알 만한 정보가 전혀 없었다. 나는 불확실한 정보까지 긁어모으는 것부터 시작해야 했다.

나는 이 도시에 있는 여러 도서관, 그중에서도 특히 브리티시 라이브러리와 모틸랄 비기안 마하비디알라야(Motilal Vigyan Mahavidyalaya ; MVM) 과학대학에서 화학 관련 정보를 얻었다. 포스겐 가스에 관한 정보는 책과 잡지에서 찾을 수 있었다. 포스겐이 구름처럼 낮게 깔리는 특성이 있으며, 그 가스를 마시면 죽는다는 사실도 알았다. 제조 공식도 나와 있었다. 나는 2차 세계 대전에서 그 가스를 사용했다는 사실을 알고 매우 놀랐다. 그러나 결합구조상 훨씬 많은 포스겐을 함유하고 있어서 더욱 치명적인 메틸 이소시아네이트에 관해서는 여전히 암흑 속을 헤맸다. 도서관에는 메틸 이소시아네이트에 관한 정보가 전혀 없었다. 그때부터 나는 메틸 이소시아네이트의 원천생산자, 유니온 카바이드로 눈을 돌리기 시작했다.

나의 동지, 그들의 동지

아슈라프가 죽은 뒤, 나는 유니온 카바이드와 아무 접촉도 없었다. 그러나 얼마 지나지 않아 유니온 카바이드에 다녔던 바시르 울라와 산카르 말비야를 알게 되었다. 정직한 핵심 노동조합원이던 두 사람은 '반노조 태도'로 경영한 간부를 구타한 혐의로 해고당한 상태였다. 이들은 회사에 아슈라프의 죽음을 성토하며, 그의 부인에게 적절한 보상을 하라고 요구했다. 이들은 해고되었지만 여전히 노조원들의 열렬한 환호 속에 노조 사무실을 출입하고 있었다. 대단한 친구들이었다.

바시르 울라와 산카르 말비야는 유니온 카바이드에서 재정적 지원을 받고 있는 현지 언론에 불만이 컸다. 언론은 유니온 카바이드의 후원자나 다름없었다. 언론의 연례 칵테일 파티는 전통적으로 돈을 물 쓰듯 하는 유니온 카바이드 스타일을 따랐다. 이들은 관계를 더욱 돈독히 하기 위해 11명씩 팀을 짜 친선 크리켓 경기를 벌였다. 유니온 카바이드팀은 기자팀에게 지기 일쑤였다. 그러나 경기가 끝난 뒤에는 승패에 관계없이 유니온 카바이드팀에서 맥주와 와인을 무제한 제공하는 파티를 벌였다.

이같이 둘 사이의 끈끈한 관계 때문에 노동자들의 목소리가 들어갈 틈이 거의 없었다. 반노동자적인 경영정책에 반대하는 온갖 성명과 안전조치를 취하라는 노동조합의 요구사항이 경영진에게는 그저

1982년 단식 투쟁 중인 유니온 카바이드 직원들. 앞줄 가운데 산카르 말비야, 뒷줄 왼쪽에서 두 번째 필자.

때만 되면 한 번씩 불러대는 합동 발라드로 여겨질 정도였다.

내가 바시르 울라와 산카르 말비야를 만났을 때, 그들은 자신들의 불법 해고 문제로 현지 노동법원에서 법정투쟁을 벌이고 있었다. 그들은 나의 친구 사다트 알리 하시미 변호사에게 이 사건을 의뢰했다. 유니온 카바이드의 직원이었던 친구 라젠드라 바바르 변호사가 이 사실을 알려주었다. 그는 내가 유니온 카바이드의 수수께끼를 파헤치고자 애쓰는 걸 알고 있었다. 그렇게 해서 우리는 만나게 되었다.

그러나 사건이 종결되자 바시르 울라와 산카르 말비야는 경제적으로 커다란 어려움에 부딪혔다. 이들은 먹고 살려고 임시로 구보팔과 신보팔을 연결하는 여객선을 운항하기 시작했다. 운이 좋았는지 나도 인쇄소를 누르 마할에서 하와 마할(Hawa Mahal)로 이전하게 됐다. 새로 옮긴 곳은 바시르와 산카르가 운항하는 여객선의 출발장소 바로 뒤쪽이었다. 우리는 매일 만날 수 있었다.

그 뒤 몇 주일 동안 나는 바시르 울라와 산카르 말비야의 학생이나 다름없었다. 유니온 카바이드의 여러 화학물질과 기계는 물론 경영철학과 노동자 문제까지 알아나갔다. 두 사람은 나보다 전문가였지만 그들도 풀지 못하는 의문들이 있었다. 결국 우리는 해답을 찾기 위해 몰래 유니온 카바이드에 들어가기로 했다. 두 사람은 나를 여러 차례 공장 안으로 잠입시켰고, 그 결과 의문을 풀어줄 만한 서류들을 상당 수 가지고 나올 수 있었다.

그렇더라도 서류들이 모든 궁금증을 풀어줄 순 없었다. 과학 지식이 필요했다. 어쨌든 나는 유니온 카바이드 공장에는 화학물질 원료가 가득 쌓여 있으며, 안전장치가 허술하다는 사실을 깨달았다. 당시 나는 보도 내용을 놓고 마지막 확신이 필요했다. 보팔 사람들을 떼죽음으로 몰아넣을 재앙이 저 안에서 호시탐탐 기회를 노리고 있다고 말하는 것은 엄청난 일이었기 때문이다.

여러 가지 검증을 거친 뒤, 9개월에 걸친 조사 결과에 확신을 갖게 된 나는 주간 신문 〈라파트〉 1982년 9월 17일자에 "구해주시오, 제발이 도시를 구해주시오"라는 제목을 단 기사를 실었다. 기사는 유니온 카바이드에서 발생한 가스 누출 사고 연대기와 함께 그 사고들이 인근 지역 주민과 농작물, 가축에게 끼친 해독을 총체적으로 다루었다. 또 보팔 공장이 유니온 카바이드 본사의 자체 안전기준을 어기고 화학물질들을 얼마나 위험하게 다루는지도 보도했다.

그때 나는 기사 내용에 동의하지 않던 한 대학 교수를 무시한 채 기사를 내보냈고, 나중에야 그 화학물질에 대한 내 지식이 짧아서 피운 고집이었음을 깨달았다. 나같이 평범한 사람들은 포스겐과 메틸 이소시아네이트가 공기보다 무겁다는 단편적인 지식만으로 그 가스가 대규모 누출될 경우 시 전체에 내려앉아 우리를 죽일 것이라 믿었다. 가스가 공기가 가진 힘에 의해 공중에서 흩어져버린다는 전문가들의 견해를 받아들일 수 없었다. 어떻게 가벼운 물질이 더 무거운 물질을 몰아낼 수 있다는 말인가? 그러나 아쉽게도 이에 대한 답은 없었다.

내 첫 번째 기사에 대한 반응은 충격적일 만큼 냉담했다. 일부 독자들이 걱정스런 질문을 하긴 했지만, 정부에서는 어떠한 언급도 움직임도 없었다. 나는 실망했지만 첫 마음은 잃지 않았다. 다시 시작해야만 했다. 내 확신이 정부의 무관심보다 훨씬 강했기 때문이다. 조사를 하면서 공포의 세계로 빠져들어 갈수록 확신은 더욱 굳어졌다.

나는 권력과 유니온 카바이드의 유착관계에 대해 하나씩 베일을

〈라파트〉 1982년 9월 17일자에 실린 유니온 카바이드 공장 사진. 보팔 공장의 위험성에 대한 필자의 첫 보도에 대한 반응은 냉담했다.

벗겨나갔고, 1982년 9월부터 1984년 6월 사이 이 회사로부터 특혜를 받은 사람들의 명단을 확보해 보도했다. 정치가와 현직 관료의 친척들 여러 명이 유니온 카바이드에 고용되어 높은 임금을 받고 있다는 사실을 밝히는 것만으로 충분했다. 퇴직하고도 높은 영향력을 행사하고 있는 감사원장은 주요기밀을 발설하지 않도록 유니온 카바이드와 비밀유지계약을 맺은 상태였다. 또 보팔 고지대 호수 뒤편에 멋지게 자리 잡은 유니온 카바이드 영빈관은 고위 정치인들이 가고 싶어 하는 곳으로 인기가 높았다.

나는 유니온 카바이드 정보를 얻고자 마디아프라데시(Madhya Pradesh)주의 농업부, 산업건강안전 및 공해통제 위원회 위원들과 접촉했다. 하지만 내가 만난 관리들은 유니온 카바이드의 안전시스템이 우수하다는 말만 앵무새처럼 되풀이했다. 내가 유니온 카바이드에서 발생한 여러 잘못을 지적하자, 관리들은 더 나쁜 사례를 늘어놓으며 말을 돌렸다.

국립 병원인 하미디아(Hamidia) 의사들 사이에서는 유니온 카바이드라는 단어가 곧 '함구령'이라는 말로 통했다. 화학물질에 노출된 유니온 카바이드 노동자들이 자주 찾는 이 병원은, 유니온 카바이드가 특별 사설 병동 하나를 설립해 자금을 지원해왔기 때문에 모든 것을 비밀에 부칠 수 있었다. 일부 선임 의사들은 유니온 카바이드와 '한패'나 다름없었다. 다행스럽게도 젊은 의사들은 나를 많이 도와주었다.

주정부에서도 비슷한 일이 벌어졌다. 퉁명스러운 하급 공무원들은 유니온 카바이드 관련 문서를 보여주지 않았다. 그러나 많은 노동자들이 내 의지를 믿고 도와주었다. 바시르와 산카르가 주도하는 노조 활동에 내가 적극적으로 참여했기 때문이다. 그러는 동안 유니온 카바이드 공장에 많은 친구가 생겼다. 나는 또 노조활동에 관한 새로운 기사들을 현지 신문에 싣기 시작했다. 이제 나는 공장 안 어느 곳이라도 자유롭게 접근할 수 있게 됐다.

국가는 안전을 장담했다

1982년 10월 1일자 기사는 더욱 직설적이고 감정적인 제목을 달아 실었다. "화산 꼭대기에 앉아 있는 보팔─가스가 누출된다면 이 도시는 한 시간 안에 공동묘지로 변할 것이다." 이번에도 반응은 냉담했다. 미칠 것만 같았다. 왜 아무도 귀를 기울이지 않는 걸까? 이 도시 사람들의 생명이 걸린 이야기를 하고 있는데 말이다.

분노와 실망은 10월 5일 최고조에 달했다. 메틸 이소시아네이트와 클로로폼, 하이드로클로르산 혼합물질이 소량 누출되는 사고가 일어난 것이다. 이 누출사고는 몇 분 만에 처리되었지만, 인근 가난한 동네 주민들은 그날 밤 집을 뛰쳐나와 몇 시간 동안 대피해야 했다. 이 사고로 노동자 3명이 부상을 입었고, 노동자 15명이 일시적인 안구 염증으로 고통을 겪었다. 공장 점검자의 보고서에는 열분해기와 연결된 튜브의 밸브가 헐거워져 일어난 사고로 기록되었다.

10월 8일 1면 머리기사에는 좀 더 무시무시한 제목을 달아 내보냈다. "당신들이 깨닫지 못한다면 당신들은 흔적도 없이 사라져버릴 것이다." 이 사건과 관련된 세 번째 기사였다. 인도의 위대한 시인 알라마 이크발(Allama Iqbal)의 시 가운데 가장 유명한 구절─"헤이, 인도 국민들이여/ 당신들이 깨닫지 못한다면/ 당신들은 흔적도 없이 사라져버리리라/ 역사 속에서조차도/ 당신에 대한 언급은 사라져버리리라"─에서 따온 제목은 확실하게 사람들을 자극하겠다는 의도로 뽑은 것

〈라파트〉 1982년 10월 1일자에 실린 유니온 카바이드 공장 내부 사진. 보팔참사를 예고한 두 번째 기사였다.

이다. 이 기사에서 나는 10월 5일 밤 가스 누출로 대피한 사람들 이야
기를 통해 치명적 상황의 축소판을 보여주고자 했다. 하지만 이번 호
역시 누구 하나 관심을 기울이지 않았다.

나는 참아야 했다. 내 목소리가 너무 작아 최고위층까지 전달되지
않는다는 사실을 깨달았다. 최악의 상황을 막을 수 있는 사람들은 바
로 그 최고위층뿐이었다. 스스로는 기자 역할을 그만두고 활동가로
옷을 갈아입어야 한다고 나를 닦달했다. 그러고는 당시 마디야프라데
시주 총리 아르준 싱(Arjun Singh)에게 편지를 썼다. 사람들의 생명을
구해달라고 요청하면서 내 조사결과를 납득할 수 없다면 질문하라는
내용을 덧붙였다. 주의회 의원들을 찾아가 기사 복사본을 보여주며
위험 상황을 설명하기도 했다. 이러한 행동이 효과를 거두긴 했지만,
그 범위는 매우 한정적이었다. 또 일부 여야 의원들이 의회에서 이 문
제를 제기했으나 주정부는 허위경고라며 묵살해버렸다.

당시 노동부 장관 타라 싱 비요기(Tara Singh Viyogi)도 재난을 걱정하는 모든 소리들을 무시해버렸다. 그는 하원에 출석하여 유니온 카바이드 공장을 찾아가 누구라도 쉽게 다룰 수 있는 안전장치를 스스로 보고 실제로 작동시켜 보았다며 의원들을 설득했다. 그는 만약 가스가 새어나오면 작업장에 설치된 분사기들이 자동으로 물 방어벽을 만들 것이라는 점을 강조했다. 그 물 방어벽이 가스를 즉각 차단하고 안전하게 만든다는 뜻이었다. 그는 "공장은 여기저기 쉽게 옮길 수 있는 돌멩이가 아니다"라며 잠재적인 위험을 지닌 공장을 시 변두리로 이전해야 한다는 요구도 받아들이지 않았다.

정치 시스템에 환멸을 느낀 나는 1982년 12월 15일 인도 대법원의 개입을 원한다는 청원 편지 한 통을 대법원으로 보냈다. 그러나 서류를 받았다는 통지만 우편으로 받았을 뿐 아무런 진전도 없었다.

이 무렵 언론계에서는 물론 친구들 사이에서도 내 소득 없는 행동들이 농담거리로 회자되었다. 내가 미쳤다고 생각하는 이들도 적지 않았다. 나는 완고한 시스템과 인명 경시풍조에 기만당하고 패배했다고 느꼈다. 결국 운영하던 신문사를 접고, 1983년 보팔에서 약 180킬로미터 떨어진 인도르(Indore)에 있는 힌디어 일간지 〈나브 바라트(Nav Bharat)〉에서 1년 동안 일했다. 다시 보팔로 돌아온 뒤에는 국영 언론사에서 프리랜서로 활동했다. 얼마 뒤 새로운 직장에서 자리를 잡자 나는 유니온 카바이드 캠페인을 되살리려 노력했다.

나는 새로운 기삿거리를 찾아나섰다. 운 좋게도 이미 가지고 있던 1982년 보고서와는 전혀 다른 유니온 카바이드 '내부 안전검사 보고서' 여러 건을 입수했다. 그 보고서에는 내가 지금까지 말해왔던 것과 똑같은 내용들이 담겨 있었다. 한마디로 전혀 안전하지 않다는 것이었다. 내 기사는 '내부 안전검사 보고서'에 언급된 사실들로 신빙성이 높아져 앞에 썼던 기사 3건보다 큰 믿음을 줄 수 있었다. 나는 기사 신뢰도를 높이기 위해 인접 주인 우타르프라데시(Uttar Pradesh)에서 발생했던 염소 누출 사고를 언급했다. 앞으로 보팔에서 더 큰 사고가 일어나리라는 내 예견을 그대로 빼닮은 사건이었다. 염소 사고는 사람들을 죽이지는 않았지만, 고통스러워 집에서 뛰쳐나가게 만들었다. 염소는 눈을 자극할 뿐인데도 그런 일이 벌어졌다. 하지만 유니온 카바이드에 저장돼 있는 포스겐과 메틸 이소시아네이트는 사람을 죽이는 것이었다.

1984년 6월 16일 우여곡절 끝에 인도에서 가장 인기 있는 힌두어 일간지 〈잔사타(Jansatta)〉9)에 기사를 실었다. 나는 신문 한 면의 약 절반에 걸쳐 1978년 화재 사진과 내가 1982년에 썼던 "화산 꼭대기에 앉아 있는 보팔" 이라는 경고성 제목을 그대로 살려 기사를 게재했다. 그러나 이번 기사 역시 인도 관료 사회를 움직이지 못했다. 관리들은 약 6개월 뒤인 12월 2일 비극적인 보팔참사가 일어났을 때 비로소 자신들이 사태 파악을 제대로 하지 못한 것을 은폐하기 위해 움직였다.

1984년 12월 2일, 죽음의 탱크 폭발

일요일 밤이었다. 모든 사람들이 잠자리에 든 시각이었다. 나는 뭄바이10)에서 발행하는 〈선데이 옵저버(The Sunday Observer)〉에 보내야 할 기사를 정리하고 있었다.

자정이 가까울 무렵 잠자리에 들려는데, 목구멍을 예리하게 콕콕 쑤시는 통증을 느꼈다. 감기가 오려나 생각했다. 그러나 몇 분 만에

9) 약속이라는 뜻.
10) 옛 봄베이.

기침이 나면서 숨이 막히기 시작했다. 곧이어 다른 사람들이 큰 기침 소리를 내며 종종걸음 치는 소리가 들렸다. 저마다 무엇인가로 입을 틀어막았는지 코맹맹이 소리를 내고 있었다.

순간 나는 매우 강렬하고 역겨운 냄새를 맡았다. 아내도 기침을 하고 있었다. 나는 무엇인가 끔찍하게 잘못되어 가고 있다는 것을 깨달았다. 즉시 창문을 닫고 환풍기를 돌렸다. 아내에게 환풍기 아래 앉아 있으라고 말하고는 전화기를 들었다. 잠시 후 경찰 상황실과 연결되었다. 나는 소리쳤다.

"대체 무슨 일이 일어난 거요?"

그러자 경찰도 기침을 하며 간신히 말했다.

"유니온 카바이드 가스탱크에서 가스가 누출됐소. 숨을 쉴 수가 없소."

나는 드디어 올 것이 왔구나 하고 생각했다. 나의 카산드라[11]는 현실이 된 것인가? 왜 어느 누구도 내 말에 귀를 기울이지 않았는가? 이 도시 사람들은 모두 죽는가? 나도? 오, 신이시여! 아내는 두려움 속에서 아무 말이 없었다.

짧은 순간 죽음에 대한 두려움보다 강한 그 무엇이 나를 사로잡았다. 아직까지 피할 수 있는 사람들에게 어떻게든 알려야 한다. 나는 즉시, 멀리 떨어진 정부 집단 거주 지역에 사는 N. K. 싱에게 전화를 걸었다.

"뛰어! 난 시간이 별로 없지만 너는 조금 여유가 있어. 달려, 꼭 살아야 해!"

그곳은 멀어서 아직 누출 사고의 영향을 받지 않았다. 싱은 어떻게

---

11) 그리스 신화에 나오는 예언자로 '알렉산드라' 라고도 한다. 아무도 믿어주지 않는 불길한 예언을 말한다.

해서든지 자기 집으로 오라고 소리쳤다. 그러나 나는 이미 운명에 순응하기로 마음먹은 상태였다. 그 뒤 두 차례 더 친구들에게 전화를 걸어 빨리 피하라고 말했다. 그때 다시 나를 일깨운 건 바로 아내였다. 나에게는 다른 방에 잠들어 있는 부모님과 형제자매가 있었던 것이다.

부모님과 동생들은 상태가 매우 나빴다. 나는 정신이 번쩍 들었다. 당시 우리한테는 오토바이가 두 대 있었다. 가족에게 젖은 손수건으로 코를 막으라고 한 뒤, 남동생에게 부모님을 오토바이에 태우고 신보팔로 가라고 외쳤다. 그리고 나의 오토바이에는 아내와 여동생을 태웠다. 하지만 나는 동생과는 반대로 유니온 카바이드 공장으로 달려가기 시작했다.

도대체 무엇 때문에 이러한 재난이 일어난 것일까? 운명의 그날 밤 안전 시스템은 제대로 작동하지 않았다. 평소처럼 딱딱한 고체 폐기물로 막혀버린 라인을 청소하다가 메틸 이소시아네이트를 함유한 죽음의 탱크 610호에 물이 스며들었다. 물은 누출 밸브를 지나 땅 바로 밑에 있는 메틸 이소시아네이트 탱크로 흘러들어 갔고, 그 결과 발열에 의한 '폭등 작용'으로 탱크의 콘크리트 상자들이 균열을 일으켜, 안에 있던 유독가스가 공중으로 새어 나왔다.

누출된 가스는 시 인구 중 약 절반이 사는 지역을 에워쌌다. 그러나 정작 사고가 터졌는데도 그 어떤 예방시스템도 작동되지 않았다. 탱크의 온도를 정상보다 10도 더 낮춰준다는 이름도 거창한 '냉각시스템'을 비롯해 누출된 가스를 태워버렸어야 했을 불꽃 타워, 하원에서 주정부 노동부 장관이 그토록 자랑스럽게 떠벌렸던 물 방어벽 시스템까지, 모든 것이 무용지물이었다! 어느 것 하나 작동하지 않았다.

사실 높이가 겨우 12미터인 물 방어벽 시스템은 설사 작동했다 하더라도 33미터 높이에서 누출된 가스를 막는 데는 역부족이었을 것이다. 유니온 카바이드는 비용절감 조치의 일환으로 모든 예방시스템 비용을 그렇게 깎아버렸다.

재난 현장은 누구도 손대지 않은 것처럼 보였다. 땅 위에서는 대규모 파괴 흔적을 찾아볼 수 없었다. 파손된 구조물이라든가 파편 조각 따위도 보이지 않았다. 그러나 그날 밤 신보팔로 향하는 구보팔 주민들 수십만 명은 기침과 구토로 괴로워하며 기나긴 행렬 속으로 빨려 들어가야 했다. 신보팔은 다소 높은 곳에 위치했기 때문인지 가스 흔적을 거의 찾아볼 수 없었다.

그러나 모든 사람들이 안전하게 신보팔에 도착한 것은 아니었다. 그날 밤 안전한 곳을 찾아가는 도중에 수백 명이 죽었다. 그리고 또 수백명, 특히 어린이와 노약자들이 잠든 채 사망했다. 재난에서 살아남은 사람들은, 무고한 사람들을 죽인 책임을 회피하기에 급급한 다국적기업의 행태와 미동조차 하지 않는 정부를 보며 망연자실할 뿐이었다.

'화산'은 잠들었는가?

나와 내 가족은 그 죽음의 밤에서 살아남았다. 몇 년 뒤 어머니는 심장마비로 돌아가셨고 나머지 가족은 아직까지 건강문제로 고통을 받고는 있지만, 다른 사람들보다는 훨씬 나은 상태. 오늘날까지도 가스 피해자들의 도와달라는 울부짖음이 보팔 병원의 아침을 깨운다. 폐가 심각하게 손상된 사람들, 시력을 거의 잃은 사람들, 정신분열증으로 고생하는 사람들, 그리고 자궁이 손상된 사람들까지. 치료할 수 있다는 희망이 그 누구에게도 남아 있지 않지만, 사람들은 아직까지 길게 줄을 서서 기다리고 있다. 의사들은 어떻게 치료해야 할지 모른다.

메틸 이소시아네이트를 만들었으니 마땅히 그 해독제를 알고 있어야 할 유니온 카바이드는 지금까지 치료법에 대해 입을 다물고 있다. 그래서 의사들은 별수 없이 그동안 써온 진료 방법과 약품에 의지한 채, 정확한 근거 없이 저마다 다른 해석에 따라 치료하고 있다. 사고가 일어난 그날 밤, 의사들은 피해자들에게 안약과 제산제를 처방했다. 22년이 지난 지금도 피해자들은 항생물질과 진통제, 아니면 제약사들이 홍보에 열을 올리는 온갖 약들을 복용하고 있다. 환자들에게 별 도움을 주지 못하는 것이 확실한데도 말이다. 공식 사망자는 15,000명을 넘어섰다.

공포의 그날 밤은 온통 아수라장이었다. 행정조직은 완전히 멈추었다. 전체 시스템이 무너져버렸기 때문에 사람들은 어떻게 해야 할지, 어디로 가야 할지 전혀 알지 못했다. 살아야겠다는 희망 하나만을 품고 무작정 다른 사람들을 뒤따를 뿐이었다.

몇 시간 뒤 드디어 행정당국이 움직이기 시작했다. 그러나 여전히 유니온 카바이드를 대신해 모든 것이 끝났고, 이제 안전하니 집으로 돌아가라고 발표하는 게 고작이었다. 잠시 동안 사람들은 믿어야 할지 말아야 할지 몰라, 어려운 결정을 내려야 했다. 일부 용감한 젊은이들이 앞장섰다. 사람들은 그 뒤를 따라 집으로 돌아갔다. 그러나 결코 모든 것이 끝난 것은 아니었다.

아침에 집으로 돌아온 사람들이 상황을 점검하기도 전에, 또 다른 가스 누출 사고가 발생했다는 끔찍한 소문이 퍼졌다. 사람들은 또다시 달리기 시작했다. 소문은 사실이 아닌 것으로 드러났지만 완전히 녹초가 된 사람들이 또다시 귀가전쟁에 휘말리는 기막힌 상황이 벌어졌다. 절망적인 순간이었다. 50만 명에 이르는 사람들이 어떻게 해야 할지 전혀 알 수 없었다. 확신을 주고 안내해줄 사람이 전혀 없었던

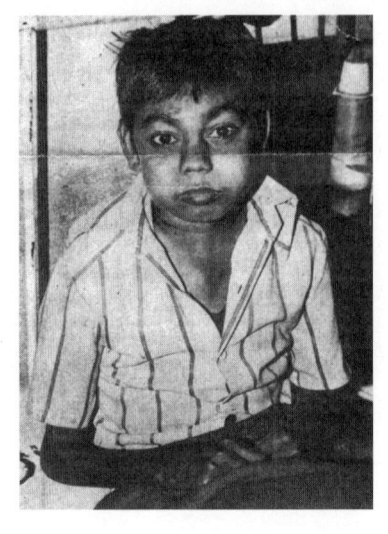

탓이다. 그들이 선택할 수 있는 것은 오직 하나, 앞장선 사람을 따라가는 것뿐이었다.

밤중에 시작되었던 공포는 며칠 뒤 다시 찾아왔다. 이번에는 대낮이었다. 공장 검사팀은 공장 안에 메틸 이소시아네이트 15톤이 더 있다고 발표했다. 놀라 기절할 일이었다. 주 총리 입에서 나온 말은 더 끔찍했다. "남아 있는 가스를 처분하는 유일한 길은 공장을 재가동시켜 죽음의 가스를 소모시켜버리는 것뿐이다." 그러면서 주민들에게 안전을 위해 정부가 설치할 캠프로 이동해달라고 당부했다.

정부는 이 계획을 '믿음 작전(Operation Faith)'이라고 불렀다. 그러나 사람들은 더 이상 정부를 믿지 않았다. 정부를 믿은 보답으로 되돌아온 것은 사랑하는 사람들의 차가운 주검뿐이었기 때문이다. 많은 사람이 절대로 더 이상 정부를 믿지 않겠다고 말한 뒤 떠났다. 어떤 이들은 영원히 떠나갔다. 그러나 가난한 지역에 살고 있는 희망 없는 수천 명은 신보팔 지역에 설치된 정부 캠프로 갈 수밖에 없었다. 가난한 이들의 엑소더스가 이어졌다. '믿음 작전'이 시작된 12월 14일, 구보팔은 버림받았고 유령도시가 되었다. 어쩌다 국내외 취재차량과 공무원차량만 질주할 뿐, 도시에는 정적만이 감돌았다.

'믿음 작전'이 끝나자 '은폐 작전'이 시작됐다. 정부는 피 묻은 손을 감추기 위해 모든 관심이 돈 문제로 흘러가도록 비밀캠페인을 벌였다. 마디야프라데시주 정부홍보처는 언론계 친구들이 유니온 카바이드의 보상 문제에 초점을 맞추도록 유도했다. 함정에 빠져버린 언론은 희생자 한 명당 보상금이 수천 달러에 이를 것이라고 호들갑을 떨고 나섰다. 시민 생명 보호에 실패한 주정부의 범죄적 태만은 무관심 속에 덮여버렸다.

이러한 비밀캠페인은 구급차 추적자들로 불리는 미국 변호사들이 당도하면서 더욱 기승을 부렸다. 그들은 인도 주정부와 똑같은 말들만 해댔다. 하루 두 끼 식사를 해결하기 위해 힘겨운 투쟁을 벌이고 있는 사람들에게 수천 달러를 주겠다고 공수표를 날렸다. 어떤 보장 문서도 없이 말로만 가난한 이들을 속이는 일이 벌어졌다. 아무런 희망 없이 그저 되는 대로 살던 가난한 사람들은 갑자기 사치스런 생활을 꿈꾸기 시작했다.

또 다른 배신이 꼬리를 물었다. 1985년 중앙정부는 피해자들의 개별적 보상 요구 투쟁을 전면 금지시켜버렸다. 중앙정부는 국가가 아버지처럼 친권을 행사한다는 이른바 국친 개념을 들고 나왔다. 뿐만 아니라 유니온 카바이드의 총 보상액 한도를 4,700만 달러로 정해버렸다. 사법부도 한편에 섰다. 대법원은 1989년 유니온 카바이드 간부직원들을 처벌할 수 있는 형사재판을 기각해버렸다.

이런 부당 행위에 반발이 이어졌다. 델리(Delhi)에 있는 친구 인디라 자이싱 변호사는 즉각 도전했다. 나는 다른 사람들과 함께 청원자로서 법정에 섰다. 반발에 밀린 대법원은 유니온 카바이드 관련 명령 일부를 개정했으나, 알맹이는 빠져 있었다. 결국 부분 개정으로 유니온 카바이드 간부직원들에 대한 형사재판권은 회복됐지만 '보상금 한도 총액 4,700만 달러'를 재확인하는 데 그쳤다. 그나마 회복된 형사재판은 끝을 알지 못한 채 아직도 보팔 지방법원에서 지루하게 이어지고 있다.

공범자인 주정부와 중앙정부가 함께 검사의 법복을 입고 기소권을 행사하고, 유니온 카바이드가 저지른 범죄를 앞장서서 용서하는가 하면 희생자들의 이익을 해치는 온갖 짓들을 법원으로부터 추인받은 것은 별로 이상한 일이 아니다. 애당초 주정부와 중앙정부는 시민의 안전을 확보한 뒤에 유니온 카바이드 사업을 승인해주어야 한다는 개념조차 없었다. 이같이 뒤죽박죽 어이없는 상황 속에서 죄를 지은 모든 사람들이 처벌을 면하는 사태까지 벌어졌다.

보상금 분배가 시작되자 저마다 수백만 달러씩 받으리라고 꿈꾸며 기다려왔던 사람들은 또 다른 충격에 휩싸였다. 희생자 가운데 90퍼센트가 넘는 사람들에게 불과 500달러씩이 건네졌기 때문이다. 게다가 피해자들은 쥐꼬리만 한 액수를 받으면서도 또 속을 뻔했다. 2004년 지루한 보상비 분배 과정이 최종 국면에 접어들었을 때, 1989년 인도 준비은행에 예금된 보상비 원금은 달러 환율 변동과 이자 등으로 두 배가 넘는 금액으로 불어나 있었다. 그런데도 환율 변동을 고려하지 않고 액면 그대로 보상금을 지불하려 했던 것이다. 다행히 한 활동 단체가 나서서 피해자들은 보상금 분배 초기 단계와 같은 가치를 지닌 액수를 받게 됐다.

그러나 다음 수치를 보면 피해자들이 보상금 분배 과정에서 얼마나 업신여김당했는지 적나라하게 알 수 있다. 최종집계 결과, 보상 신청은 56만 6,786건이었다. 이 가운데 약 95퍼센트가 최소 금액인 500달러를 받은 것으로 추정된다. 약 4퍼센트가 700~1,250달러를 받았고, 불과 1퍼센트만이 2,000~4,000달러를 받았다. 그리고 사망 보상 신청 2만 2,149건 가운데, 1만 5,100건만이 보상을 받고 나머지는 거부당했다. 그래서 공식 사망자 '약 15,000명'도 의심스럽기 짝이 없다.

가난하고 문맹인 사람들이 보상금을 받기는 헤라클레스의 12가지 모험만큼이나 어려운 일이었다. 그러나 이 복잡한 일이 전혀 어렵지 않았던 사람들도 있다. 사고 당일 밤, 보팔에 있지도 않았던 사람들의 명단이 길게 등장했다. 이들은 모두 막대한 보상금을 타냈는데, 기자, 정부 관리, 정치인들이 포함되어 있었다.

판사는 나를 8년이나 기다리게 한 끝에 보상금을 2만 5,000루피[12]로 결정했다. 나는 싸움을 포기했다. 판사는 한술 더 떠, 보상금을 앞으로 6개월 동안 은행에 예치시키라고 명령했다. 교육받지 못한 사람들이 보다 효율적인 소비 계획을 세울 시간을 두도록 강제한다는 법령에 따른 것이었다. 내가 거부하자 판사는 더 이상 내 말을 들으려고도 하지 않았다. 오히려 재판 진행에서 소란을 피운 혐의로 체포하겠다고 협박했다. 가난하고 배우지 못한 사람들이 얼마나 모욕을 받았을지 쉽게 짐작할 수 있었다. 거금 수백만 달러를 6개월 동안 은행에 묶어두려는 판사의 속셈이 무엇인지 이상한가. 예금 유치에 혈안인 은행의 생리를 아는 사람이라면 쉽게 알아챘을 게다.

보팔을 강타한 비극이 발생한 뒤, 도움이 절실히 필요한 사람들에게 아낌없이 베푸는 사람들을 발견하기란 그다지 어렵지 않았다. 이번 보팔 사고에서는 돈에 눈이 멀었다는 불명예를 안고 있던 시내 전당포업자들까지 나서서 늦은 시각까지 병원들과 공동묘지에서 일하며 주머니에서 돈을 꺼내 가난한 사람들을 도왔다. 자원봉사자 수백 명은 끊임없이 이어지는 낮과 밤을 새며 피곤도 잊은 채 일했다. 비극이 일어나기 전엔 서로 알지 못했던 사람들이, 한 가지 목적을 위해 네트워크를 형성했다. 카스트, 종교, 엄격한 교리 등 인도 사회를 질

---

12) 인도 화폐 단위. 1루피는 한화 약 24원에 해당한다.

식시키는 거대한 저주가 벗겨진 것 같았다.

그러나 이런 이타주의 정신은 불행하게도 사고 후 기껏 몇 주일 남짓 지속됐을 뿐이다. 이기심을 버린 자원봉사자 상당수는 계속 활동했지만, 1985년 1월쯤 되자 피해자 대부분은 일상으로 되돌아가기 시작했다. 거의 모든 피해자들은 하루 벌어 하루 먹고 사는 사람들이었다. 병을 얻어 일할 수 없는 가난한 피해자들은 약품과 먹거리를 구하고자 은빛 장신구와 귀중품 따위를 들고 전당포로 몰려들었다. 전당포업자들은 우선 가능한 한 싸게 저당잡고 이자는 한껏 높였다.

가스가 휩쓸고 간 지역에서 일하는 의사와 변호사들도 가난한 사람들의 고통 속에서 사업이 날로 번창했다. 호황을 맞은 약국들은 창고에 처박아 두었던 유통기한이 끝나가는 약들을 처분하는 데 정신이 없었다.

정부는 구호물자 배급조차도 제대로 하지 않았다. 정부의 안일한 자세로 가스 누출 피해의 직격탄을 맞은 유니온 카바이드 공장 인근 주민들은 굳이 겪지 않아도 될 고통까지 겪어야 했다. 행정당국이 우유와 식량을 피해자들의 집 앞에 두는 대신 줄을 서서 받아가라고 한 탓이다. 피해자들이 힘들다는 걸 알면서도 그런 짓을 했다. 게다가 부패관리들과 짜고 구호물자 배급권을 무더기로 빼돌리는 사람도 있었다. 피해자들이 항의라도 할라치면 겁을 주어 원천 봉쇄했다.

오늘날까지도 피해자들은 계속 속고 당하고 있다. 이들은 지구상에서 가장 원치 않는 존재인 양 대우받아왔다. 신보팔 상류층 사이에서 '가스 피해자'라는 말은 더러운 단어가 돼버렸다. 피해자들이 진짜 피해도 입지 않았으면서 지나친 관심과 보상금을 받으려 한다는 것이다. 그이들이 지닌 악의적 태도 탓에 신보팔을 가스 피해지역으로 지정하려던 시도가 번번이 불발로 끝나고 말았다.

이 같은 무관심 속에서도 피해자와 함께 한다는 대의는 아직까지 살아 있었다. 재난이 일어난 뒤 곧바로 인도 전역에서 찾아온 활동가들의 노력 덕분이었다. 그들은 이런 상황 속에서 미래를 전망할 만큼 풍부한 지식과 경험을 갖고 있었다. 경험이 전혀 없는 현지 사람들에게는 더할 나위 없이 요긴한 것이었다. 활동가들은 늘 갖가지 고통을 겪고 있는 피해자들을 대신해 때맞춰 단식농성을 하고 시위를 벌였다. 이러한 행동은 한동안 정부를 상당히 압박했다.

그러나 그 과정에서 활동가들 사이에 명성과 자리를 차지하려는 욕망이 일어 한동안 내분을 겪기도 했다. 자신을 뺀 모든 사람들이 유니온 카바이드나 외국 기관들을 위해 일하는 첩자라고 비난하는 사태까지 벌어졌다. 결국 1년 남짓 지나자, 많은 활동가들이 사라졌다. 그러나 운동이 끝나버린 것은 아니었다. 적어도 단체 둘은 여전히 살아 있다.

언론도 보팔 이슈가 이어지도록 하는 데 부분적으로나마 중요한 역할을 했다. 언론은 정기적으로 희생자들이 겪는 고통과 보상금 문제를 둘러싼 불공정 행위를 기사로 올렸다. 그러나 재난의 소용돌이 속에서 언론이 직면했던 굴욕은 결코 잊을 수 없을 것이다. 인도의 언론인들이 외국 기자들에게 끝없이 받는 질문 가운데 하나가 왜 그동안 당신들은 유니온 카바이드의 위험을 보도하지 않았느냐는 것이다. 당황한 기자들은 유니온 카바이드의 안전성을 맹목적으로 믿어서 놓쳐버렸다고 고백하거나, 아니면 나의 사전경고는 요행으로 들어맞은 것일 뿐이라고 평가절하했다.

그러나 기자들이 아무리 내 기사들을 하찮게 말하더라도 판매부수를 올리려는 외국 언론이 1984년 6월 16일 〈잔사타〉에 게재한 나의 기사를 재가공하는 사태를 막을 수는 없었다. 나는 이 비극을 다룬 기사를 〈잔사타〉와 〈인디언 익스프레스(The Indian Express)〉에 싣기로 했다. 이 두 신문은 지금까지 밝혀지지 않았던 여러 피해 지역, 알려지지 않은 사실, 그리고 발견되지 않았던 문서들에 관한 나의 취재를 지원했다. 내 글은 1면 머리기사로 실렸다.

내 기사가 1면에 실리는 일은 점점 더 쉬워졌다. 사람들이 이런 기사를 통해 점차 나를 신뢰하게 되었고, 유니온 카바이드 관련 정보를 갖고 있는 사람이라면 누구나 나에게 정보를 제공하려 했기 때문이다. 내가 고용직 기자가 아니었는데도 〈인디언 익스프레스〉 사무실과 보팔에 있는 우리 집은 유니온 카바이드를 좀 더 자세히 알아보려는 사람들로 문전성시를 이루었다.

그 기간 동안 나는 영국의 〈그라나다(Granada) TV〉와 프랑스 TV, 독일 TV와 일했다. 그리고 얼마 뒤 〈뉴욕 타임스〉가 보팔 사건이 왜 일어났는지, 재난을 야기한 책임자는 누구인지, 이번 비극을 통해 얻은 교훈들이 무엇인지에 대한 특별 조사 시리즈물을 만드는 데 함께 하자고 제의했다.

이 특별조사팀은 핵 누출 사고로 세계 이목을 집중시켰던 미국 뉴욕 스리마일 아일랜드(Three Mile Island) 사건을 다룬 기술·재난 전문기자 스튜어트 다이아몬드(Stuart Diamond)와 우주왕복선 전문기자 로버트 레인홀드(Robert Reinhold)로 구성되었다. 함께 약 한 달 동안 열심히 취재한 끝에 3회짜리 시리즈물을 완성했다. 〈뉴욕 타임스〉 편집국 간부들은 이 기사들을 보고 '퓰리처상 수상감'이라고 떠들어댔다.

그러나 기사 어디에도 내 이름은 없었다. 시리즈 첫 두 편은 스튜어트 다이아몬드의 이름으로 게재됐고, 마지막 회는 로버트 레인홀드의 이름으로 나갔다. 내가 항의하자 〈뉴욕 타임스〉는 나의 '서비스'는 감사하게 생각한다면서도 내 공로는 인정하지 않았다. 스튜어트 다이아몬드와 로버트 레인홀드는 편집국장의 결정이기 때문에 자신들로서는 어쩔 도리가 없었다고 했다. 그들은 내가 '혁혁한 공로'를 세웠으니 기사에 내 이름도 넣어야 한다고 여러 번 말했지만 묵살당했다는 것이다.

〈뉴욕 타임스〉는 동남아시아 지국장 스티브 와이즈먼을 통해 내게 금전적으로 보상할 의향이 있다고 넌지시 알려왔다. 하지만 나는 이를 정중하게 거절했다. 나는 진실을 위해 막강한 권력을 가진 〈뉴욕 타임스〉에 맞서 싸우겠다는 결의를 밝혔다.

곧 타협할 수 있는 기회가 찾아왔다. 나는 1985년 3월 뛰어난 기자정신을 발휘한 공로로 B. D. 고엔카(Goenka)상[3]을 수상하게 됐다. 〈뉴욕 타임스〉는 기사에서 내가 〈뉴욕 타임스〉 시리즈물 제작팀의 일원으로 참가했으며, 두 기자를 지원했다고 보도했다. 나는 '약간 다른 방법'이지만 내 공로를 인정했으므로 더 이상 기명 문제를 놓고 압박하지 말라는 요청을 받았다. 나와 〈뉴욕 타임스〉의 갈등은, 미국 신문은 물론 인도 신문에도 보도되었다. 그 바람에 〈뉴욕 타임스〉 시리즈물은 퓰리처상을 받지 못했다.

또 다른 사건이 있었다. 1984년 나는 '표절(plagiarism)'이라는 단어의 의미를 실감하게 되었다. 한 뉴스통신사가 사전에 어떤 연락도 없이 〈인디언 익스프레스〉와 〈잔사타〉에 실렸던 내 기사를 게재한 것이다. 몇 년이 지난 뒤 언론계에서 이 같은 일이 자주 일어나고 있음을 알게 되었다.

---

13) 인도 매체를 통해 보도된 뛰어난 언론에 주는 상. 인도 최대 영자 신문 〈인디언 익스프레스〉와 6개 신문을 거느린 인디언 익스프레스 그룹의 창시자이자 자유투쟁가인 랑나스 고엔카가 제정한 상으로 그 권위를 인정받고 있다.

폐허가 된 유니온 카바이드 공장. 사건 당시 세계 살충제 생산량 중 10퍼센트에 이르는 500만 파운드를 생산하고 있었다. 유니온 카바이드는 보팔 공장을 방치한 채 인도를 떠나, 버려진 유해화학물질 수천 톤이 여전히 식수를 오염시키고 있다.

'보팔참사'는 끝나지 않았다

이 모든 것은 지나갔다. 그렇다고 시간 속으로 소멸한 것은 아니다. 나는 사라지지 않는 과거의 쓰디쓴 기억을 안은 채, 지금까지 이어지는 그 기억의 연장선 위에서 22년을 살아왔다. 그리고 지금은 또다시 일요일 밤이다.

깊은 밤, 시간이 흘러간다

거리에는 아무도 없다

그러나 그림자들이 보인다

그림자를 뒤에 남기고

그날 밤 죽은 사람들도

그때도 역시

일요일 밤이었다

라아즈쿠말 케스와니 (Raajkumar Keswani)

대학에서 법학을 공부했고 사회학 석사 학위를 받았다. 인도 보팔, 인도르, 델리, 뭄바이, 캘커타의 여러 신문, 잡지, TV에서 발행인, 편집자, 기자, 특파원, 특약기자, 칼럼니스트로 일해왔다. 유니온 카바이드 보팔 공장 안전시스템의 결함을 밝힌 보팔 가스 누출 참사를 예견한 탐사보도로 B. D. Goenka Award를 비롯해 여러 상을 수상했다. 현재 시사잡지 〈에디터(Editor)〉 편집장이다.

다우 케미컬 (Dow Chemical Company)

미국 미시건주 미들랜드에 본사가 있는 플라스틱, 화학물질, 농산물을 생산하는 다국적 미국회사이다. 생산품 대부분을 일반 소비자가 아닌 화학품 제조사에 판매하는 '화학회사들의 화학회사'로 미국화학회 주요회원이며 월드 뱅크와 유엔에서 활발하게 활동한다. 세계 170여 개국에서 연매출 540억, 수익금 45억 달러(2005년)를 올리며 연간 연구개발비가 10억 달러를 웃돈다. 다우 케미컬 CEO 앤드류 리버리스(Andrew N. Liveris)는 2007년 "세계에서 가장 크고, 가장 수익률 높고, 가장 존경받는 화학 회사"를 비전으로 밝혔다.

메틸 이소시아네이트 (Methyliso-cyanate; MIC)

제1차 세계대전 당시 유대인을 학살한 독가스 포스겐보다 독성이 5배 강한 화학물질이다. 극소량으로도 중추신경계와 면역체계를 즉시 파괴하고 접촉한 피부는 바로 부식하며 폐조직은 녹는다.

유니온 카바이드 (Union Carbide Corporation)

1917년 설립한 미국 화학회사로 최첨단 제조법, 화학촉매 기술을 보유하고 있고 수익률 높은 대규모 사업장을 세계에서 운영하고 있다. 유니온 카바이드 생산품은 페인트, 코팅재, 포장재, 전선과 케이블, 가정용 제품, 제약, 자동차, 직물, 농업, 유류와 가스를 만드는 데 쓰인다. 2001년 다우 케미컬이 인수한 유니온 카바이드는 거의 모든 생산품을 다우 케미컬에 판매한다.

사상 최악 산업 재해로 꼽히는 1984년 보팔 가스누출로 피해당한 보팔 시민들은 유니온 카바이드를 상대로 30억 달러를 요구하는 민사소송을 제기했으나, 1989년 2월 인도 최고재판소는 보상금 4억 7천만 달러 지급을 결정했고 유니온 카바이드는 인도 법정 소환에 불응해 국제사회로부터 비난받는다. 1989년 말 V. P. 싱 정권은 판결 무효를 선언하고 다시 보상금 교섭에 들어가 잠정 조치로 피해자 50만 명에게 36억 루피의 구제금을 지급했다. 그러나 농약오염 후유증은 지금도 이어진다.

다국적 기업들은 많은 위험산업, 공해산업사업장을 해외에 둔다. 미국, 유럽, 일본 등 '선진국가' 들은 1970년대 이후 환경을 해치는 위험산업 법적 규제를 강화한다. 엄격한 안전관리시설과 공해방지시설이 요구되자 다국적 기업들은 규제를 피해서 아시아, 아프리카 등지로 진출한다. 선진국 다국적 기업들의 유해물질 생산 시설이 집중된 개도국은 안전시설이 부족하고 법적 규제가 허술해 위험성이 높다. '선진국' 기업들이 자국 유통 금지 독성물질을 개도국에 수출하여 개도국 국민들이 피해를 당하는 경우도 많이 있다.

보팔참사가 일어난 지 14년 후인 1998년 9월 11일, 개발도상국에서 독성물질 오용과 누출로부터 사용자들의 건강과 환경을 보호하고자 유해 화학물질과 살충제 유통을 규제하는 협약(Rotterdam Convention on Harmful Chemicals & Pesticides)이 체결되었다.

이 협약은 50개국 이상이 비준하여야 발효되며 발효될 때까지는 각 국가가 자발적으로 이행하도록 되어 있다. 하지만 FAO와 UNEP의 잠정적인 연합 아래 목록에 든 22개 화학물질과 7개 살충제를 수출금지 또는 제한물질로 규제하고 있다.

포스겐 (Phosgene)

제1차 세계대전에 사용된 대표적 질식성 무색 독가스로 재채기, 급성 호흡곤란을 일으키며, 몇 시간 뒤 폐수종을 일으켜 사망케 한다. 합성수지, 고무, 폴리우레탄, 도료, 용제 등의 원료다.

오사마 빈 라덴이 당신에게
안부를 전합니다

오사마 빈 라덴은 자신이 테러리스트라는 데 동의
하지 않았다. 오히려 미국이 무고한 사람들, 특히
무슬림들에게 테러를 자행해왔다고 비난했다.

살인마 혹은 혁명가 폴 포트를 좇다

폴 포트는 마오쩌둥처럼 카리스마가 있거나 영웅처럼 보
이지 않았다. 오히려 조용하고 지적인 지도자로 보였다.

02
NEWS

뉴스 인물을
만나다

갈림길에 선 김일성을 만나다

"우리는 핵무기를 만들지 않았다. 그래서 어떤 사찰도 거부하지
않는다. 현재 남조선에는 1,000개가 넘는 핵무기가 있다. 핵무기가
하나도 없는 우리를 사찰한다면, 많은 핵무기를 지닌 남조선도 동
시에 사찰해야 한다."

오사마 빈 라덴이
당신에게 안부를
전합니다

공식명칭 아프가니스탄 이슬람 공화국
(Islamic Republic of Afghanistan)

약칭 아프가니스탄(Afghanistan)

수도 카불(Kabul)

정부형태 이슬람 공화국

면적 64만 7,500제곱킬로미터

인구 3,188만 9,923명(2007년 추정)

인종 파슈툰족 42퍼센트, 타지크족 27퍼센트, 하자라족 9퍼센트, 우즈벡족 9퍼센트, 아이막족 4퍼센트, 투르크
멘족 3퍼센트, 발로크족 2퍼센트, 기타 4퍼센트

종교 수니파 무슬림 80퍼센트, 시아파 무슬림 19퍼센트, 기타 1퍼센트

언어 아프가니스탄 페르시아어(다리어) 50퍼센트(공용어), 파슈토어 35퍼센트(공용어), 튀르크어 11퍼센트, 기
타 4퍼센트

1인당 GDP 구매력평가기준(PPP) 1,490달러(2006년 추정)

우즈베키스탄

타지키스탄

투르크메니스탄

카불

코스트주

이란

파키스탄

칸다하르

'스파이' 또는 '대변인'

가끔 기자란 직업이 매우 부담스럽게 여겨질 때가 있다. 예컨대, 강대국들이 일방적으로 몰아가는 전쟁이나 분쟁처럼 통념상 '적' 개념이 뚜렷한 전선을 취재할 경우다. 하여, 그 적—주류의 인식에서 벗어난 주제나 기존 질서를 뛰어넘는 대상—을 취재하는 기자들에게는 상당한 각오가 필요하다. 맞아죽을 수도 있고, 기자 생명이 끝나버릴 수도 있음을 염두에 둔.

라히물라(Rahimullah Yusufzai)가 좋은 본보기다. '아프가니스탄통'인 라히물라는 만국의 공적으로 찍힌 탈레반 최고지도자 물라 오마르(Mullah Omar)를 최초로 인터뷰했고, 알 카에다 최고지도자 오사마 빈 라덴(Osama Bin Laden)을 두 번씩이나 인터뷰한, 말하자면 그 바닥 기록의 사나이다.

그러나 그 대가는 가혹했다. 그이가 밟고 다닌 수많은 '특종'을 미국과 파키스탄 정보국은 '스파이'라 몰아붙였고, 언론은 테러단체 '대변인'이라 수군대며 값을 떨어뜨렸다.

그런데도 세상은 참 신기하다. 아프가니스탄에 무슨 일이 터지기라도 하면 어김없이 국제 언론이나 정보당국들은 그 라히물라를 또 찾고 있으니. 정보당국들이야 늘 하는 짓이 그러니 제쳐두고라도, 국제 언론들은 참 야비했다. 라히물라로부터 뉴스를 건진 언론사들은 그이를 곧장 '영웅'으로 만들었지만, 물먹은 경쟁사들은 어김없이 그이를 '졸개'로 비난해댔으니.

라히물라는 '취재원 보호'라는 원칙을 지키고자 가까운 친구들에게도 속내를 털어놓지 못한 채, 혼자 속병을 앓아왔다. 그렇다고 자신이 편집 책임자로 있는 파키스탄 최대 일간지 〈더 뉴스(The News International)〉에 사사로운 이야기를 풀어놓을 수도 없는 노릇이었고. 한때 건장한 스포츠맨, 그것도 국가대표 하키 선수였던 그이가 심장병으로 골골거리는 까닭을 알 만도 하다. 그이가 답답하긴 답답했던 모양이다. 이 책 기획을 알리자마자 "무조건 쓴다"고 강한 의욕을 보여놓고는 결국 마감을 어기고 또 무수히 어긴 끝에, 처음으로 지면을 통해 제 이야기를 털어놓았으니.

그이가 보내온 원고를 읽으면서 적당히 도려낼 생각도 해보았다. 쓸데없는 오해를 살 수도 있을 법해서. 그러다가, 예민한 국제정치를 취재하는 기자들 현실을 오히려 있는 그대로 보여줄 좋은 기회라 여기면서 마음을 고쳐먹었다. 그이가 '스파이'로 불리건 '대변인'으로 불리건, 상관없다. 그건 기자를 놓고 정치적 입장이나 경제적 이문에 따라 이렇게도 또 저렇게도 부를 수 있는 냉혹한 현실이니. 또 어차피, 자본주의 언론 속성이란 게, '스파이'와 '대변인' 사이를 넘나들며 장사하는 이익집단이기도 하고.

반대쪽을 한번 보자. 모든 정파들은 자신들에게 어울리는 매체, 자기들 뜻을 가장 정확하게 또 폭발적으로 전달해줄 수 있는 기자를 찾게 되고, 그런 매체와 기자들을 통해 정치적 입장을 쏟아내는 게 현실이다. 그러니 기자 라히물라나 매체 〈알 자지라(Al Jajeera)〉를 선택해온 오사마 빈 라덴만 탓할 것도 없다. 마찬가지로 조지 부시가 〈CNN〉을 이용하듯이, 토니 블레어가 〈BBC〉를 활용하듯이. 그렇다고 그이들이 선택한 언론이나 기자들을 모조리 '스파이'나 '대변인'으로 부를 수야 없지 않겠는가?

원칙을 말하자면, 기자가 어떤 정파에게 '선택' 당할 수 있는 것도 중요한 능력 가운데 하나다. 그게 기자에 대한 믿음이건, 언론사의 영향력이건, 어쨌든 치열한 생존경쟁을 벌이는 취재 현장에서는 그렇다는 말이다.

'꽃병에 담긴 꽃을 어느 방향에서 볼 것인가?' 이건 결국 독자들 몫일 수밖에 없다.

정문태

오사마 빈 라덴이
당신에게 안부를
전합니다

라히물라 유수프자이

특종을 부르는 전화

"여보세요, 저는 아이만 알 자와히리(Ayman Al-Zawahiri) 박사입니다. 저를 기억하시겠습니까?"

파키스탄 시간으로 오후 9시 50분쯤이었다. 나는 그때까지 파키스탄 일간지 〈더 뉴스 인터내셔널(The News International)〉의 내일자 신문에 어떤 기사를 보낼지 고민하고 있었다. 전화가 울렸을 때 나는 주요 기사 하나를 보려고 막 손을 뻗으려던 참이었다.

"예, 물론 기억합니다. 자와히리 박사, 요즘 어떻게 지내십니까?"

대답하자마자 위성 전화를 타고 재빨리 대답이 날아왔다.

"신의 평강이 함께하시길. 형제여, 저는 잘 있습니다. 우리 형제 오사마 빈 라덴(Osama Bin Laden)이 당신에게 안부를 전합니다. 아울러 그가 전하는 메시지도 있습니다. 당신이 이 메시지를 〈BBC〉와 당신 신문 〈더 뉴스 인터내셔널〉에 보도하기를 바랍니다."

그렇다! 모든 기자들이 제아무리 바빠도 무조건 받고 싶은 그런 전화가 지금 내게 걸려온 것이다. 순식간에 피로가 싹 가시고 졸음도 달아나버렸다. 하지만 불행히도 내 사무실 문은 여느 때처럼 열려 있었다. 누군가 안으로 불쑥 들어올 수도 있었다. 나는 내 생애 가장 중요한 전화를 받는 동안 제발 아무도 나를 방해하지 않게 해달라고 기도했다.

"말씀해주십시오. 보도에 최선을 다하겠습니다!"

내가 할 수 있는 말은 이것뿐이었다.

"오사마 빈 라덴은 이슬람 공동체[1]에게 성지 해방을 위하여 유대인과 미국인들에 맞선 성전을 촉구했습니다. 이와 함께 그는 케냐 나이로비(Nairobi)와 탄자니아 다르에스살람(Dar-es-Salam) 폭파사건[2]과는 아무런 관련도 없다고 밝혔습니다."

자와히리 박사는 이것이 전부라면서 서둘러 전화를 끊으려 했다. 머릿속에 수많은 질문들이 맴돌았지만 나는 단 한 가지, 자와히리 박사와 오사마 빈 라덴이 아프가니스탄 어디에 있는지 가까스로 물을 수 있었다. 하지만 돌아온 것은 아프간 '어딘가'에 있다는 대답뿐이었다. 그가 전화를 끊으려고 하는 순간 혼선이 일어났다.

"당신 누구야? 당신 누구야?"

낯선 목소리는 분명히 영어를 쓰고 있었지만, 이 짧은 말만 가지고는 미국인인지 영국인인지 구별하기 어려웠다. 이 갑작스런 일로 자와히리 박사는 경계심을 갖게 됐을지도 모른다. 나는 자와히리 박사가 서둘러 작별 인사를 건네며 전화를 끊기 전에 오사마 빈 라덴 인터뷰를 다시 한 번 요청했다.

---

1) 이슬람 신앙 공동체로 '움마(Islam Ummah)'라 한다. 움마는 정신적 공동체일 뿐만 아니라 일상의 생활 규범까지도 공유하는 생활 공동체다.
2) 121쪽 참고.

"내 형제 오사마 빈 라덴과 상의하고 다시 연락하겠습니다."

자와히리 박사와 통화는 채 2분도 못 돼 끝났다. 그러나 이건 대단한 기삿거리였다. 기자 사회에서는 흔히 특종이라고 한다. 전화를 건 사람이 자와히리라고 판단하는 데 별 어려움이 없었다. 1998년 5월 아프간 남부 코스트(Khost)주에서 그를 인터뷰할 때 녹음해두었기 때문이다. 기사를 쓰고 방송과 신문에 싣기 위해 수없이 전화기를 붙잡고 씨름하는 중에도 지난 취재 기억은 선명하게 이어졌다.

1998년 5월 25일 처음 만났을 때, 자와히리 박사는 47세쯤 되어 보였다. 파키스탄과 붙어 있는 아프간 코스트주 구르바즈(Gurbaz) 지구의 한 산악기지에서 오사마 빈 라덴이 기자회견을 할 때, 박사는 바로 그의 옆자리에 앉아 있었다. 그때 오사마 빈 라덴은 42세였다. 오사마 빈 라덴 오른쪽에는 안경 쓴 땅딸막한 자와히리가, 왼쪽에는 이집트 경찰간부 출신인 세이크 타시르 압둘라(Sheikh Taseer Abdullah)가 앉아 있었다. 압둘라는 나를 포함해 14명으로 이뤄진 파키스탄 기자단에게 오사마 빈 라덴의 오른팔로 소개됐다. 때론 아부 하프스(Abu Hafs)로 미국인들에겐 모하마드 아티프(Mohammad Atif)로 불리기도 했던 세이크 타시르 압둘라는 2001년 말 미국의 아프간 폭격으로 사망했다.

이집트 알 지하드(Al-Jehad)[3] 지도자 자와히리는 아랍인 특유의 악센트를 가지고 있었지만 영어를 유창하게 구사했다. 그가 파키스탄 기자단에게 전화를 걸게 된 것도 바로 그런 이유에서였다. 오사마 빈 라덴은 영어를 알아들었으나 모국어인 아랍어로 말하기를 더 좋아했

---

3) 이집트 이슬람 지하드 그룹. 1980년대 초 이슬람 수호와 전파를 위한 성전을 목적으로 만든 조직. 1981년 이집트 사다트 대통령 암살로 그 실체가 드러났다. 조직을 이끌던 자와히리는 1997년 이집트 정부의 추적을 피해 아프간에 망명한 뒤 알 카에다와 통합했다.

다. 어떤 경우든 지도자인 오사마 빈 라덴이 직접 전화를 걸고 메시지를 전하는 것은 적절하지 않았다. 보통 보좌관이나 부관들이 하던 일을 이번에는 박사가 맡게 된 것이다. 내과의사였던 자와히리 박사는 이집트에서 정치 초년병 시절 이슬람 혁명에 헌신하겠다고 공개적으로 밝혔다. 그 때문에 이집트에서 일급 수배자가 되었고, 아프간으로 망명한 건 별로 놀랄 일이 아니었다.

자와히리가 나와 통화를 끝낸 지 채 30분도 안 돼서 미군이 코스트를 공격한 것은 우연의 일치일까? 미군이 위성통화를 추적해 자와히리 박사와 오사마 빈 라덴의 행방을 찾아낸 것일까? 나는 다시 이런저런 의문을 품지 않을 수 없었다. 시기심 때문이겠지만, 일부 언론은 내가 오사마 빈 라덴을 추적하는 미국의 손에 놀아나는 도구일 가능성을 지적하기도 했다. 또 상당수는 내가 이중 플레이를 하고 있다고 암시했다. 내가 미국인에게 오사마 빈 라덴의 행방을 알려주는 한편, 오사마 빈 라덴에게는 다른 안전한 장소로 피신하라고 즉각 말한다는 것이다. 내가 오사마 빈 라덴 숭배자라고 말하는 이들도 있고, 주요 스파이 조직으로부터 자금을 받고 있다고 생각하는 사람들도 있었다. 이런 모든 '혐의'에 대한 대답은 간단하다. 나는 애당초부터 '기자'였고, 지금도 기자일 뿐이다. 많은 동료들처럼 나도 기자가 정말 좋아서 기자가 됐다.

이 전화 통화 이후 나는 유명해졌고, 오사마 빈 라덴의 위성전화번호를 알려달라는 전화가 전 세계에서 빗발쳤다. 기자와 학자들은 나에게서 오사마 빈 라덴의 전화번호와 주소를 받아 그와 직접 통화할 수 있기를 원했다. 또 이전에 오사마 빈 라덴과 자와히리 박사를 만났던 사람들도 내게 그 둘의 메시지를 받는 게 소원이라 말했다.

그러나 애석하게도 나는 오사마 빈 라덴의 위성전화번호를 갖고 있지 않았다. 만일 연락처를 갖고 있었다면 언제든 그와 통화해 특종을 터트렸을 것이다. 내가 할 수 있는 것은 그쪽에서 다시 전화를 걸어올 것이라는 희망을 버리지 않는 것뿐이었다.

오사마 빈 라덴은 안전합니다

8월 21일 오후 11시 자와히리 박사한테서 다시 전화가 왔다. 미군이 아프간 남부 코스트주에 있는 오사마 빈 라덴 기지와 파키스탄에 있는 급진 무슬림 단체 하르카툴 무자헤딘(Harkatul Mujahideen)의 여러 기지를 공습한 지 24시간이 지난 뒤였다. 미군은 빌 클린턴(Bill Clinton) 대통령 명령에 따라 토마호크 순항미사일 약 78기로 목표물을 타격했다. 당시 클린턴은 모니카 르윈스키와의 정사가 폭로돼 정치적 곤경에 빠져 있었다. 이 공격으로 군사캠프에서 훈련을 받고 있던 몇몇 중앙아시아, 파키스탄, 카슈미르 출신자들을 포함해 아프간 주민 26명이 사망했다.

이번에도 분명히 자와히리 박사였고, "당신에게 평화가 깃들기를"이라며 무슬림식으로 인사하고는 오사마 빈 라덴의 새 메시지를 건네겠다고 했다. 이번엔 긴장을 푼 그이가 몇 가지 질문에 기꺼이 대답했고 또 우리의 전화에 끼어드는 사람도 없었다. 자와히리 박사가 다시 내게 전화를 걸었다는 사실은 그와 오사마 빈 라덴이 나를 의심하지 않을 뿐만 아니라, 나를 통해 세상에 메시지를 전달할 의사가 있음을 보여준 셈이다.

"전쟁은 막 시작되었다. 미국인들은 응전을 기다려라."

오사마의 짧은 메시지를 자와히리가 재빨리 전했다. 그리고 자와히리는 그 메시지를 논리적으로 다듬어 전달했다.

1997년 카라바그(Qarah Bagh) 전선 탈레반 다탄두로켓발사대. '어제 우리는 크렘린궁을 부쉈다. 오늘 우리는 백악관을 부순다.' 탈레반은 이 노랫말에 서구와 외세에 대한 자신감과 적대를 담았다. ⓒ 정문태

"내 형제 오사마 빈 라덴과 나는 안전하고 건강합니다. 우리는 미군 공격을 받았지만 건재합니다. 우리는 폭격, 위협, 공격을 두려워하지 않는다고 미국에게 전해주십시오. 우리는 아프간에서 10년 동안 소비에트 폭격으로 고통을 받았으나 살아남았습니다. 우리는 더 많은 희생을 치를 준비가 돼 있습니다."

그는 오사마 빈 라덴이, 무슬림에게 이슬람 성지 해방을 위해 유대인과 미국인들에 맞서는 성전을 촉구했다고 다시 강조했다.

"이슬람 공동체는 태도를 바꿔 미국과 그 추종세력의 도전과 싸워야 합니다. 우리는 이 투쟁에서 오사마 빈 라덴이 더 강해질 수 있도록 도와야 합니다."

자와히리 박사는 코스트에서 미군 공습으로 사망한 희생자들을 기리며 덧붙였다.

"충실한 신자들의 사령관, 물라 모하마드 오마르(Mulla Mohammad Omar)[4]는 오사마 빈 라덴을 넘기라는 미국의 제안을 용감하게 거부

했습니다. 그는 진정한 무슬림입니다."

이런 찬사는 그가 탈레반(Taliban) 무슬림 운동 창시자에게 얼마나 경의를 표시하는지 잘 드러냈다.

자와히리 박사는 1998년 8월 이후로 4개월 동안 전화를 하지 않았다. 나는 다음 전화를 기대하면서도 동시에 오사마 빈 라덴이 탈레반 지도부와 갈등을 해결한 뒤에야 전화를 할 수 있으리라는 사실을 잘 알고 있었다. 미국을 반무슬림주의 세력으로 보는 세계 곳곳 무슬림에게 오사마 빈 라덴이 영웅으로 떠올랐다는 점은 의심할 여지가 없다. 오사마 빈 라덴은 자신의 새로운 이미지에 걸맞는 혁명적 수사(修辭)를 지켜야 했다. 그러나 한편으론, 자신의 망명을 허락한 유일한 나라 아프간의 집권세력 탈레반을 거스를 수 없는 형편이었다.

탈레반 지도자 물라 오마르는, 1998년 5월 하순 코스트에서 오사마 빈 라덴이 나를 포함한 파키스탄 기자들을 초청해 대 미국 이스라엘 '성전'을 선포하자 화를 냈다. 물라 오마르는 자신이 지도자라는 것을 오사마 빈 라덴이 인정하고, 또 탈레반과 다른 나라 관계에 영향을 끼칠 수 있는 행동을 자제하기 바랐다.

심지어 물라 오마르는 나를 통해 아프간의 통치자는 오직 한 명뿐이라는 성명을 발표하기도 했다. 그이는 "오사마 빈 라덴은 아프간에서 계속 살기 원한다면 나에게 복종해야 한다"고 강조했다. 그 뒤 칸다하르(Kandahar)에 있는 물라 오마르 사무실에서 일하는 탈레반 관리들은 물라 오마르가 코스트에 있는 오사마 빈 라덴을 소환해 기자회견에 대해 심문했다고 귀띔해주었다.

---

4) 아프가니스탄 탈레반 최고 지도자. 원래 이름은 모하마드 오마르. 물라는 이슬람 학자나 지도자에게 붙이는 경칭이다. 소작농의 아들로 태어나 소비에트군이 아프간을 침공한 뒤 무자헤딘 게릴라 투쟁에 참가했다. 소비에트군이 철수하자 1996년 탈레반을 결성, 수도 카불을 점령했다. 2001년 미군의 아프간 침공 후, 무장 게릴라 투쟁을 벌이고 있는 것으로 알려진다.

물라 오마르는 자신을 무시한 오사마 빈 라덴을 질책한 모양이고, 곧장 그 효과가 났다. 자와히리 박사는 오사마 빈 라덴이 물라 오마르의 지도권을 받아들였고, 물라 오마르를 '충실한 신자들의 사령관'이라 부르는 내용이 담긴 성명을 나에게 전했다. 이 호칭은 탈레반 추종자들이 물라 오마르를 부를 때 쓰는 것이다. 오사마 빈 라덴은 또 물라 오마르의 지도권과 탈레반의 아프간 정책을 무조건 지지한다고 발표했다. 이러한 이례적인 성명은 오사마 빈 라덴과 물라 오마르 사이의 화해 신호로 간주됐고, 알 카에다(Al-Qaeda) 창설자가 탈레반의 최고지도자를 무시할 수 있다는 생각을 잠재우는 계기가 됐다. 이로써 물라 오마르는 아프간의 진정한 통치자로서 자리를 굳혔다.

1998년 5월, 자와라 이슬람 전사 훈련 캠프

이번에도 자와히리 박사는 오사마 빈 라덴이 옆에 있다고 말했다. 여전히 발음도 분명하고 흔들림 없는 자와히리 박사가 오사마 빈 라덴을 대신해 말하고 있다는 것만은 분명했다. 보다 강경해지고 거칠어진 오사마 빈 라덴의 성명서는 미국과의 대결이 점점 격해지고 있음을 뜻했다.

1998년은 알 카에다와 미국이 서로를 타격하면서 둘 사이의 전쟁이 전환점을 맞는 시기였다. 1998년 8월 8일 케냐 수도 나이로비와 탄자니아 수도 다르에스살람 미국 대사관이 동시에 폭탄공격을 받아 미국인 10여 명을 포함해 케냐인과 탄자니아인 약 240명이 사망했다. 8월 20일 미국은 폭탄테러 배후로 여긴 알 카에다를 보복 공격했다. 그러나 아프간 코스트를 때린 보복 공격은 알 카에다 지도부는 물론, 훈련 캠프도 제대로 타격하지 못했다.

1998년 5월 나와 파키스탄 기자들이 3일 동안 기다린 끝에 오사마 빈 라덴을 만난 곳도 그런 훈련 캠프 가운데 하나였다.

우리는 오사마 빈 라덴의 기자회견이 열릴 캠프로 가고자 북부 와지리스탄(Waziristan) 중심도시 미람샤(Miramshah)에서 사이드기(Saidgi)까지 거의 5시간이나 차를 몰았다. 먼지가 풀풀 이는 사막 도로와 바닥을 드러낸 개울과 산을 지났다. 어둠이 깔리자 걸어서 산악 지대를 통과했다. 국경 두란드 라인(Durand Line)을 지키는 파키스탄 병사들의 눈을 피하기 위해서였다. 나는 그 캠프를 방문한 적이 있어서 찾아가는 것이 그리 어렵지 않았다. 우회도로로 접어든 지 20분 만에 우리 일행은 캠프에 도착했다. 우리를 이렇게 데려온 것은 보안 탓으로 이해했다. 오사마 빈 라덴이 멀고도 안전한 장소에 머물고 있다는 걸 보여주기 위해서였을 것이다.

우리가 이슬람 전사 훈련 캠프가 6개 있는 자와라(Zhawara)에 도착했을 때는 거의 한밤중이었다. 자와라는 코스트주 구르바즈 지구의 바로 아프간 국경 안에 자리 잡고 있었다. 파키스탄 북부 와지리스탄 부족 지역의 국경에서 그리 멀지 않은 곳이었다. 우리는 캠프 안 게스트하우스에 여장을 풀었다. 그곳에는 기본 시설이 갖춰져 있었다. 그러고는 오사마 빈 라덴을 기다렸다.

캠프에 머무르는 동안 세계 도처에서 온 젊은이들이 군사훈련 받는 걸 보았다. 아프간, 파키스탄, 중앙아시아, 극동아시아, 중국, 아랍에서 온 무슬림들뿐만 아니라 서방국가에서 온 아시아계와 아랍계 무슬림들도 있었다. 무슬림으로 개종한 미국 출신 백인과 흑인, 그리고 유럽인, 필리핀의 모로족, 중국 신강위구르자치주의 위구르족, 이란의 쿠르드족, 수단의 베르베르족, 카슈미르족도 있었다. 캠프에는 무기고와 대피소로 쓰고자 산을 뚫어 만든 동굴과 모스크(mosque)[5], 마드라사(madrassa)[6], 연병장도 있었다. 1980년대와 1990년대 초 아프 간 국민들에게 소비에트-카불 괴뢰정권에 맞서 지하드[7] 정신을 고취 했던 라디오 방송국 〈보이스 오브 지하드(Voice of Jehad)〉가 여기 있 다는 이야기도 들었다.

모두 캠프 6개로 구성된 이곳은 아프간 무자헤딘[8] 사령관 마울비 잘랄루딘 하카니(Maulvi Jalaluddin Haqqani)가 설립했다. 코스트 정복 자로 알려진 그는 게릴라전 전문가로 존경을 받아왔다. 1994년 후반 급부상한 탈레반에 합류한 하카니는 탈레반 정권에서 장관직까지 맡았 다. 1996년 9월 탈레반이 당시 대통령 부르하누딘 랍바니(Burhanuddin Rabbani)와 국방장관 아마드 샤 마수드(Ahmad Shah Masood)가 이끄는 무자헤딘 정부를 물리치고 수도 카불을 빼앗은 뒤의 일이다.

하카니는 노령임에도 현재 코스트, 팍티아(Paktia), 팍티카(Paktika) 를 비롯한 아프간 남부에서 미국이 주도하는 연합군에 맞서 싸우고 있는 탈레반 최고 사령관 가운데 하나다. 미국은 물라 오마르 다음가 는 특급 수배자 하카니를 잡겠다고 정보제공자에게 거액의 보상금을 내건 상태다.

자와라 캠프는 그의 이름을 따서 하카니 캠프로도 불린다. 1980년 부터 1990년대 초까지 소비에트군은 가공할 공습과 탱크에 특공대까 지 동원했지만, 이 캠프를 점령하지 못했다.

또 다른 아프간 무자헤딘 지도자는 굴바딘 헤크마티아르(Gulbaddin Hekmatyar)다. 그는 자신의 전사들을 훈련시키기 위해 캠프 하나를 사 용하고 있다. 이 캠프는 파키스탄 무장세력 알 바드르(Al Badr)가 전사

---

5) 이슬람 사원.
6) 이슬람 신학교.
7) 이슬람교의 신앙을 전파·수호하는 투쟁, '성전(聖戰)'을 벌이는 것을 말한다.
8) 이슬람 무장 게릴라.

들을 훈련시켰다고 해서 알 바드르 캠프라고도 알려져 있다. 6개 캠프 가운데 하나는 아랍인들이 독점 사용해왔기 때문에 아랍캠프 또는 오사마 빈 라덴 캠프라 부른다.

이곳이 바로 1998년 5월 25일 내가 참석했던 오사마 빈 라덴 기자 회견 장소이자, 8월 20일 미국이 오사마 빈 라덴과 그의 동료들을 겨냥해 폭격했던 곳이다. 파키스탄 해안에 맞닿은 아라비아해에 정박 중이던 미국 군함들은 토마호크 미사일 78기를 이 캠프에 발사해 전사 몇 명을 죽이고 진흙과 돌로 만든 값싼 구조물들을 파괴했다. 우리가 이 캠프를 방문하는 동안 아프간과 아랍 전사들은 미국이 고작 진흙으로 만든 집 몇 채와 픽업트럭 한 대를 파괴하고, 무고한 민간인 26명과 맨발의 무자헤딘 병사 몇 명을 살해하기 위해 하이테크 미사일을 발사하며 거액을 낭비한다고 비웃곤 했다.

오사마 환영 파티

기다린 지 나흘째 되는 5월 25일, 우리는 오사마 빈 라덴을 만나게 해달라고 닦달했다. 일행 가운데 일부는 5월 28일로 잡힌 파키스탄 핵실험 취재를 위해 되돌아가겠다고 협박했다. 그 핵실험은 1988년 5월 11일 인도 핵실험의 대응으로 당시 엄청난 파문을 일으킨 초대형 기삿거리였다. 협박이 먹혀들었는지 바로 그날 오사마 빈 라덴을 만날 수 있었다.

오사마 빈 라덴 캠프에 도착해 기다리고 있던 우리는 크게 놀랐다. 캠프 전사들이 귀가 멍멍해질 만큼 총을 쏘아대며 환영 행사를 벌인 탓이다. 오사마 빈 라덴의 값비싼 랜드크루저가 호위 차량들을 달고 캠프에 도착하는 순간 로켓발사기, 기관총, AK-47소총(칼라슈니코프)9)이 일제히 허공을 향해 불을 내뿜었다. 검은 복면을 한 중무장 정예요원들이 경호차량에서 뛰어내려 오사마 빈 라덴이 탄 차의 문을 열고 그를 에워쌌다. 극적인 순간이었다. 기자들은 깊은 인상을 받았다. 오사마 빈 라덴이 기자회견장으로 정한, 캠프에서 가장 큰 방으로 천천히 걸어 들어갈 때까지 총소리가 이어졌다.

나는 현지어 파슈토어로 아프가니스탄인이나 파키스탄인들과 대화할 수 있었고, 우르두어를 쓰는 카슈미르 사람들과도 말이 통했다. 덕분에 나는 오사마 빈 라덴이 이 환영식을 통해 기자들에게 자신의 힘을 보여주고자 했다는 걸 알 수 있었다. 환영식에 참가한 전사 대부분은 오사마 빈 라덴의 무장 조직 소속이 아니라고 밝혔고, 알 카에다를 들어본 적 없다고 했다. 캠프에 있는 아랍인들이 오사마 빈 라덴의 도착에 맞춰 총을 쏘아 달라고 부탁했다는 것이다. 이것은 오사마 빈 라덴의 약삭빠른 '전매특허' 수법이었다. 그는 자신의 힘을 과시하기 위해 모든 기회를 이용했고, 또 자신의 정당함을 알리는 언론 플레이에 더없이 예리했다.

우리는 방으로 달려가 자리를 잡았다. 방은 금세 사람들로 꽉 들어찼다. 기자들이 앉은 의자들 뒤는 오사마 빈 라덴의 측근과 알 카에다 조직원들 자리였다. 맨 앞에 놓인 의자 3개는 오사마 빈 라덴, 자와히리 박사와 세이크 타시르 압둘라가 앉을 자리로 보였다. 그 뒤에는 확성기와 기자들이 녹음기를 올려둔 탁자가 있었다.

모퉁이마다 건장한 경호원이 2명씩 지키고 서 있었다. 군복을 입은 경호원들은 검은 천으로 얼굴을 가려 정확히 알 수 없지만 조금 보이는 피부색으로 보아 아프리카나 사우디아라비아에서 온 것 같았다. 그

---

9) 소비에트 자동소총으로서 독일의 G3, 미국의 M16소총과 함께 세계 3대 돌격소총이라는 평가를 받는다.

들은 알 카에다 최고지도자 3명이 위태로워진다면 소총을 즉각 발사할 수 있도록 방아쇠에 손가락을 걸어놓고 있었다. 오사마 빈 라덴 뒤편에는 아랍어로 "신은 오직 알라뿐이다. 모하마드, 그에게 평강이 있기를, 그는 알라의 예언자다"라고 쓴 대형 걸개가 걸려 있었다.

기자회견은 오사마 빈 라덴이 아랍어로 말하고 이를 자와히리 박사가 영어로 통역했기 때문에 시간이 많이 걸렸다. 오사마 빈 라덴이 먼저 성명을 낭독했다. 그는 '대 유대인·십자군 성전을 위한 국제이슬람전선'을 출범한다고 선언했다. 미국과 이스라엘을 겨냥한 성전 수행 강령을 만든다는 뜻이었다.

오사마 빈 라덴은 또 미국과 이스라엘이 전 세계 무슬림에게 고통을 안겨주고 있다고 비난하면서 이슬람 추종자들에게 진정한 적이 누구인지 깨달아야 한다고 강력하게 촉구했다. 무슬림들에게 무장하라는 요구였다.

오사마 빈 라덴은 무슬림들의 단결을 외치면서 알 카에다 조직을 '대 유대인·십자군 성전을 위한 국제이슬람전선'에 통합한다고 발표했다. 그는 유사한 목표를 가진 모든 이슬람 조직이 하나의 강령 아래 뭉쳐야 한다고 생각했다. 알 카에다에 이어 아랍세계의 일부 급진 무슬림단체들도 전선에 통합했다. 그 가운데는 자와히리 박사와 세이크 오마르 압둘 라만(Sheikh Omar Abdul Rahman)이 이끄는 조직도 들어 있었다. 이집트의 맹인 이슬람 성직자인 오마르 압둘 라만은 1993년 뉴욕 무역센터 폭발사건 연루 혐의로 유죄판결을 받고 미국 교도소에 수감돼 있다.

그러나 전선은 본디 의도대로 도약할 수 없었고, 결과적으로 오사마 빈 라덴의 발표는 무용지물이 되었다. 알 카에다는 여전히 건재하지만, 국제이슬람전선은 거의 잊혀졌다.

그가 싸우는 이유

모든 성명과 기자회견에서 오사마 빈 라덴은 반드시 처음에 코란을 암송하고 예언자 모하마드를 찬양하는 것을 빼놓지 않았다. 습관 같았다. 미국과 이스라엘을 비난할 때 목소리는 크고 공격적인 반면, 무슬림전사들—그의 표현으로는 이교도에 대항하며 순교의 길을 선택하는 이들—을 언급할 때는 한껏 부드럽게 경의를 담았다.

두 시간에 걸친 기자회견에서 오사마 빈 라덴은 자신을 포함한 모든 무슬림의 마음에 소중히 간직돼 있는 두 가지 문제에 초점을 맞추었다. 하나는 미국의 무기와 자금을 지원받는 이스라엘의 팔레스타인 점령에 맞서 고국을 해방시키려는 팔레스타인 사람들과 함께 싸우고 싶다는 희망이었다. 다른 하나는 이슬람 최고 성지로 꼽히는 메카(Makkah), 메디나(Madina)가 있는 자신의 조국 사우디아라비아에 주둔한 외국군과 비무슬림군인들을 수단과 방법을 가리지 않고 쫓아내겠다는 맹세였다.

그는 비무슬림군인들이 메카와 메디나에 들어가서는 안된다는 믿음을 갖고 있었다. 또 사우디 왕족 통치 강화를 돕는 미국을 비롯한 다른 서방군대 주둔은 그의 애국심을 짓밟는 것이었다.

나와 함께 온 파키스탄 동료기자들이 끈질기게 물고 늘

1998년 5월 25일 인터뷰 당시 아프가니스탄 코스트주에서 오사마 빈 라덴(좌)과 필자(우). 오사마가 쥐고 있는 소총이 대소비에트 전투에서 손에 넣었다는 칼라슈니코프 소총이다.

어졌지만 오사마 빈 라덴은 좀처럼 카슈미르 문제라든가 파키스탄 핵실험 권리—인도와 치고받는 식으로 경쟁하고 있는—같은 다른 문제로 화제를 돌리려 하지 않았다. 그러다가 결국 기자들 설득에 못 이겨 오사마 빈 라덴은 입을 열었다. 파키스탄은 카슈미르인에게 더 이상 입 발린 소리나 하지 말고 자무-카슈미르에 성전을 선포해, 모든 무자헤딘들이 인도 점령군과 싸울 수 있도록 해야 한다고 했다.

파키스탄의 핵실험 문제는 인도가 핵실험을 먼저 했기 때문에 파키스탄도 핵실험을 할 권리가 있다고 밝혔다. 그러면서 오사마 빈 라덴은 무슬림들이 무기를 구입하고 군사적 대비를 해, 이교도 침략자들과 싸워야 한다고 덧붙였다.

기자회견이 끝난 뒤 우리는 밖으로 나와 오사마 빈 라덴을 비롯한 그의 보좌관들과 함께 차를 마셨다. 그곳에는 멋진 아프간 양탄자를 깐 약간 높은 단이 있었다. 아프간 시골 어디서나 볼 수 있는 찻집과 비슷했다. 우리 모두는 양탄자에 다리를 포개고 앉아 녹차나 홍차를 마시며, 말린 과일과 과자를 먹었다.

나는 동료들처럼 이야기를 나누면서 차를 즐길 수 없었다. 세계 제일 수배자 오사마 빈 라덴이 앞으로도 몇 년 동안 남의 눈을 피할 것이라는 사실을 알았기 때문에, 대화할 기회를 놓치고 싶지 않았다.

오사마 개인에 대한 네 가지 질문

지금까지 오사마 빈 라덴 개인에 대해서 별로 알려지지 않은 것은 폐쇄적 성향 때문이었다. 그래서 나는 그가 차를 마시는 동안 되도록 질문을 많이 했고 중요한 정보를 이삭을 줍듯이 건져 올릴 수 있었다. 처음에는 그다지 끌리는 이야기가 없었다. 하지만 기자회견 때 알아낸 오사마 빈 라덴의 흥미로운 프로필을 실마리 삼아 질문을 이어나 갔다. 나는 오사마 빈 라덴에게 가족문제를 꺼냈다. 첫 번째로 부인이 3명이라는 것이 사실인지 또 아이들이 몇인지 물었다.

"맞다. 아내가 3명이다. 그런데 아이들이 몇인지는 잊어버렸다."

자와히리 박사는 통역하면서 웃음을 터뜨렸다. 모든 사람들이 따라 웃자 오사마 빈 라덴도 웃었다. 오사마 빈 라덴은 자녀가 몇이냐는 질 문에 답하지 않았지만, 나는 그가 부인이 3명이어서 자녀도 꽤 된다는 정보를 얻을 수 있었다. 다음엔 언론에 보도된 바와 같이 사우디아라 비아에 있는 가족이 그와 인연을 끊었다는 게 사실인지 물었다. 그는 "피는 물보다 진하다"는 짧고도 명쾌한 말로 답을 대신했다.

또 나는 사우디아라비아 정부가 그의 시민권을 말소시킨 사실을 화제에 올렸다. 오사마 빈 라덴은 괴로운 표정을 보이더니 사우디 독 재 정부는 자신의 시민권을 말소할 권한이 없다고 소리를 높였다. 그 는 또 인기 없고 대표성도 없는 사우디 지배계급인 왕족들이 자신들 을 보호하고, 왕권의 세습지배를 연장하기 위해 어떻게 미군과 서방 군인들을 불러들였는지 설명했다.

다시 나는 그의 재산을 찔러보았다.

"당신이 백만장자라는 소문이 있는데, 재산이 얼마나 되는가?"

그는 오른손을 가슴에 갖다대고는 말했다.

"나는 여기가 가니다."

'가니'는 아랍어와 우르두어로 부자라는 뜻이다. 오사마 빈 라덴은 재산 규모를 밝히지 않은 채 마음이 부자이고, 매우 너그럽다는 메시 지를 세련되게 전달한 셈이다. 그가 유머감각을 지닌 지적인 인물임 을 엿보게 하는 대목이었다. 나는 짧은 대화를 통해 평범하지 않은 그 의 생활과 성격을 조금 더 알게 됐다.

나의 질문 공세에 오사마 빈 라덴과 경호원들은 서둘렀다. 보안 때문이었다. 또 몇몇 동료 기자는 오사마 빈 라덴과 함께 있기보다는 가능한 빨리 파키스탄으로 돌아가려고 했다. 나는 내키지 않았지만 질문을 멈춰야 했다.

우리는 차를 타고 5시간쯤 걸리는 지루한 귀로에 올랐다. 꽤 늦어서야 게스트하우스에 도착한 우리는 재빨리 식사를 마친 뒤 국경으로 향했다. 우리는 어둠과 정글 숲을 이용해 산악 국경을 가로질렀다. 파키스탄 국경 안에 있는 사이드기에 도착하자 우리를 기다리던 차들이 보였다. 다시 한 시간 넘게 달려 미람샤에 닿았고 거기서 바누(Bannu), 페샤와르(Peshawar) 등 각자 목적지를 향해 흩어졌다. 잊을 수 없는 여행이었다. 오사마 빈 라덴 인터뷰가 신문, 라디오, TV에서 머리기사로 보도됐을 때 쌓인 피로는 말끔히 사라졌다.

단독 인터뷰 초대

탈레반 지도부가 주도한 오사마 빈 라덴과 두 번째 만남은 1998년 12월, 아프간 남서쪽 탈레반 탄생지이자 정신적 수도 칸다하르에서 이루어졌다. 먼저 탈레반 정부 외무차관 물라 압둘 잘릴(Mulla Abdul Jalil)이 내게 전화를 걸어 칸다하르로 빨리 와달라고 했다. 오사마 빈 라덴을 만난다는 이야기는 전혀 없었다. 하지만 어느 정도 짐작한 대로 칸다하르에 도착하자마자 오사마 빈 라덴을 만난다는 말을 들었고, 나는 이게 특종이 되리라는 것을 알았다.

탈레반이 오사마 빈 라덴에게 기자 접촉을 허용한 것은 거듭된 그의 요청 때문이었다. 자와히리 박사가 알려준 바에 따르면, 지난 6개월 동안 자와히리 박사와 오사마 빈 라덴은 입장을 명확히 밝히기 위한 기자회견을 열게 해달라고 탈레반 최고지도자 물라 오마르에게 요청했다. 그동안 미국 정부는 케냐와 탄자니아 미국 대사관 폭파 사건 배후가 알 카에다라고 비난해왔기 때문이다.

자와히리는 "세계 모든 곳에서 일어나는 모든 사건에 대해 오사마 빈 라덴이 비난을 받고 있다. 오사마 빈 라덴이 계속 침묵한다면 그와 그의 추종자들이 유죄를 인정하는 꼴이 된다"고 말했다. 물라 압둘 잘릴도 "어떻게 사람이 그렇게 자주 위치를 바꿀 수 있으며, 어떻게 미국의 위협을 피해 산속에 살고 있는 사람이 그 먼 곳에서 일어난 폭발 사건의 배후인물이 될 수 있느냐"고 동조했다.

그는 또 오사마 빈 라덴이 배후라는 증거를 아프간이슬람법원에 제출하면 샤리아10)에 따라 재판을 받게 될 것이라고 밝혔다.

탈레반이 생각을 바꾼 데에는 미군과 영국군이 주도한 이라크 공격도 영향을 미친 것으로 보인다. 오사마 빈 라덴이 기자와 만나 미국인, 영국인, 이스라엘인이 결코 무슬림의 친구가 될 수 없다는 논리를 거듭 밝히는 게 낫겠다고 판단한 것이다. 탈레반은 미국이나 사우디와 관계를 개선할 수 있다는 희망도 옅어진 데다 탈레반 정부가 국제적으로 인정받기도 어렵다고 믿게 되자, 비난자들을 달래려는 노력을 멈추고 대신 오사마 빈 라덴 카드를 되도록 유리하게 이용할 시점이라고 생각했다.

12월 23일 칸다하르의 겨울밤, 나는 6시간을 기다린 끝에 아랍인들에게 따라오라는 말을 들었다. 칸다하르 탈레반 외교부 사무실에서 나를 맞은 이는 탈레반 의전담당관 하피즈 함둘라(Hafiz Hamdullah)였다. 하피즈 함둘라는 2007년 5월 헬만드주에서 탈레반 사령관 물라 다둘

---

10) 알라의 말 그 자체인 《코란》을 바탕 삼은 이슬람법 체계. 다른 문화권의 실정법보다 광범위하다.

1998년 12월 23일 아프가니스탄 남서부 헬만드의 오사마 빈 라덴 사막 캠프 인터뷰 때 찍은 사진. 알 카에다 2인자이자, '오사마 빈 라덴의 목소리'라 불리는 아이만 알 자와히리 박사(좌)와 의전담당관 하피즈 함둘래(우). 하피즈 함둘라는 2007년 미국 나토의 아프가니스탄 헬만드 공습 때 사망했다.

라 아쿤드와 함께 미군 공격을 받아 사망했다. 나를 데리러 칸다하르까지 온 일행 가운데는 자와히리 박사도 있었다. 그는 아랍어밖에 할 줄 모르는 세이크 타시르 압둘라와 사이에서 통역해주었다. 두 사람은 모두 오사마 빈 라덴과 함께 케냐와 탄자니아 주재 미국 대사관 폭파에 개입한 인물로 비난받아왔다. 미국 정부는 오사마 빈 라덴과 세이크 타시르 압둘라 체포에 각각 2,500만 달러를 현상금으로 내걸었다.

나는 전날 밤 한숨도 자지 못했다. 페샤와르(Peshawar)에서 이슬라마바드까지 차로 이동한 뒤 다시 유엔항공 편으로 잘랄라바드(Jalalabad)와 헤라트(Herat)를 거쳐 칸다하르까지 왔기 때문이다. 나는 오후에 겨우 도착했기 때문에 오사마 빈 라덴과 인터뷰를 다음 날 아침까지 늦춰주기를 바랐다. 게다가 라마단(Ramadan)[11] 기간이었다. 오랫동안 아무것도 먹지 않은 상태에서 인터뷰를 한다는 것은 보통 힘든 일이 아니었다.

그러나 세이크 타시르 압둘라는 그날 밤 인터뷰를 해야 한다고 고집했다. 순간 나는 1998년 5월을 떠올렸다. 코스트의 오사마 빈 라덴 캠프에서 열린 그 유명한 기자회견 때, 체격이 좋고 수염을 기른 그를 만난 적이 있었다. 내 비디오카메라에 조명 장비가 없어 낮에 인터뷰해야 오사마 빈 라덴이 더 잘 나올 것이라고 해도 소 귀에 경 읽기였

11) 이슬람력 아홉 번째 달. 금식을 뜻하기도 한다. 라마단 한 달 동안 해가 뜰 때부터 질 때까지 음식, 흡연, 음주, 성행위 따위를 금한다. 신앙고백, 예배, 희사(喜捨), 성지순례와 함께 무슬림 5대 의무 중 하나다.

다. 곧 나는 보안 때문에 절대 인터뷰가 늦춰지지 않을 것이라는 사실을 깨달았다.

나는 랜드크루즈 조수석에 앉았다. 운전은 세이크 타시르 압둘라가 맡았다. 우리는 한밤중에 칸다하르-헤라트를 잇는 도로를 한동안 달린 뒤 방향을 바꿔 사막으로 들어갔다. 거의 한 시간 반 동안 추운 길을 달렸다.

달리는 동안 세이크 타시르 압둘라는 내 질문에 거의 입을 열지 않았다. 그는 다만 자신들은 죽음도 미국도 두려워하지 않는다고 했고 자신이 테러 행위에 관련됐다는 주장을 일축했다. 그러면서 미국이 이슬람 국가에 간섭하지 않고, 사우디아라비아에서 미군을 철수하고, 친이스라엘 정책을 포기한다면 무슬림과 싸울 일도 없다고 덧붙였다.

자와히리 박사에게 전쟁으로 황폐해진 아프간 생활에 관해 묻자 이슬람의 목표를 달성하기 위해 더 많은 희생도 치를 뜻이 있다고 밝혔다. 그는 자신과 오사마 빈 라덴 그리고 동료들의 아내와 자식들 모두 이전엔 안락하게 살았지만 현재 아프간에서 견뎌야 하는 가혹한 생활을 놓고 결코 불평한 적이 없다고 말했다. 이어 자신과 동료들이 라디오나 위성TV, 친구와 지지자들이 보내주는 신문과 잡지 등을 통해 세계 최신 뉴스와 세상사를 따라잡고 있다고 했다.

역사가 목격하게 하라

불빛이 보이자 마음이 놓였다. 대형 텐트 세 개가 사막에 세워져 있었다. 텅텅거리며 돌아가는 발전기는 이곳이 오사마 빈 라덴의 임시 캠프라는 사실을 알려주었다.

오사마 빈 라덴이 안내한 대형 텐트는 살을 에는 사막의 겨울 추위를 어느 정도 막아주었다. 오사마 빈 라덴이 텐트로 들어오고 모든 사람들이 존경의 표시로 일어섰을 때 작은 소동이 벌어졌다. 그가 지팡이를 짚고 들어서는 모습을 보자 지난 5월 코스트에서 그를 마지막으로 보았을 때의 기억이 되살아났다. 당시 오사마 빈 라덴의 보좌관들은 그가 요통으로 고통받고 있으며 균형을 잡기 위해 지팡이를 짚는다고 했다. 나는 디지털카메라로 그가 지팡이를 짚고 걷는 모습을 몇 장 찍었다. 나중에 그의 보좌관들이 내게 그 사진들을 지워버렸으면 좋겠다고 했다. 카메라를 건네자, 오사마 빈 라덴의 공식 카메라맨이 문제의 장면들을 지워버렸다.

그들은 몸이 불편한 오사마 빈 라덴의 모습 공개를 꺼렸다. 그들이 내세우고 싶어 하는 오사마 빈 라덴의 이미지는 미국과 그 동맹국들에게 도전하는 대담하고 강한 것이었다.

오사마 빈 라덴이 깔개 위에 준비된 자리로 걸어갈 때 나는 그의 키가 매우 크다는 사실을 다시 한 번 깨달았다. 그는 1미터 90센티미터가 넘어 그곳에 있는 사람들이 모두 올려다보았다. 전보다 말라 보이는 그이는 수염마저 회색으로 변해가고 있었다. 오사마 빈 라덴과 모든 사람들이 샬와르 카미즈(shalwar-kameez)[12]를 입고, 포근한 깔개 위에 다리를 꼬고 앉았다. 평소처럼 오사마 빈 라덴 곁에는 칼라슈니코프 소총이 놓여 있었다.

우리가 자리를 잡고 앉자 오사마 빈 라덴은 나에게 캠프에 온 것을 환영하며 다시 만나게 돼 기쁘다고 말했다. 그는 자신의 인터뷰가 미 시사주간지 〈타임〉과 〈ABC〉 〈BBC〉 방송 그리고 파키스탄일간지 〈더 뉴스 인터내셔널〉에 게재될 예정이기 때문에 매우 기쁘다고 말했다. 그는 분

12) 넓은 바지와 긴 윗옷으로 된 이슬람 전통의상.

명히 더 광범위한 독자를 갖고 있는 매체들을 원했고, 이런 점이 나를 인터뷰에 초청하게 된 주요 이유 가운데 하나였다. 〈알 자지라〉의 자말 이스마일 기자는 나보다 하룻밤 앞서 오사마 빈 라덴과 만났다.

오사마 빈 라덴은 세 시간 넘게 인터뷰를 하며 끊임없이 물과 녹차를 마셨다. 자와히리 박사는 나중에 오사마 빈 라덴이 목 건조증 때문에 오랫동안 이야기를 하려면 물을 마셔야 한다고 일러주었다. 또 밤에 인터뷰를 하게 된 이유가 라마단 기간이라 낮엔 물을 마시지 못하기 때문이라고 설명했다. 자와히리 박사는 오사마 빈 라덴이 요통 때문에 정기적으로 해오던 승마와 축구도 하지 못한다고 덧붙였다.

나는 오사마 빈 라덴 건강 문제에 관한 새로운 이야기도 들을 수 있었다. 그가 물을 많이 마시는 건 신장병 때문이며, 의사들의 조언을 따르는 것이라고 했다.

인터뷰는 다시 아랍어로 진행됐고, 자와히리 박사가 통역을 맡았다. 알 카에다 지도자의 아랍어는 유창했다. 파슈토어와 페르시아어 단어를 섞어 썼고, 영어 질문을 이해했다. 그러나 늘 그랬듯이 아랍어로 대답했고 요점을 강조하고 싶을 때나 미국을 비난할 때는 목청을 높였다. 용모와는 달리 손은 섬세했고 어투는 수줍고 부드러웠다. 이 사람이 '테러'를 후원하는 장본인이라고 상상하기 쉽지 않았다. 오사마 빈 라덴은 자신이 테러리스트라는 데 동의하지 않았다. 오히려 미국이 가난하고 작은 나라들을 공격했고, 무고한 사람들 그 가운데서도 특히 무슬림들에게 테러를 자행해왔다고 비난했다.

오사마 빈 라덴의 보좌관들과 경호원 20여 명이 들어찬 텐트는 터질 지경이었다. 하피즈 함둘라와 칸다하르부터 우리와 동행한 또 다른 탈레반 외무부 관리도 있었다. 오사마 빈 라덴의 십대 아들 모하마드도 텐트 안에 있었다. 오사마 빈 라덴은 질문에 답변한 뒤 종종 아들을

1998년 12월 23일 두 번째 인터뷰 당시, 오사마 빈 라덴의 모습. 7개월 만에 만난 그는 쇠약해진 듯 보였고 수염은 회색으로 변해가고 있었다.

바라보곤 했다. 모든 사람들은 오사마 빈 라덴의 말에 집중했던 까닭에 텐트 안팎은 매우 조용했다.

텐트 밖에서는 픽업트럭 두 대가 인터뷰 촬영을 돕고자 전조등을 켜놓고 있었다. 아랍인으로 보이는 사람들이 차와 음식을 만드느라 매우 바쁘게 움직였다. 그들은 모두 라마단 금식을 시작하는 동이 트기 전에 무슬림의 새벽 식사[13]를 마칠 것이다.

인터뷰는 원만하게 진행됐다. 알 카에다 창설자 오사마 빈 라덴은 조용하게 답했고, 공격적인 질문에도 불쾌감을 전혀 드러내지 않았다. 나는 한꺼번에 많은 일을 했다. 디지털카메라로 인터뷰를 촬영하고, 또 다른 카메라로 사진을 찍으면서 때때로 주요 내용을 메모하는가 하면 〈BBC〉에 보내기 위해 녹음도 했다. 나는 오사마 빈 라덴의 잘 훈련된 카메라팀—정교하고 값비싼 카메라로 그의 일거수일투족을 촬영하는—의 도움을 받았다.

그는 '대 유대인·십자군 성전을 위한 국제이슬람전선'이, 이슬람 공동체와 무슬림 국가에게 예루살렘에 있는 알 아크사(al-Aqsa) 모스크를 포함한 이슬람 성지 해방을 위한 성전을 촉구하는 파트와(fatwa)[14]를 내렸다고 말했다. 그는 세계 무슬림들이 호응했다고 주장

---

13) '수후르(Suhoor)'라고 한다. 라마단 기간 중 매일 금식에 들어가기 바로 전에 먹는 죽처럼 간단한 음식이다.

했다.

"내 일은 경각심을 일깨워 무슬림 공동체를 선동하는 것이다. 나는 내 메시지가 그들에게 전달되고 있다고 확신한다. 무슬림에게 성전은 이슬람 믿음의 일부분이다. 성전은 계속되어야 한다."

그는 덧붙여서 아프리카에서 일어난 반미 폭탄 공격이 국제이슬람 전선의 이러한 요구와 경고를 가장 잘 수행한 것이라고 했다. 오사마 빈 라덴은 이 인터뷰에서 처음으로 나이로비와 다르에스살람 주재 미 대사관 폭파에 책임이 있음을 간접적으로나마 확실하게 인정한 것이다.

오사마 빈 라덴이 말했다.

"알 아크사 모스크와 성스런 카아바(Kaaba) 신전[15]을 해방시키기 위해 미국과 유대인들에 맞선 성전(聖戰) 선동이 죄가 된다면 내가 범죄자라는 것을 역사가 목격할 수 있도록 하라."

미국이 공적(公敵) 일 순위로 꼽는 오사마 빈 라덴은 이 말로 입을 닫았다. 오전 3시 30분쯤 인터뷰가 끝나고 우리는 칸다하르로 떠날 준비를 했다. 오사마 빈 라덴은 결코 한곳에서 이틀 밤을 지내는 위험을 감수할 생각이 없으며, 이 관행을 철저히 지키는 것으로 보였다. 2001년 미국의 아프간 침공 이래 그를 찾아내기 위한 강도 높은 추적에도 불구하고 체포와 죽음을 피할 수 있었던 이유였다.

우리 일행이 칸다하르에 들어섰을 때 아침 햇살이 눈부시게 비쳤다. 나는 서둘렀다. 국경 마을 스핀볼닥(Spin Boldak)으로 가는 택시를 타기 위해 곧장 버스정류장으로 갔다. 2시간 뒤 두란드 라인을 넘어 파

14) 이슬람 학자가 널리 알린 이슬람법에 관한 종교적 견해.
15) 사우디아라비아의 메디나 근처에 있는 이슬람 성지.

키스탄의 차만(Chaman)으로 들어섰다. 그곳에서 나는 퀘타(Quetta)로 가는 택시를 찾았고 카라치(Karachi)로 가는 비행기를 제때 탈 수 있었다. 카라치를 거쳐 이슬라마바드에 도착한 것은 한밤중이었다.

나는 서둘러 미국 〈ABC〉에 건네줄 테이프를 준비했다. 오사마 빈 라덴의 인터뷰 기사는 바로 다음 날 전파를 탔다. 특종이었다. 〈ABC〉는 나보다 하루 앞서 오사마 빈 라덴 인터뷰를 마친 〈알 자지라〉보다 앞서 인터뷰를 방송한 것이다. 나는 전율을 느꼈다. 피로, 배고픔, 그리고 갈증은 말끔히 사라졌다.

라히물라 유수프자이 (Rahimullah Yusufzai)

파키스탄 마르단(Mardan)에서 태어났다. 1974년부터 저널리스트로 일하기 시작해 파키스탄 영어 신문 〈더 썬(The Sun)〉 〈더 무슬림(The Muslim)〉과 주간지 〈아웃룩(Outlook)〉에서 일했다. 현재 파키스탄 중견 영어 신문 〈더 뉴스 인터내셔널(The News International)〉 편집장이며 〈BBC〉 〈Time〉 〈Gulf News〉 〈Dubai(UAE)〉 〈ABS News(USA)〉에 기사를 쓰고 있다. Khyber Union of Journalist 대표, South Asia Free Media Association, NWFP지부 대표다.

:: 자세히 읽기

물라 오마르 (Mullah Mohammed Omar, 1959년~)

아프가니스탄을 실질적으로 지배한 탈레반 정부의 수반(1996~2001년)이었다. 2001년 미국의 아프간 침공 후 오사마 빈 라덴과 알 카에다 조직을 보호하고 숨기고 있다는 이유로 미국 정부가 쫓고 있다. 정치적 위상과 세계적 유명세에 걸맞지 않게 물라 오마르에 관해 알려진 것이 적다. 탈레반은 사진찍기를 금하는 탓에 공식적으로 물라 오마르로 확인된 사진은 없다.

파슈툰족으로 1959년 칸다하르 근처 농촌에서 태어났다. 오마르는 소비에트 침략군에 맞선 무자헤딘이었고 1989~1992년 아프간 친소비에트 괴뢰정권 나지불라(Najibullah)정부에 맞서 싸웠다. 1989년 잘랄라바드(Jalalabad) 전투에서 한쪽 눈을 실명했다. 소비에트 철군, 나지불라 정권 붕괴 후 아프간이 군벌들의 지배권 싸움으로 혼란에 빠진 시기 오마르는 탈레반으로 알려진 무장 조직 지도자가 된다. 만연한 부패, 타락과 싸운 탈레반은 군벌 통치에 지친 아프간 사람들에게 환영받았고 1996년 '충실한 신자들의 사령관(Commander of the Faithful)' 칭호를 얻은 오마르는 아프간 수도 카불에 입성했으며 2001년 미국 침략 전까지 아프간 거의 전 지역을 장악했다. 2001년 '9·11' 이후 미국 정부의 오사마 빈 라덴 인도 요청을 탈레반 정권이 거절하자 2001년 10월 7일 미국은 아프간을 공습했다. 미국은 오마르 체포에 현상금 1,000만 달러를 걸었다. 탈레반과 탈레반지지 조직에서 그의 영향력은 건재한 것으로 판단된다.

아이만 알 자와히리 (Dr. Ayman Muhammad Rabaie al-Zawahiri, 1951년 6월 19일 ~)

알 카에다 2인자로 이집트 카이로 교외 마아디(Maadi)에서 부유한 의사·학자 집안에서 태어나 조용한 우등생으로 어린 시절을 지냈다. 그가 정치·종교에 몰두하게 된 것은, 1965년 이집트정부가 국가전복기도 혐의로 처형한 급진 이슬람주의자인 삼촌 무하마드 아잠(Muhammad Azzam)의 영향으로 보인다. 아이만은 14세에 범이슬람 정치·사회운동단체 무슬림형제단 (Muslim Brotherhood)에 가입했다. 카이로대학(Cairo University)에서 심리학 과 약학을 공부하고 1974년 졸업해 3년 동안 이집트 군의관으로 복무했다. 1981년, 이집트 대통령 안와르 사다트(Anwar Sadat)는 무슬림 형제단을 검거 한다. 1981년 10월 사다트 암살 연루 무기거래 혐의로 아이만은 3년 동안 수 감된다. 무슬림형제단은 이스라엘과 평화협정을 맺은 사다트와 이집트 세속 정부에 맞선 무장투쟁 '이집트이슬람지하드'를 벌이고 있었다.

1984년 출소 후 사우디아라비아, 파키스탄에서 의료활동을 하던 아이만은, 1990년 이집트로 돌아와 1991년 더욱 급진적이 된 '이집트이슬람지하드' 지 도자가 된다. 1995년 파키스탄 이슬라마바드 이집트 대사관 폭탄공격, 1997년 이집트 룩소르 사건 배후로 아이만을 지목한 이집트 정부는, 1999년 이집트 군사법정 궐석 재판에서 아이만에 사형을 언도한다.

1998년 탄자니아 다르에스살람과 케냐 나이로비 미국 대사관 폭파사건 연 루 혐의로 미국 뉴욕 법정에 기소된 상태로, 2001년 이후 FBI 주요 수배자 명단에 올랐고 미연방정부는 현상금 2,500만 달러를 걸었다. 1997~1998년 무렵 아이만은 오사마 빈 라덴의 알 카에다와 조직을 통합한다. '알 카에다 의 얼굴' '오사마 빈 라덴의 목소리'로 불리는 아이만 알 자와히리를 겨냥한 2006년 1월과 10월 미군 공습과 미사일 공격은 실패했다.

알 카에다 (al-Qaeda)

이슬람 수니 무장 정치 조직. 1988년 압둘라 유수프 아잠(Abdullah Yusuf Azzam; 영향력 있는 수니 이슬람 학자·이론가, 대소비에트 무자헤딘 투쟁을 주장 한 중심인물)과 오사마 빈 라덴을 비롯한 대소비에트 전쟁에 참전했던 '아프 간 아랍(Afghan Arab)' 베테랑 전사들이 세웠다. 아프리카, 유럽, 아시아 등 세계 여러 나라에서 미군과 미국 시민, 미국 지원국을 공격한다. 2001년 9월

11일 뉴욕 세계무역센터 폭파 사건과 이에 대응한 미국 군사·정보 작전 '테러와의 전쟁(War on Terror)'으로 세계적으로 유명해졌다.

'알 카에다'라는 이름은 토대, 기초를 뜻하는데 군사기지를 말하기도 한다. 오사마 빈 라덴은 2001년 10월 〈알 자지라〉 인터뷰에서, '러시아 침략에 맞서는 무자헤딘 훈련 캠프를 알 카에다로 불렀고 그 명칭이 굳어진 것'이라고 밝혔다.

알 카에다 목표는 이슬람 국가에서 모든 외세가 없어지고 칼리프가 통치하는 이슬람 국가를 재건하는 것이다.

유엔안전보장이사회, 나토 사무총장, 오스트레일리아 정부, 한국 외무장관을 비롯해 많은 세계 정치조직과 정부가 알 카에다를 '테러리스트 조직'으로 불렀다.

알 카에다는 1979년 소비에트의 아프간 침공에 맞선 전쟁에 참여한 외국 아랍 무자헤딘 '아프간 아랍' 중 'MAK(마크탑 알 키다마트; Maktab al-Khidamat)'에서 시작한다. 부유한 사우디 무슬림과 사우디 정부로부터 재정 지원을 받았고 미국에 신병 모집 캠프를 두고 전 CIA 요원들을 전문 자문역으로 고용했던 조직 지도자 압둘라 유슈프 아잠은 오사마 빈 라덴의 MAK 참여를 설득했고 오사마를 통해 사우디 왕가와 걸프 지역 석유 재벌들이 지원했다.

소비에트 철군에 임박해, 일부 무자헤딘처럼 알 카에다도 이슬람 투쟁지역 확대를 원했다. 1989년 지도자 아잠 암살로 흩어진 많은 MAK 조직원들이 알 카에다에 합류했다. 조국 사우디에서 추방된 오사마는 머물던 수단에서 다시 추방되어 아프간으로 가게 된다. 탈레반과 밀접해진 알 카에다는 탈레반 국방부의 합법적인 일원으로 활동한다. 아프간과 파키스탄 국경지역 알 카에다 군사훈련 캠프는 세계에서 온 무슬림 전사들을 훈련시켰다.

1990년대 알 카에다가 미국을 공격했으나 미국은 알 카에다와 오사마 빈 라덴을 주목하지 않았다. 1996년과 1998년 알 카에다가 파트와를 통해 미국과 미국의 동업자들을 공격하라고 밝힌 후 아프리카의 미국 시설에 대한 공격이 이어진다. 2001년 9월 11일 사건은 미국 역사상 가장 참담하고 놀라운 외부로부터의 공격이었다. 3,000명이 살해되었고, 민간 정기여객기 4대가 파괴되었고, 세계무역센터가 무너졌고, 미국 국방부 본부 펜타곤이 부서졌다. 미국은 알 카에다와 오사마 빈 라덴을 범인으로 지목했고, 오사마는 무관함을 주장하며 동시에 미국의 팔레스타인, 체첸, 카슈미르, 이라크 무슬림 학살과 세계 무슬림 억압을 비난하며 보복 공격의 정당함을 주장했다.

오사마 인도 조건으로 증거제시를 요구하는 탈레반에게 조지 부시(George W. Bush) 미국 대통령은 "그가 유죄라는 것을 우리는 안다. 그를 넘겨라(We know he is guilty. Turn him over)"라고 했고 토니 블레어 영국 총리는 "빈 라덴을 넘겨라. 아니면 정권을 포기해라(Surrender bin Laden or surrender power)"라고 했다. 이어진 미군과 아프간 북부동맹군의 공격에 알 카에다는 크게 파괴되었지만 오사마 빈 라덴과 아이만 알 자와히리는 빠져나갔다. '테러와의 전쟁'을 벌인 미국은 2004년 알 카에다 최고지도자 중 2/3가 체포, 사살되었으나 미군과 알 카에다의 전쟁은 진행 중이라고 밝혔다. '9·11' 이후 오사마의 활동이 제한되었지만 미국의 이라크 침공에 이은 이슬람권의 반미정서 확대는 알 카에다 조직 재건을 도왔고, 알 카에다 이름을 건 조직들이 계속 등장하고 있다. 아프리카의 알제리·에리트레아·리비아·소말리아·케냐·수단·튀니지·모로코, 유럽의 보스니아 아시아의 파키스탄·인도·인도네시아·필리핀·이라크·이스라엘·팔레스타인이 알 카에다 활동 지역으로 확인되었다.

소비에트 전쟁 중 알 카에다를 포함한 아프간 무자헤딘을 지원한 CIA '사이클론 작전(Operation Cyclone)'의 진위에 관해서는 논란이 많다.

2007년 2, 3월호 〈포린 폴리시(Foreign Policy)〉는 '이라크 전쟁 10대 승리 주체' 중 하나로 알 카에다를 선정했다. 순위는 다음과 같다. (1) 이란(Iran) (2) 모크타다 알사드르(Moqtada al-Sadr) (3) 알 카에다(Al-Qaeda) (4) 사무엘 헌팅턴

(Samuel Huntington) (5) 중국(China) (6) 아랍 독재자들(Arab dictators) (7) 원유 가격(The price of oil) (8) UN(The United Nations) (9) 구유럽(Old Europe) (10) 이스라엘(Israel).

오사마 빈 라덴 (Osama bin Muhammad bin 'Awad bin Laden, 1957년 3월 10일~)

급진이슬람주의자로 알 카에다 창설자이자 지도자로 알려져 있다. Osama bin Laden, Usama bin Laden이 가장 많이 쓰는 영문표기이고 미국 정부는 Usama bin Laden, Usama bin Ladin을, 불어권 언론은 Ussamah Bin Laden, Oussama Ben Laden을 많이 쓴다. 아랍 언어 관습은 Usama 또는 Usama bin Laden으로 부르고 bin Laden이라 부르지 않는다. bin Laden이 성이 아니기 때문이다. 그러나 그의 가족은 bin Laden을 성처럼 사용하고 있다. 생략하지 않은 그의 이름은 '오사마, 모하메드의 아들, 아와드의 아들, 라덴의 아들'이다. 사우디아라비아 리야드(Riyadh)에서 독실한 수니 무슬림이자 사우디아라비아 왕가와 가까운 부유한 사업가 집안에서 태어났다. 킹 압둘아지즈대학(King Abdulaziz University)에서 경제학과 경영학을 공부했다. 코란과 이슬람 율법 샤리아를 다시 세워 무슬림 세계를 바로 잡고 민주주의, 범아랍민족주의, 공산주의, 사회주의에 맞서야 한다는 그의 믿음은 다른 이슬람근본주의자들과 같다.

그는 지하드를 통해 미국을 비롯한 비이슬람국가들의 무슬림에 대한 부당한 행위를 바로 잡고, 이스라엘을 없애며, 미국을 중동에서 몰아내야 한다고 믿는다. 알 카에다 이데올로기 강의는 유대인, 시아를 포함한 이교도, 미국과 이스라엘을 이슬람의 주적이라 말한다.

1980년대 중반 대학을 떠난 오사마는, 아프가니스탄을 침공한 소비에트연방과 싸우고자 영향력 있는 팔레스타인 이슬람 학자 압둘라 아잠(Abdullah Azzam)에 합류했다가 헤어져 1990년 '초강대국 소비에트연방을 무찌른' 지하드 영웅으로 사우디아라비아로 돌아간다. 1991년 이라크가 쿠웨이트를 침공해 사우디의 가장 중요한 유전지대 하마(Hama)가 이라크 공격권에 들자 오사마 빈 라덴은 사우디 정부에 국가 방어를 자청한다. 그러나 사우디 왕가가 '이교도' 미국에 방어를 맡기자 이에 반대하다 연금된다. 오사마에게 이교도 미군의 사우디 영토 주둔은 모스크가 있는 신성한 땅을 모독하는 짓이었고 그때부터 미국에 대한 적대가 시작되었다. 1992년 오사마는 추종자들과 수단으로 가 무자헤딘 활동의 새로운 기반을 만든다. 1994년, 아이만 알자와히리와 밀접하게 제휴한다. 1996년 미국 국무부는 오사마를 '주요 테러 재정지원자'로 지목하고 1996년 5월, 사우디아라비아, 이집트, 미국의 압박에 수단 정부가 오사마를 추방하자 아프가니스탄으로 가서 탈레반 지도자 물라 오마르와 밀접해진다.

1990년대 여러 차례 지하드 연루 의혹을 받아온 오사마는 1996년과 1998년 발표한 파트와에서 무슬림은, 이슬람 국가에서 미국과 미국 동맹국을 몰아내고, 그들이 이스라엘을 지원하지 않을 때까지 그들 국가 국민과 군인들을 살해해야 한다고 밝힌다. 1998년 아프리카 미국 대사관 폭파 사건이 일어나고 당시 미국 대통령 빌 클린턴은 오사마와 연결 가능성 있는 자산 동결과 그의 살해, 체포를 승인한다.

FBI와 영국 정부는 2001년 9·11 공격에 오사마가 확실히 연루됐다고 발표했다. 2004년 〈알 자지라〉가 방송한 비디오에서 오사마는 연루혐의를 부인하던 종전 입장을 바꿔 비행기를 납치한 19명에게 명령했다고 밝혔다. 1998년 11월 4일, 미연방 대배심은 1998년 탄자니아 다르에스살람과 케냐 나이로비 미국 대사관 폭파사건의 재외미국인 살해, 살해모의, 연방시설 파괴 혐의로 오사마를 기소했다. 1999년 6월 7일 FBI 특급수배자 명단에 오른 그를 암살하려는 시도가 여러 차례 있었다. 9·11 사건으로 기소하지 않았으나 미정부는 2007년 7월 13일 오사마에 현상금 5천만 달러를 걸었다.

탈레반 (Taleban 또는 Taliban)

수니파 이슬람주의와 파슈툰 민족주의를 지향하는 무장 정치조직. 1994년에서 2001년, 아프가니스탄 대부분을 지배했다. 1994년 파키스탄 난민캠프 마드라사에서 교육받은 젊은이들을 주축으로 만들어졌다. 그래서 학생 혹은 진리를 좇는 사람을 뜻하는 탈레반으로 부르며, 뿌리는 1979년 12월 아프간을 침공한 소비에트군에 맞선 무자헤딘이다.

물라 오마르가 이끄는 탈레반은 아프가니스탄과 파키스탄 출신 파슈툰을 주축으로 유럽과 중국을 포함하는 세계 각지에서 온 지원자들로 구성되어 있으며 파키스탄 정부가 군사훈련과 무기, 군수물자를 제공했다. 1989년 대소비에트 무장투쟁 10년 끝에 소련군이 철수한 후, 군벌의 발호로 격화된 내전 속에서 잘 훈련된 탈레반은 아프간 영토 안에 '아프간 이슬람 에미리트(Islamic Emirate of Afghanistan)'를 세웠고 1994년 10월 12일 파키스탄 국경 수비대 지원폭격을 받으며 아프간-파키스탄 국경 군사요충지 스핀볼닥(Spin Boldak)을 장악해 세계에 존재를 알렸다. 이어진 탈레반 파죽지세에 스스로 한편이 되는 군벌이 늘었고 1996년 9월 26일 수도 카불에 입성한다.

카불 지배 당시 외교적으로 탈레반을 인정하는 국가는 파키스탄, 사우디아라비아, 아랍에미리트연방 3개국이었고 미국과 이란, 인도, 많은 중앙아시아 국가를 포함한 거의 모든 국가들은 탈레반 정부에 반대편인 아프간 북부 동맹(Afghan North Alliance)을 지원했다. 반현대(anti-modern) 이데올로기를 가진 탈레반은 집권 당시 "세계 무슬림 사회 중 가장 엄격한 샤리아 법 적용"을 실행했는데 특히 여성에 대한 가혹한 처사는 탈레반에 악명을 새겼다. 탈레반은 대부분 아프간 전쟁 고아들로 여성을 전혀 만날 수 없는 환경에서 살았는데, 세계적 베스트셀러 《탈레반》 저자인 저널리스트 라시드(Ahmed Rashid)는 "탈레반 지도자들은 여성들이 교육받고 사회활동 기회를 갖게 되면 권력을 잃을 것이라고 강조했다"고 밝혔다.

탈레반은 수학·과학·지리 교육을 받은 적이 없고 농사·공예 등 생활 기술도 배우지 못했다. 탈레반의 엄격한 금지조항과 가혹한 처벌에 대해 파슈툰이 아닌 아프간인들의 반감도 상당했다. 탈레반은, 다종족사회 아프간을 파슈툰족이 지배하고자 했기 때문이다. 1998년 여름 탈레반은 하자라족과 우즈벡족이 많이 사는 마자리 샤리프(Mazar-i-Sharif)에서 수천 명을 학살했다. 대부분이 시아파인 하자라족을 학살한 사건에서 탈레반의 시아파 적대를 볼 수 있다.

탈레반과 오사마 빈 라덴

1996년 오사마는 탈레반의 어떤 초청이나 승인 없이 아프가니스탄으로 왔다. 물라 오마르가 사우디아라비아의 오사마 인도 요청을 거절한 것은 둘이 가까워지는 계기가 되어 1997년~2001년, 알 카에다는 무슬림 전사 훈련을 도왔고 오사마 빈 라덴은 탈레반 카불 입성 자금을 전폭 지원했다.

탈레반과 미국

동서 냉전기였던 1979년 12월 소비에트가 아프간을 침공하자 미국은 즉각 이슬람 무장세력 지원을 결정한다. CIA가 탈레반이나 알 카에다를 직접 지원했다는 증거가 없고 파키스탄은 탈레반 지원을 부인하나 1980년대 초 CIA와 파키스탄 정보국 ISI(Inter-Services Intelligence)가 소비에트 침공에 맞서는 아프간인들에게 무기를 제공하며 군사적 토대 구축을 도왔고 ISI는 대소련 항전에 나설 급진 무슬림들을 세계 각처에서 모았다. 1989년 소비에트군이 철수하자 아프간에 쏟던 미국의 관심도 줄었다. 미국이 준 무기로 무장한 군벌들의 발호로 내전에 빠진 아프간의 '안정'을 원한 미국은 파키스탄의 탈레반 지원을 암묵적 승인한다. 안전한 송유를 위해 확고한 지배세력을 원했던 미국은 탈레반이 아프간 점령 초기 학교에서 여학생들을 쫓아내도 언급하지 않았다. 미국의 바람이 이루어질 가능성이 줄면서 미국은 탈레반과 거리를 두기 시작한다.

탈레반 몰락

1998년 탈레반의 '손님' 오사마는 아프리카 주재 미국 대사관을 폭파하고 미국은 아프가니스탄을 공습한다. 10월 중순 유엔 안전보장이사회는 만장 일치로 아프가니스탄 항공기 출입 금지와 세계 은행 거래를 동결한다.

9·11 사건 9일 후인 2001년 9월 20일, 부시 미국 대통령은 의회연설에서 '9·11' 배후로 지목한 오사마 빈 라덴과 알 카에다 지도부를 보호하고 있는 탈레반 정권에 최후통첩―(1) 알 카에다 지도부 전원을 미국에 넘길 것 (2) 수감 된 외국 국적자 전원을 석방할 것 (3) 모든 테러리스트 훈련 캠프를 즉각 폐쇄할 것 (4) 모든 테러리스트와 지원세력을 적절한 당국에 넘길 것 (5) 테러리스트 훈련 캠프 에 대한 미국의 제한 없는 조사를 허용할 것― 을 한다. 탈레반 정권이 거절하자 10월 7일 미국 영국 캐나다 등 NATO동맹국과 아프가니스탄 북부동맹군 (Northern Alliance)은 아프간 공습(작전명 '항구적 자유Enduring Freedom')을 시작한다. 공격 직후 탈레반 정권은 오사마 혐의에 대한 증거 제시와 폭격 중지를 조건으로 오사마 제3국 인도를 제안했으나 부시 미국 대통령은 협상 을 거부한다. 11월 13일 카불이, 12월 7일 칸다하르가 함락되고 12월 22일 카 불에 친미 과도 정부가 세워진다.

2008년 탈레반

펜타곤은 2009년 아프간에 '상당한' 병력을 추가 배치할 계획이다(2008년 4월 현재 아프간 주둔 미군은 31,000개 부대에 이른다). 프랑스 사르코지 대통령 (Nicolas Sarkozy)은 이미 추가파병 결정을 밝혔고 캐나다 의회는 2008년 3월 동맹군 추가파병을 조건으로 달고 아프간 주둔을 2011년까지 연장할 것을 의 결했다. 2008년 3월 유엔은 아프간 분쟁 격화를 보고했고 반기문 유엔 사무 총장은 2007년 분쟁 사망자가 8,000명으로 월평균 사망자가, 2006년 425명 에서 2007년에는 566명으로 늘었다고 밝혔다.

탈레반 집권 당시 고통당했던 아프간 시민들 중에는 상대적으로 '평화'롭고 '안정'되었던 그 시절을 그리워하는 이들도 있다. 재건 사업 부진과 경제 악 화에 대한 아프간 시민들의 분노와 좌절도 탈레반 세력확대, 미군 등 나토군 세력 약화의 주요원인으로 꼽힌다. 2007년 2월 미국 국가 정보국장 마이클

맥코넬(Michael McConnell)은 탈레반이 아프간 국토 중 10퍼센트를 장악하고 있다고 밝혔다. 국제안보지원군 사령부가 있는 수도 카불 중심부와 쿠나르 (Kunar), 낭가하르(Nangahar), 팍티아(Paktia), 코스트(Khost), 팍티카 (Paktika), 칸다하르(Kandahar), 우루잔(Uruzan) 미군기지가 탈레반의 공격을 받았다. 2008년 탈레반 공격 중심에도 여전히 물라 오마르가 있다.

살인마 혹은
혁명가 폴 포트
를 좇다

태국

● 안롱벵

● 시엠립

파일린 ●

● 프놈펜

베트남

캄
보
디
아
C A M B O D I A

공식명칭 캄보디아 왕국(Kingdom of Cambodia)

약칭 캄보디아(Cambodia)

수도 프놈펜(Phnom Penh)

정부형태 입헌군주국

면적 18만 1,035제곱킬로미터

인구 1,312만 4,764명(2003년 추정)

인종 크메르족 90퍼센트, 베트남족 5퍼센트, 한족 1퍼센트, 기타 4퍼센트

종교 불교 95퍼센트, 기타 5퍼센트

언어 크메르어(공용어) 95퍼센트, 프랑스어, 영어

1인당 GDP 구매력평가기준(PPP) 2,600달러(2006년 추정)

'이상한 놈', 마부치를 위한 변명

"젊었을 때 사회주의자 아닌 놈이 이상하듯, 늙어서도 사회주의자면 그것도 이상한 놈이다."

히피 마부치(Naoki Mabuchi)가 즐겨 써온 말이다. 1965년 대학신문 기자로 한일협정반대 시위를 취재하겠다고 서울에 와서는 막걸리와 건국대학교 여학생에 빠져 헤맸던 젊은이, 그 뒤 전쟁기자의 꿈을 안고 무작정 인도차이나로 떠났던 마부치는 올해 예순네 살이지만 아직도 크메르루주(Khmer Rouge) 혁명을 가슴에 고이고이 간직한 '이상한 놈'이다.

마부치 앞에서 누구든 애정 없이 캄보디아를 나불거리다간 35년짜리 현장 경험으로 중무장한 그이의 날카로운 반격을 받게 된다. 특히 베트남공산당 노선을 지지하는 이들이라면 무차별 난타를 각오해야 한다. 그이의 지독한 반(反)베트남공산당 정서는, 역사상 최초로 사회주의 국가가 사회주의 형제국을 침략해서 식민지로 만들었던 1978년 베트남의 대(對)캄보디아 공격에서 비롯되었다.

그러나 그이의 애끓는 캄보디아 사랑은 보수, 진보 가림 없이 또 일본 언론에서도 외신에서도 이단아로 찍혀 푸대접받는 빌미가 되었다. '프로-폴 포트 (Pro-Pol Pot)' '프로-크메르루주(Pro-Khmer Rouge)' '공상적 사회주의자' 그이에게 따라붙은 숱한 별명들이 말해주듯.

미국에 맞서 '반제·민족해방전쟁'을 승리로 이끈 베트남공산당에 딴죽을 건다는 건, 적어도 진보 진영 내에서는 괴로운 인생을 각오할 만한 일인데, 마부치가 겁 없이 대들었으니!

억울한 마부치? 그렇다. 그이는 억울한 구석이 많다. 베트남의 캄보디아 침략은 이념 논쟁 한번 제대로 벌여보지 못한 채, 세계사에서 실종되고 말았으니.

스탈린주의(Stalinism)에 기울었던 베트남공산당과 마오(Maoism)를 좇았던 크메르루주는 1975년 사회주의혁명에 성공한 뒤부터 국경 문제로 충돌하기 시작했고, 결국 1978년 12월 25일 베트남공산당은 크메르루주의 월경 도발을 빌미 삼아 대캄보디아 전면전을 감행했다. 베트남공산당은 '인도차이나반도에 베트남 중심 연방제 통일국가 건설을 위해 인도차이나공산당 아래 캄보디아공산당과 라오스공산당을 설치하라'는 코민테른(Comintern) 권유와 19세기 이전부터 꿈꾸어왔던 인도차이나반도를 아우르는 '대베트남' 건설이라는 역사적 욕망을 한꺼번에 채우며 캄보디아를 식민지로 만들었다.

그 과정에서 세계사는 말문을 닫았지만, 미국과 영국을 비롯한 서방 진영은 자신들이 '악마'로 규정했던 크메르루주를 지원해 또 다른 '악마'인 베트남을 견제함으로써 '자본주의 대 사회주의' 대결구조를 끝장냈다. 하여, 실질적인 냉전 종말은 동구 사회주의권 붕괴에 앞서 이미 인도차이나반도에서부터 시작되었다.

어쨌든 폴 포트를 최초로 또 최후로 인터뷰했던 기자로서 1,000킬로미터가 넘는 크메르루주 종군 취재 기록을 세운 기자로서 마부치의 요즘 꿈은 아무도 서려고 하지 않는—서지 않을 게 확실한—크메르루주 국제학살재판에 피고 쪽 증인으로 나서는 일이다. 물론, 국제사회에서 '이상한 놈'으로 찍힌 그이를 불러줄 일도 없겠지만.

정문태

살인마 혹은
혁명가 폴 포트
를 좇다

나오키 마부치

인연

앞뒤 설명도 없이 만나기 어려운 폴 포트(Pol Pot)[16]를 정말 만났다고 자랑하면 좀 우습게 들릴지 모르겠다. 그러나 내 생애 폴 포트를 세 번이나 만날 수 있었다는 건 큰 행운이었다. 캄보디아라는 한 나라의 중대한 역사적 국면을 목격할 수 있었다는 의미에서 말이다.

캄보디아 역사는 순탄치 않았다. 그래서 캄보디아가 걸어온 길을 이해한다는 것은 누구에게나 쉽지 않았다. 웬만큼 안다고 할 수 있기까지 나에게는 30년 넘는 세월이 필요했다. 솔직하게 말해 나는 베트남전쟁 종군 사진기자가 되려고 애쓸 때도, 미국의 캄보디아 침략에 맞서 투쟁을 이끄는 사람이 폴 포트라는 사실을 몰랐다.

내가 캄보디아와 인연을 맺게 된 건 단순히 비자 때문이었다. 당시 베트남 비자 받기는 매우 어려웠지만 캄보디아 비자는 쉬웠다. 이것

16) 캄보디아 공산주의 혁명을 이끈 크메르루주 지도자.

이 라오스에서 벌어졌던 베트남전쟁 기사 단 하나로 성취감을 맛본 내가, 캄보디아에서 경력을 쌓기 시작한 이유다. 그 시절 아시아 젊은 이들은 '해방진영'에 대해 동정적이었다. 나도 서방 언론 뒤만 좇을 것이 아니라 해방투쟁을 벌이고 있는 쪽을 취재하는 것이 공정하다고 단순하게 생각했다.

1972년 일본 〈교도통신(Kyodo News)〉 종군 사진기자로 일하기 시작한 내게는 프놈펜(Phnom Penh)[17] 주재 〈교도통신〉 특파원 고키 이시야마(Koki Ishiyama)와 그보다 젊지만 경험이 풍부한 교전전문 사진 기자로 주로 〈UPI〉에서 일하는 다이조 이치노세(Taizo Ichinose)라는 좋은 동지 둘이 있었다. 우리는 만나면 늘 해방진영 취재를 놓고 기자의 꿈을 이야기했다.

1973년 우리보다 먼저 프놈펜 북쪽 우돈(Udorn) 해방지구에 들어가는 기회를 잡았던 고키는 그곳에서 장티푸스에 걸려 죽었다. 1970년 베트남전쟁은 캄보디아로 확전되면서 캄보디아에서만도 20명 넘는 기자들이 목숨을 잃었다. 그 무렵 혼란에 휩싸인 캄보디아는 기자들 사이에서 취재하기 좋지만 위험한 걸로 정평나 있었다.

고키가 떠난 뒤 앙코르와트(Ankor Wat)에 가면 크메르루주(Khmer Rouge)[18] 전사들을 찍을 수 있으리라는 희망을 안고 시엠립(Siem Riap)[19] 해방구에 들어간 다이조는 일주일 남짓 만에 피살됐다.

당시 앙코르와트 지역은 박 리우(Bac Liu)가 지휘하는 북베트남 특수부대가 점령하고 있었다. 다이조를 살해한 이들은 미트르 루앙(Mitr

---

17) 캄보디아의 수도로 메콩강 서쪽 기슭에 있는 항구도시.
18) '붉은 크메르'라는 뜻으로 캄보디아 전 집권 정당(1975~1979). 캄보디아공산당을 통틀어 이르기도 한다.
19) 프놈펜 북서쪽 약 300킬로미터 떨어진 곳에 위치하며 앙코르와트에서 4킬로미터쯤 떨어져 있다.

Luang)이라 부르는 크메르 베트민(Khmer Vietminh)—호치민의 꿈이었던 인도차이나연방을 실현하기 위해 하노이의 베트남공산당이 훈련시킨 크메르루주—이었다. 이는 리우 사령관이 적어도 미트르 루앙에게 다이조 처형을 허락했다는 뜻이었다.

나는 그때 해방지구로 들어갈 좋은 루트를 확보하지 못했기 때문에 두 친구가 프놈펜으로 돌아오기만을 기다리고 있었다. 많은 기자들이 희생당하자 일본 언론사들은 기자들에게 철수 명령을 내렸고, 그에 따라 모든 기자들이 빠져나갔다. 그러나 친구 둘이 사라져버린 현장에 대한 미련이 남았던 나는 캄보디아에 남기로 결심했다.

그러다 보니 결국 나는 1975년 캄보디아 '해방의 날'을 취재한 유일한 일본 기자가 됐다. 캄보디아 기자들을 빼면 유일한 아시아 기자였던 것 같다. 나는 그날 친구들이 어디선가 나타날지도 모른다는 희망을 안고 열심히 찾아보았다. 그러나 둘은 끝끝내 나타나지 않았다.

해방의 그날은 내가 꿈꾸어왔듯 기쁨으로 가득 찼고 행복이 넘쳐흘렀다. '공산주의자들이 학살을 벌일 것'이라던 서방언론 선전과는 너무나 달랐다. '학살'은 없었다. '킬링필드'라는 제목을 단 할리우드 영화는 정말 잘 만든 '허구'이자 뛰어난 반공 선전물이었다.

나는 좀 더 머물며 전쟁으로 황폐해진 캄보디아가 국토를 재건하고 혁명을 수행하는 모습을 취재하려 했지만, 그때까지 정체를 드러내지 않았던 옹카르 파디왓(Ongkar Padiwat; 혁명위원회)이 체류연장 요청을 거부했다. 일 년쯤 뒤, 캄보디아를 정상으로 되돌려놓고 취재를 허가하겠다는 것이었다.

나는 어쩔 수 없이 난민이 되어 프랑스대사관에 머물다가 정확히 3주일 뒤 신생 캄푸치아[20]를 떠나야 했다. 크메르루주가 마련한 호송 트럭에 올라 캄보디아 국경을 넘어 태국으로 간 날은 바로 내 31번째 생일이었다. 나는 내 운명이 낯선 곳을 향하고 있다는 걸 알았다.

1년 뒤인 1976년, 시간이 충분히 지났다고 여긴 나는 프놈펜 입국 허가를 받기 위해 태국 아란야쁘라텟(Aranyaprathet)과 마주보는 캄보디아 포이펫(Poi Pet)으로 들어갔다. 국경은 태국군과 크메르루주 충돌로 긴장감이 높았다.

나는 그곳 공산당 간부 스완차이(Swanchai)를 알았지만 '태국 스파이'라는 혐의로 체포됐다. 저녁이 되어도 스완차이는 나타나지 않았다. 그곳은 바로 1975년 내가 캄보디아에 더 머물 수 있도록 해달라고 스완차이를 설득했던 곳이다. 나는 소대 규모인 크메르루주 국경 수비대로부터 심문을 받았다. 그들은 내가 진짜 기자임이 밝혀질 때까지 풀어주지 않겠다고 했다.

그들은 나를 둘러싸고 금방이라도 쏠 태세로 AK-47 소총을 겨누더니 꽁꽁 묶어 먼지로 뒤덮인 사무실 같은 곳으로 끌고 갔다. 서방 선전을 믿지 않았지만 여기서 살해될 수 있다는 생각이 들었다. 나는 위기를 모면할 말들을 생각했다.

"만일 나를 '부적절'하게 처리한다면 '코히 니요바이(Kohy Niyobai)'가 되는 것이다."

'코히 니요바이'는 '혁명 정책의 파괴'라는 뜻이다. 나는 이 말이 즉결처분을 막을 수 있다고 생각했다. 나중에 알았지만 그들은 규율과 명령에 따라 매우 정상적인 절차를 따르고 있을 뿐이었다. 나는 철제 침대에 쇠사슬로 묶였다. 서툰 짓 말라는 말에 나는 "잘 감시해야 할 거다. 왜냐하면 나는 태국이 아니라 프놈펜 쪽으로 도망칠 것이기 때문이다"라고 대꾸했다. 그제야 우리는 긴장을 풀고, 농담을 주고받을 수 있었다.

---

20) 크메르루주는 캄보디아 정권을 장악한 뒤 국호를 '민주캄푸치아'로 바꿨다.

일주일쯤 뒤에 크메르루주 서부지구 사령관 미트르(Mitr; 동지) 멘산(Men Sam)이 왔다. 그는 국경 수비대의 잘못된 처우를 사과하며 쇠사슬을 풀어주었다. 나는 정확히 8일 동안 캄보디아에 있었다. 그들은 베이징에서 공식 절차를 밟아 항공편으로 다시 방문해달라는 말과 함께, 국경에 와 있던 태국 외교관에게 나를 넘겼다.

태국으로 돌아온 뒤 나는 〈방콕 포스트(Bangkok Post)〉 인터뷰에서 크메르루주와 함께 있을 때 즐거웠고, 그곳 시민의 삶이 악화되었다는 어떤 징후도 보지 못했다고 밝혔다. 태국군 라디오는 말도 안 되는 소리를 지껄이는 이 따위 인물은 태국 땅에서 숨 쉴 자격조차 없다며 나를 '일본 적군파'로 몰아붙이기 시작했다. 나는 문제가 복잡해지기 전에 말레이시아로 피신할 수밖에 없었다.

폴 포트를 만나다

1978년 후반 나는 민주캄푸치아(Democratic Kampuhchea)를 방문할 기회가 있었으나 놓쳤다. '캄보디아-일본 교류협회'를 통해 초청장이 왔으나, 관련자들이 뒷돈 거래를 통해 주류 언론사들에게 그 기회를 넘겨버린 탓이다. 실망이 크긴 했지만 따지고 보면 캄보디아인들로부터 어떤 약속도 받은 바 없었고, 1976년 이후 폴 포트 독점 인터뷰를 위해 열심히 노력도 하지 않았으니 남 탓만 할 일도 아니었다. 그 시절 서구 언론을 통해 들은 민주캄푸치아에 대한 나쁜 뉴스와 소문들도 분명히 나에게 영향을 끼쳤을 것이다.

1979년 베트남군이 캄푸치아를 침략했다. 그해 말 〈ABC뉴스〉를 통해 첫 번째 기회가 찾아왔다. 〈ABC뉴스〉 카메라맨으로 캄보디아에 들어가 촬영하고 폴 포트를 인터뷰하라는 것이다. 〈ABC뉴스〉에서 일하는 한국인 친구 조셉 리(이요섭)가 만들어준 기회였다. 태국 남부 공산주의자 무장투쟁을 취재하다 지뢰를 밟아 한쪽 다리를 잃은 조셉과는 캄보디아에서 함께 일한 절친한 사이였다. 이 취재는 뉴욕에서 유엔 주재 민주캄푸치아 대표부와 〈ABC뉴스〉 사이에 이미 합의가 이루어진 것이었다. 당시 미국은 크메르루주를 인정하지 않으면서도 베트남이 캄보디아를 침공하자, 베트남 봉쇄를 위해 캄보디아를 지원하는 희한한 정책을 들고 나설 즈음이었다.

1976년 이후 민주캄푸치아 총리는 폴 포트였다. 그는 좌파 혁명 지도자 살로쓰 사(Saloth Sar)라는 본명 대신 폴 포트로 등장했지만 여전히 공개석상에 나타나지 않았다. 신생 정부를 무너뜨리려는 베트남 공격 탓이었다. 그래서 민주캄푸치아 정부는 집권 3년 8개월 동안 몇몇 우호적인 기자만을 초청해왔다. 그 무렵 미국을 비롯한 서방사회는 폴 포트의 혁명정권에 노골적으로 반감을 드러내왔다.

폴 포트는 마오쩌둥처럼 카리스마가 있거나 영웅처럼 보이지 않았다. 오히려 부드러운 말씨에 조용하고 지적인 지도자로 보였다. 아마도 개인의 지도력보다 집단지도 체제를 추구해왔던 탓인지도 모르겠다.

오히려 폴 포트의 처남인 서열 2위 이엥 사리(Ieng Sary)[21]가 훨씬 정력적인 인물처럼 보였다. 물론 의심 많은 관찰자라면 폴 포트가 본성을 숨기고 연기해왔다고 여길 수도 있겠지만, 아무튼 두 번의 만남과 사진들을 보고 종합해보건대, 서방 언론들이 만들려고 애쓰는 '악마' 폴 포트 이미지와는 달랐다.

인터뷰에서 폴 포트는 국가 재건에는 성공했으나 베트남과 분쟁이

---

21) (1925~) 크메르루주 지도자로 민주캄푸치아 부총리 겸 외무장관. 베트남군 침략 뒤 폴 포트와 함께 반베트남 무장투쟁을 벌였다. 크메르루주 최대 병력을 가진 이엥 사리는, 1996년 1만여 크메르루주 병력을 이끌고 훈 센의 캄보디아 정부에 투항 후 프놈펜 호화주택에서 살고 있다.

1975년 프놈펜에 입성한 크메르루주 지도부. 왼쪽부터 폴 포트, 누온 체아, 이엥 사리, 손 센.

크메르루주는 1975년 프놈펜을 장악하자마자 소개령을 내리고, 론 놀의 미국 괴뢰정부 관리와 부역자, 지식인, 숙련 기술자, 노인, 소수민족, 종교인 등을 처형하거나 농촌 강제 노역에 투입했다. 집권 기간 동안 10만 명을 숙청·처형했고, 질병, 기아, 강제노동으로 70~80만 명이 죽었다.

문제라고 했다. 그는 국경문제를 해결하지 못했고 베트남의 전면 침공을 받기 전에도 지속적으로 국경에서 전투가 벌어졌던 사실을 밝혔다. 또 침략자 베트남에 철저하게 맞서고 있으며 끝내 승리할 것이라고 강조했다.

폴 포트를 만난 시간은 짧았고 캄보디아 전쟁 깊숙이 들어가지도 못했기 때문에 그때까지 민주캄푸치아와 폴 포트에 대한 이미지가 분명하지 않았다. 그래서 나는 점심 식사를 마친 뒤 단도직입적으로 얼마 동안 베트남이 점령한 민주캄푸치아 해방구를 보여달라고 폴 포트에게 요청했다. 폴 포트 대답은 곧바로 튀어나왔다. "노(No)!" 베트남 군인들이 캄보디아 전역을 장악하고 있어 외국 기자에게는 매우 위험하다는 것이었다. 나는 포기하지 않았다.

"내가 사랑하는 나라 캄보디아에서 죽어도 좋다."

그는 잠시 뜸을 들인 뒤 되받았다.

"미트르 마부치 뜻이 그렇게 강력하다면, 가능한지 알아보도록 하겠다."

그렇게 해서 폴 포트와 첫 번째 만남이 끝났다. 그러나 내가 폴 포트를 취재하고 인터뷰했던 그 내용들은 내 뜻과 전혀 딴판으로 나가고 말았다.

나중에 〈ABC뉴스〉는 내가 취재한 내용을 가지고 미국의 베트남전쟁 패배를 민주캄푸치아 탓으로 돌리는 역겨운 선전성 다큐멘터리를 만들어버렸다. 그들은 미국-베트남 제네바 평화협정에 순응해야 했던 과거를 그렇게 덮어버리고 싶었던 것이다. 민주캄푸치아는 그 다큐멘터리가 달갑지 않았을 것이다.

좋은 마음으로 나를 받아주었던 폴 포트를 비롯해 민주캄푸치아 사람들에게 미안하고 부끄러운 마음이 앞섰다. 겁탈당한 느낌이 들었지만, 취재만 담당했던 기자로서 내가 할 수 있는 일은 없었다. 그래서 나는 적어도 폴 포트가 어떻게 생겼는지 세계에 알리고 싶어 찍어온 사진을 〈UPI〉에 넘겼다. 〈UPI〉는 그 사진의 대가로 '우리가 지불할 수 있는 최대 금액'이라며 100달러를 건네주었다. 속이 뒤집혔지만, 현실이었다!

크메르루주 종군 1,000킬로미터

1983년 나는 캄푸치아로 들어와도 좋다는 전화를 받았다. 세 번째 캄보디아 방문 준비에 3년이 넘게 걸린 셈이다. 앞서 초청받은 중국 TV 취재팀이 베트남 점령군 공격을 받아 태국 국경으로 피신한 사건이 영향을 끼쳤다. 〈신화통신〉 기자는 말라리아에 걸려 톤레삽(Tonle Sap) 호수부터 태국 국경까지 해먹에 실려 후송되었다.

크메르루주 종군 취재 당시. 1983년 베트남 침략군에 맞섰던 크메르루주는 중국식 게릴라전을 펼치고 있었다.

방콕에서 ESCAP(아시아태평양 경제사회위원회; Economic and Social Commission for Asia and Pacific) 민주캄푸치아 대표의 전화를 받았을 때 나는 어디로 가는지, 얼마나 걸리는지 등 취재 일정에 대해 아는 게 없었다. 태국군 비밀요원이 나를 국경으로 데려갔을 때, 경험에 비추어 1979년 폴 포트를 만났던 장소에서 그리 멀지 않은 태국 수린 남쪽 어디쯤일 것이라는 생각이 들었다. 나는 아무것도 묻지 않았다. 지도도 없었기 때문에 온전히 그들 결정에 따를 수밖에 없었다. 내 선택이 좀 바보스럽기는 했지만 그들에게 내 신뢰를 보여주는 방식이라고 생각했다. 여행은 매우 성공적이었다. 우리는 톤레삽까지 함께 걸었고, 앙코르와트를 돌아본 뒤, 마침내 태국 북쪽 국경 쁘리아 위히아(Preah Vihear)에 도착했다. 베트남군을 물리치며 2개월 반 동안 걸어서 캄보디아 4개 주를 지나 1,000킬로미터 남짓한 종군 취재를 마쳤다.

애초 위험을 별로 걱정하지도 않았지만, 1,000킬로미터를 종군하는 동안 주민들 도움으로 베트남군에게 노출되지 않았기 때문에 안전한 가운데 취재를 마칠 수 있었다. 의심은 말끔히 사라졌다. 크메르루주는 인민들로부터 열렬한 지지를 받았고 지침 없이 대베트남 항전을 해나가고 있었다. 1979년 베트남의 침공 때와는 완전히 다른 상황이었다. 베트남은 전통적인 러시아식 전면전을 벌이고 있는 데 비해 캄푸치아는 중국식 게릴라전을 펼치고 있었다.

민주캄푸치아가 마오쩌둥식 게릴라전으로 인민해방전쟁에서 승리하고 있다는 건 분명했다. 베트남군을 노린 게릴라 매복 작전에 성공하는 것을 내 눈으로 거의 매일 보았으니. 물론 캄보디아 전역에서 승리했다고는 말할 수 없지만, 적어도 내가 종군했던 북부지역에서만은 베트남군이 밀리고 있었던 게 사실이다. 그러나 기대했던 폴 포트와

재회는 실현되지 않았다. 그는 캄푸치아 서부 국경 인근에 있었다. 대신 민주캄푸치아 남서부 지구 사령관으로 인구에 회자되는 인물 타목(Ta Mok)[22]을 만났다. 크메르루주 지도부 중 프랑스 유학을 하지 않은 유일한 인물인 타 목은 그때까지만 해도 서방 언론에 전혀 알려져 있지 않았다. 1973년 고키가 캄퐁츠낭(Kampong Chhnang)에서 죽은 뒤, 타 목이 그곳에 왔기 때문에 나는 고키에 관해 물었다.

하지만 내 기대와 달리 그는 고키의 죽음에 관해 모른다고 했다. 거짓말이었다. 그는 책임지는 지도자가 아니었다. 나는 실망했다.

그리고 그런 성향이 민주캄푸치아 지도자들의 특성일 수 있으며, 폴 포트도 마찬가지가 아닐까 생각했다. 그로부터 민주캄푸치아 일반 전사들에 대한 믿음은 버리지 않았지만 지도부에 대해서는 의심이 싹트기 시작했다. 전황에 대한 확신과 지도부에 대한 불신, 그 둘을 가슴에 담고 나는 방콕으로 되돌아 나왔다.

내 종군 취재를 놓고 방콕 외신기자클럽이 기획한 기자회견은 비상한 국제적 관심을 불러 모았다. 마침 방콕에서 열린 아세안 외무장관 회의는 그 문제를 논의하고 있었다.

기자회견을 앞두고 나는 매우 힘든 상황이었다. 타 목 인터뷰 기사는 꽤 큰돈이 될 수 있었지만 나는 타 목과 만났다는 사실을 드러내지 않았다. 여러 가지 전황으로 볼 때, 민주캄푸치아 군사 부문에서 가장 중요한 역할을 하고 있는 그를 기자로서 보호해주어야 한다고 믿었기 때문이다. 게다가 〈ABC뉴스〉는 내가 촬영한 필름을 사갔지만 결국 한 푼도 지불하지 않았다. 심지어 몰래 복사본을 만들기까지 했다. 사기

---

22) 크메르루주의 유명한 게릴라 지도자(1926~2006). 프랑스 식민군과 싸운 것을 시작으로 일본 침략군, 캄보디아 우익 정부군, 베트남 침략군과 싸웠다. 크메르루주 남서부지구 사령관 시절 관할지역 대량학살들을 주도한 것으로 알려진다.

였다. 따지고 보면 사실은 내가 순진했던 탓이다. 세상 돌아가는 걸 몰랐고, 전쟁만 잘 취재하면 된다는 열정으로 버티던 시절이었으니. 그 일로 나는 서구 언론에 대한 믿음을 잃었다.

빈털터리 주제에, 캄푸치아 잠입 취재 막판에 걸린 말라리아 때문에 몸도 정상이 아니었다. 기자회견에 더 많은 사람이 참석할 수 있도록 비디오를 두 번 상영했는데, 기자회견 때는 고열 때문에 담요를 뒤집어 써야 했다.

그렇게 나는 민주캄푸치아 종군취재로 많은 것을 얻었지만, 동시에 많은 것을 잃었다. 그 취재 뒤 여러 가지로 어려웠던 나는 캄보디아에 대한 관심을 서서히 놓아버렸다. 결국 캄보디아는 자신들 방식에 따라 승리할 것이고 자신들 방법대로 필요한 것은 무엇이든지 할 것이라고 생각했다.

사람들은 평화를 열망했다

많은 시간이 흘렀다. 1988년 베트남군은 캄보디아에서 철수했다. 그러나 캄보디아는 여전히 베트남이 조종하는 괴뢰정부가 지배했고 민주캄푸치아는 게릴라전으로 맞서고 있었다. 크메르루주(민주캄푸치아)는 전쟁에서 패배하지는 않았으나 승리하지도 못했다. 1990년 캄보디아 내전 해결을 위한 유엔의 캄보디아 개입설이 흘러나왔다. 캄보디아 바깥 세상의 도움이 필요했다. 유엔 개입을 환영한 것은 베트남이 아니라 캄보디아였지만, 베트남은 교활하게 서구 언론의 대대적인 반(反)크메르루주 캠페인에 힘입어 국면 전환에 성공했다.

결국 1992년 UNTAC(유엔캄보디아과도행정부; United Nations Transitional Authority in Cambodia)[23)]이 평화유지군과 함께 캄보디아

에 들어섰다. 그러나 베트남 군인들은 민간인으로 위장한 채 계속 주둔했고 무기들을 숨겨놓고 있었다. 결과적으로 전쟁은 계속되었고, 유엔은 아무것도 해결할 수 없었다.

민주캄푸치아도 정세를 오판했다. 그들은 죽음의 공포에서 벗어나고자 하는 캄보디아 시민들의 열망을 과소평가했던 것이다. 무엇보다 민주캄푸치아는 선거에 불참하는 치명적인 실수를 저질렀다. 선거에서 승리할 수 없다고 판단했거나, 유엔을 인정할 수 없다고 여겼거나, 어쨌든 결과적으로 크메르루주는 시민들 바람과 거꾸로 달리는 자동차에 첫 시동을 건 꼴이 되었다. 1983년 캄보디아에서 만났던 사람들과 나눈 이야기에 비추어 나는 시아누크(Sihanouk)[24] 승리를 예견했다. 많은 농촌 사람들은 론 놀(Lon Nol)[25], 폴 포트, 베트남과 함께했던 시절이 아닌, 시아누크와 함께한 지난 시절로 되돌아가고 싶어 했다.

나는 민주캄푸치아 지도층이 현실과 타협할 기회를 놓친 원인을 그들, 특히 폴 포트가 가진 철지난 농민혁명에 대한 완고한 집착 때문이었다고 본다. 비록 그 현실이라는 것이 서방이나 유엔 개입을 인정하

---

23) 1992~1993년 유엔이 시행한 캄보디아 평화 유지 사업. 유엔의 독립국가 통치의 첫 예로 베트남의 캄보디아 점령 종식, 새로운 민주 정치체제 수립을 위해 UNTAC이 캄보디아의 정치 및 선거 행정을 주도했다. 크메르루주가 불참한 1993년 캄보디아 총선에서 푼신펙당이 승리해 라나리드 왕자를 총리, 훈센을 부총리로 하는 입헌군주체제의 다당 민주국가를 수립했다.

24) 캄보디아의 국왕이자 정치가로 수상·대통령·망명정부지도자 등 다양한 직책으로 여러 차례 캄보디아 국가 수반이었다. 인도차이나전쟁 시기에는 크메르루주를 포용하는 중립정책을 폈고, 1979년 베트남군 침략 뒤에는 크메르루주, 반공주의 세력, 자신의 중립 노선 세력을 망라하는 임시정부를 이끌었다. 1993년 유엔 주도 총선 결과 군주제가 복원되자 국왕으로 즉위해 2004년까지 명목상 국가원수였다.

25) 캄보디아 정치가이자 군인(1913~1985). 전 캄보디아 수상(1966~1967, 1969~1972). 1970년, 미국 지원을 받아 유혈 쿠데타로 시아누크를 축출하고 집권해 스스로 대통령직(1972~1975)에 올라 캄보디아를 철권통치했다. 1975년 4월 크메르루주 프놈펜 입성 직전 미국으로 망명했다.

는 대단히 불공정하고 정의롭지 못한 형태였겠지만 말이다. 베트남은 민주캄푸치아에서 정치적 성공을 기대하지 않았을 것이다. 베트남은 단지 캄푸치아 상황에 더 이상 군사적 개입 없이, 인도차이나연합[26] 이라는 꿈을 포기하지 않는 선에서 절충하려 한 것 같다.

나는 UNTAC 카메라 기자로 일하면서 UNTAC과 민주캄푸치아 세력 중재를 위해 노력했다. 유엔 특별대표 아카시 박사가 내가 나온 대학의 교수였다는 점을 활용한 것이다. 하지만 아카시는 민주캄푸치아 영향력을 줄이고 캄보디아에 평화를 정착시키려는 서구의 구상을 실현하기 위해 여념이 없었다. 게다가 그는 인도차이나 연방에 대한 베트남의 감추어진 욕망을 무시해버렸다.

1993년 선거 뒤, 캄보디아 4개 정파는 모두 허구 속에서 살았다. 그들은 무엇이 권력을 만드는지 잊고 있었다. 시민은 없고 정치권력만 날뛰는 이상한 현실이 이어졌다. 한때 베트남인에게 죽는 것보다는 크메르루주에게 죽는 게 낫다고 말한 시아누크 왕조차 마음을 바꾼 것 같았다. 그런 현실 속에서 민주캄푸치아도 서서히 동력을 잃어가고 있었다.

유엔이나 훈 센(Hun Sen)[27]을 지지하는 베트남을 포함해 누구도 민주캄푸치아 세력을 없앨 수 없었지만, 민주캄푸치아는 정치에서 벗어나 스스로 변방에 고립되는 길을 걸었다.

---

26) 호치민 등 초기 공산주의자들을 중심으로 프랑스가 식민지배 했던 인도차이나—오늘날 베트남·캄보디아·라오스를 망라하는 지역—를 단일 정치체제 국가연합으로 통합하려는 시도가 있었다.

27) 2008년 5월 현재까지 캄보디아 총리. 1993년 이후 캄보디아 집권당 CPP 핵심지도자. 크메르루주 특수연대 부연대장이던 훈 센은 1977년 숙청을 피해 베트남으로 망명했다. 1979년 베트남의 캄보디아 침략을 기회로 돌아와 권력을 장악했다. 1993년 총선에서 라나리드 왕자의 친군주제 정당에 패했으나 정권을 이양하지 않고 버텨 부총리가 된다. 1997년 유혈 쿠데타를 일으켜 단독 총리가 된 뒤 캄보디아를 철권통치하고 있다.

이런 흐름은 1997년 훈 센 쿠데타로 달라졌다. 훈 센의 위협에 직면한 푼신펙(Funcinpec)[28]당이 민주캄푸치아에 접근하자 위기를 느낀 훈 센도 독자적으로 민주캄푸치아에 접근해나갔다. 이런 상황들은 민주캄푸치아 내부에서도 분열을 만들었다. 폴 포트는 훈 센을 배후 조종하는 베트남에 대한 완고한 강경노선으로, 손 센(Son Sen)[29]과 타 목은 협상노선으로 갈라졌다.

결국 폴 포트는 손 센이 배신했다고 의심해 처형하고, 다른 지도자들을 가택연금시켰다. 그러자 타 목이 반란을 일으켜 폴 포트를 체포했다. 그러나 이 상황은 추측일 뿐, 아직 정확한 증거는 나오지 않았다. 그러다가 1996년 이엥 사리가 민주캄푸치아 주류에서 이탈해 훈 센에게 투항하면서 결국 민주캄푸치아의 종말을 알리는 신호탄이 되었다. 그 뒤 현실주의자인 폴 포트 조카 소 홍(Sor Hong)은 타 목이 통제하던 병력 일부를 설득해 진영을 바꿔버렸다. 그렇게 해서 민주캄푸치아는 훈 센과 군사적으로 맞서 싸울 수 있는 힘을 완전히 잃어버렸다.

크메르루주 마지막 거점 안롱벵

다시 한 번 폴 포트를 인터뷰하기 위해 태국군 정보요원에게 접근한 게 그 즈음이었다. 폴 포트를 만날 두 번째 기회를 만들려고 한 것이다. 사실은 그 무렵 수많은 기자들이 폴 포트 인터뷰를 먼저 잡으

---

28) 캄보디아 민족주의연합전선 국왕충성파들이 주류인 왕정주의 정당.

29) (1930~1997) 크메르루주 지도자. 민주캄푸치아 부총리 겸 국방장관. 베트남군 침략 후 크메르루주 무장투쟁의 중추였다. 키우 삼판과 함께 프놈펜 정부, UNTAC과 협상을 주도했다. 1997년 폴 포트 지지자들에게 살해됐다.

려고 치열한 경쟁을 벌이고 있었다. 그러나 폴 포트를 인터뷰하려면 중간에서 다리를 놓던 군 관계자들에게 막대한 뒷돈을 건네야 한다는 사실을 깨달았고, 무엇보다 그때는 이미 늦었다. 결국 기회는 미국 기자 네이트 테이어(Nate Theyer)에게 돌아갔다. 폴 포트가 기소되어 가택연금 상태에 놓여 있는 모습이 세계에 보도됐다. 네이트의 인터뷰는 길고 훌륭했지만, 그는 캄푸치아 혁명의 심장까지 갈 수 없었다.

이런 보도 경쟁에서 사실 '2등'은 별 의미가 없다. 그런데 다리를 놓던 태국군 관계자는 더 많은 돈이 필요했던지 다시 내게 접근했다. 나는 네이트가 다루지 못했던 역사적 사실을 폴 포트에게 직접 확인하는 게 여전히 유효하다고 여겼다. 게다가 네이트와 인터뷰한 뒤 폴 포트 행방이 묘연해지면서 민주캄푸치아 장래마저 불확실성 속으로 깊이 빠져들고 있었던 상황도 나를 다시 자극했다.

1997년이 거의 끝나갈 무렵 나는 캄보디아로 들어가도 좋다는 말을 얻고자 태국 국경에 진 치고 있었다.

이번 방문은 캄보디아와 국경을 맞댄 수린(Surin) 쪽 군인들이 주선했다. 군인들은 우리를 민주캄푸치아 주력군 마지막 거점이던 안롱벵(Anlong Veng)으로 데려갔다. 코랏(Korat)고원 당렉(Dangrek)산맥을 넘어 도착한 캄푸치아 평원은 조용했다. 예상과는 달리 크메르루주 전사들은 찾아볼 수 없었다. 마을 사람들과 지난해 캄보디아 정부군이 총공세에 투입했던 소련제 전투차량 잔해가 흩어져 있을 뿐이었다.

우리는 차를 몰고 마을을 지나 호숫가 타 목이 사는 곳으로 갔다. 우리가 도착했을 때 키우 삼판(Khieu Samphan)과 타 목이 문 앞에 나와 있었다. 1983년 베트남이 캄보디아를 점령해 있던 시절 캄푸치아 해방구를 함께 걸었던 옛 친구 미트르 엥곤(Mitr Ngon)이 크메르루주의 신임 최고사령관이 되어 나를 맞아주었다. 타 목은 "마부치, 얼굴이 하얘졌어"라는 말로 인사를 대신했다. 타 목이 기억하는 1983년의 나는 매우 건장했을 것이다. 나는 1985년 베트남에서 화재 사고를 겪은 뒤 그 후유증으로 당뇨병을 앓고 있다는 말을 해야 했다.

그이들은 우리를 나무로 지은 큰 집 위층으로 안내했다. 도열한 신임 사령관들이 우리를 기다리고 있었다. 내 오른편에 앉은 타 목은 폴 포트의 숙청으로부터 다른 지도자들을 지켜낸 공을 인정받아 자신이 넘버원이 되었다고 말했다. 설득력 없는 타 목의 이야기는 매우 이상하게 들렸고, 문득 이것이 민주캄푸치아의 마지막 장면이 될 것 같다는 생각이 들었다.

타 목은 인민 학살을 포함하여 모든 과오를 폴 포트 혼자 저질렀고 나머지 사람들은 그의 명령에 저항했으니 아무 책임이 없다고 말했다. 그들은 민주캄푸치아에서 벌어진 일에 대해 면책될 수 있을 것이라고 믿는 듯했다. 그러나 론 놀 정권 책임자들과 그 부역자들을 처형했던 일에 대해서는 어느 정도 시인하는 것 같았다. 그러다가 타 목은 갑자기 한 마디 덧붙였다.

"나를 포함한 우리 모두는 인도차이나 공산당원이기 때문에 베트남공산당과는 형제지간이다."

크메르루주 2인자였던 누온 체아 전 캄푸치아공산당 부서기장. ⓒ정문태

타 목은 말을 마치더니 다른 지도자들을 둘러보며 하지 말아야 할 말을 한 듯한 표정을 지었다. 이쯤에서 나는 타 목이 캄푸치아 인민혁명을 이끌 만한 지도자가 아니라는 사실을 다시 한 번 느꼈다.

서열 2위는 누온 체아(Nuon Chea)였다. 태국에서 법학을 공부한 강경파 누온 체아는 늘 2인자였다. 인민혁명 교육을 담당했다고 밝힌 그는, 농민혁명을 수행하고 외국 침략자들을 격퇴하기 위해선 인적 자원이 필요했다고 덧붙였다. 누온 체아는 서방 언론의 '인민대량학살' 선전 내용 중 상당 부분을 부인하면서도, 민주캄푸치아 지도자로서는 처음으로 급진혁명으로 불필요한 사망자들이 발생한 데 대해 책임을 시인했다. 그와는 말이 통하겠다는 생각이 들었지만 내 크메르어 실력이 모자란 탓에 더 깊이 파고들어갈 수 없어 안타까웠다.

다음 서열은 키우 삼판이었는데, 그는 명목상 대변인인 것 같았다. 그는 더 뚱뚱해졌으며, 사시였던 눈은 정상이 되었다. 프랑스 유학 시절 캄보디아 학생 중 가장 명석했던 키우 삼판은 크메르루주 운동 핵심 이론가였다. 그러나 뛰어난 학자가 언제나 훌륭한 정치가가 되는 것은 아니라고 했던가.

그 자리에는 이들 말고도 다른 지도자들이 더 있었지만, 내 눈에 폴 포트 없는 민주캄푸치아는 마지막 안간힘을 쓰는 촛불처럼 보였다.

민주캄푸치아 대통령을 지냈던 키우 삼판. ⓒ정문태

나는 폴 포트를 만나고 싶었다. 하지만 폴 포트가 네이트 테이어를 만난 뒤부터 늘 누워 지내고 있어서, 만날 수 있을지 모르겠다는 대답뿐이었다. 우리는 신선한 물고기와 사슴고기로 이른 저녁을 먹은 뒤 일찍 잠자리에 들었다. 타 목은 안롱벵 민주캄푸치아의 가장 무서운 적인 말라리아를 걱정하며 모기장을 손수 쳐주었다.

폴 포트 마지막 인터뷰

나는 다음 날 폴 포트를 만나게 된다면 무엇을 물을지 생각하느라 한숨도 잘 수 없었다. 타 목은 아침 식사를 하면서 폴 포트가 많이 아프지 않다면 15분 정도 만나볼 수 있을 거라고 말했다. 그러나 얼마 뒤 폴 포트가 아파서 만날 수 없다는 전갈이 왔다. 15분만이라도 만나게 해달라고 간청하는 나에게 타 목은 폴 포트의 상태가 좋아질 때까지 기다리라고 말했다.

점심을 먹은 뒤 타 목은 폴 포트를 만날 수 있다면서 시간은 정확하게 15분이라고 못 박았다. 우리를 태운 차가 살라(Sala; 지붕, 책상, 벤치만 있는 임시 접견실)에 도착했을 때 폴 포트는 보좌관 누온 노르(Nuon Nor)와 함께 기다리고 있었다.

나는 인사를 건네며 나를 기억하느냐고 물었다.

"기억한다. 19년 전이었다."

놀랍게도 그는 햇수까지 정확하게 기억하고 있었다. 마지막 만남 이후 몇 년이 지났는지 헤아려보지 않았지만, 그때 일이 생생하게 떠올랐다. 그 무렵, 나는 한창 팔팔하던 저널리스트였고, 그이는 꿈을 좇던 혁명가였다. 나도 그이도 많이 변했다. 머리도 빗지 않은 폴 포트는 창백했다. 그는 네이트와 인터뷰한 뒤 3번이나 심장발작이 왔고, 늘 누워 있었다고 했다.

"그저 옛 친구가 잘 있는지 궁금해서 나왔지."

폴 포트는 말끝을 흐렸다.

폴 포트의 간수 겸 관리인으로 보이는 누온 노르에게 나는 단 한 마디라도 묻게 해달라고 요청했다. 폴 포트는 그를 쳐다보았고, 내가 말했던 "무이 맛(Mui mat: 한 마디)"을 반복했다. 폴 포트는 입을 열었다.

"캄푸치아는 베트남인이 삼킨 '퐁 코르(아담의 사과)' 같은 신세다."

"상황을 역전시키기에는 너무 늦어버렸는가?"

"아니다. 너무 늦지는 않았다. 모든 캄보디아인들이 단합해 베트남인들에 맞서 싸운다면, 아직 격퇴시킬 수 있다."

그이 눈썹이 꿈틀거렸고, 눈이 크게 떠졌으며, 입술까지 비틀어졌다. 나는 계속 질문을 던졌다.

"그 '모든 크메르인들' 속에 훈 센도 들어가는가?"

"훈 센? 무이 로이 피악 로이(100퍼센트 베트남인)!"

폴 포트는 훈 센 그룹이 아닌 모든 반베트남세력을 말하는 것이었다. 그는 내게, 일본인들이 캄보디아 상황을 정확하게 이해한다면 도처에서 베트남인들을 볼 수 있다며 그런 사실을 잘 전해달라고 부탁했다. 이어 캄푸치아의 운명은 크메르인들, 바로 그들이 단합할 수 있느냐에 달렸다고 덧붙였다. 그는 말할 기력조차 잃어갔다.

"나는 병들었고, 이제 끝났다."

"크놈 춥 하우이(나는 끝났다)."

그가 거친 숨을 몰아쉬었다. 인터뷰는 거기서 끝내야 했다. 폴 포트는 누온 노르의 부축을 받으며 일어섰다. 나는 더 질문하려고 했지만, 그는 그저 그렇게 서 있기만 할 뿐이었다. 그는 부축과 지팡이에 의지한 채 걸어나갔다. 나는 그를 뒤쫓아가면서 건강이 좋아지면 다시 찾아오겠다고 물고 늘어지며 조금이라도 더 이야기를 해보려고 애썼다. 그러나 폴 포트는 "나는 끝났다. 나는 끝났다"는 말만 되풀이 했다. 묘한 감정이 나를 사로잡았다. 그를 다시 보았다는 기쁨과 함께 궁금한 것들을 모두 물어보지 못했다는 안타까움이 뒤섞였다.

장례식

1998년 4월 폴 포트가 위독하여 죽음이 임박했다는 소식이 태국 국경 수린에서 날아왔다. 나는 많은 기자들과 함께 캄보디아 국경으로 날아가 폴 포트를 보기 위해 여러 날을 기다렸다. 태국 군부가 폴 포트 사망 소식을 발표했다. 태국군 관계자가 침대 위에 누운 폴 포트의 주검을 찍은 사진을 가져왔다. 그러나 머리카락이 검은 사진 속 인물이 진짜 폴 포트인지 아닌지 확신할 수 없었다. 어떤 사람은 폴 포트의 형제 중 한 명인 것 같다고 말하기도 했다.

누온 노르가 국경 검문소까지 와서 폴 포트가 심장마비로 죽었다고 설명했다. 하지만 기자들은 직접 확인을 요구했다. 누온 노르는 사진 속 인물이 진짜 폴 포트임을 다시금 강조하고는, 그가 심장마비로 죽었

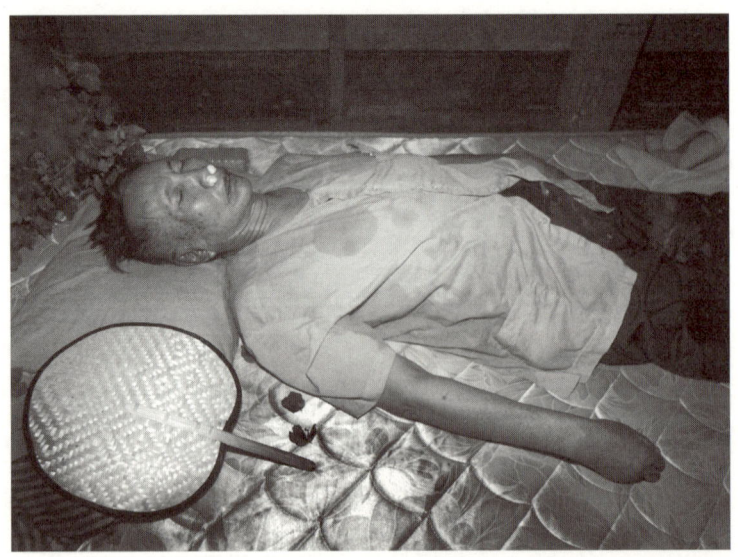

1998년 4월 15일 사망한 폴 포트가 연금당했던 안롱벵 집 침대에 누워 있다. 캄보디아 공산주의 혁명 지도자 폴 포트의 죽음과 함께 '이상적인 농민사회 실현'이라는 꿈도 사라졌다. ⓒ연합뉴스

다는 것을 납득시키기 위해 폴 포트의 둘째 부인과 딸까지 데려왔다.

그러나 기자들도 만만찮았다. 누온 노르는 기자들 확인 요청이 빗발치자 결국 몇몇 기자를 초청했다. 그 기자단에 합류한 나는 주검이 진짜 폴 포트라고 확인해주었다. 3개월 전 나와의 인터뷰가 폴 포트에게는 마지막 언론 접촉이었던 까닭에 태국 TV〈채널7〉은 폴 포트 주검 확인을 위해 현장에서 나를 인터뷰했다.

이틀 뒤 폴 포트 장례식에 초청된 몇 안 되는 기자단에 나도 들어 있었다. 또 한 번의 행운이었다.〈채널7〉이 폴 포트 주검 확인 인터뷰에 대한 감사 표시로 내게 만들어준 기회였다.

폴 포트 시신은 젊은 병사들이 직접 짠 나무관 속에 누워 있었다. 나는 그 관이 태국산 기성제품이 아닌 것을 확인하고 마음이 놓였다. 마지막 길을 가는 혁명가를, 그 공과는 역사에 맡기고, 그래도 캄보디아 나무관에 담아 보냈으면 하는 바람이 있었다. 관은 큰 통나무 둥치들과, 폐타이어, 그리고 그가 마지막까지 썼던 매트리스 위에 올려져 있었다. 휘발유를 뿌리고 불을 붙였다. 검은 연기가 당렉산맥 정글 위로 힘차게 솟구쳐 올랐다.

누온 노르는 폴 포트가 가족에게 전하는 마지막 말을 공개했다.

"내가 죽으면 재는 라타나키리산악이나 톤레삽호수 아니면 이곳 당렉산맥에 뿌려달라."

폴 포트는 급진적인 혁명을 시도하는 과정에서 가족체제까지 부정하려고 애썼지만 정작 죽음의 순간 곁에 있어준 사람은 가족 둘이었다. 아내와 딸.

나는 폴 포트 집으로 가 그를 기억할 만한 물건들을 찾아보았다. 간이 주방에는 지난 1월 내가 갖다주었던 치킨농축액 빈 병과 태국 인스턴트 국수 포장지, 또 빈 심장병 약통들만이 뒹굴고 있었다. 침대 밑에는 폴 포트가 신던 발뒤꿈치에 구멍이 난 고무슬리퍼 한 켤레가 있었다. 살로쓰 사, 폴 포트라고 불렸던 캄푸치아 혁명가는 1998년 74세로 사망했다.

폴 포트의 죽음, 베트남의 꿈

폴 포트 사망 뒤, 모든 것이 급격히 무너졌다. 민주캄푸치아 마지막 거점이었던 안롱벵과 자치권을 인정받았던 파일린(Pailin)은 실질적으로 훈 센 정부 손에 넘어갔다. 이로써 민주캄푸치아는 역사 속으로 넘어가고 말았다.

나는 한 나라 전체를 조망하고 현실에 맞추어 역사를 보는 법을 캄푸치아전쟁을 취재하며 배웠다. 특히 폴 포트가 이끄는 해방진영 관점에서 취재해보려고 애쓰는 과정에서 많은 배움을 얻었다. 폴 포트는 20세기 세계사에서 가장 많은 적을 지닌 인물이었고, 그 크메르루주 혁명은 온갖 난도질을 당해왔다. 또 폴 포트는 '킬링필드' 책임으로부터 영원히 자유로울 수 없는 마비된 혁명가였던 것도 사실이다. 그러나 길고 긴 캄보디아 역사라는 관점에서 볼 때, 폴 포트의 죽음은 프랑스, 미국, 베트남의 침략으로 이어져온 지난한 민족 항전사의 종말을 알리는 서곡이었다. 인도차이나반도를 호령하는 대 크메르제국을 건설했던 크메르민족은 바야흐로 쇠퇴의 길로 접어들었다.

하여, 나는 이상적인 농민사회를 실현하려고 했던 폴 포트의 노력이 크메르민족에게 마지막 투쟁이 되지 않기를 간절히 염원해왔다. 그 새로운 투쟁의 동력은 폴 포트를 샅샅이 해부하는 일에서부터 얻을 수 있으리라 본다. 그가 저질렀던 역사적 오판과 혁명적 실수를

'정직하게' 뒤지는 일만큼 그가 지녔던 정신과 혁명적 성취도 함께
도마에 올려 '정직하게' 살펴봐야 한다는 뜻에서다.

나오키 마부치 (Naoki Mabuchi)

일본 도쿄에서 태어나 국제기독대학(International Christian University)에서 사회과
학을 전공했다. 1972년 베트남전쟁 라오스 전장에서 사진기자로 첫발을 떼고 캄보디
아 전쟁터로 일터를 옮겼다. 1975년 민주캄푸치아 프놈펜 입성을 취재한 유일한 일본
기자였고, 1979년 캄보디아를 침공한 베트남 군대와 싸우는 크메르루주 게릴라 부대
를 가장 길게(2달 반 동안 1,000킬로미터) 동행 취재한 기자였다. 폴 포트 최초·최후
인터뷰와 마약왕 쿤사, 캄보디아 시아누크 국왕 인터뷰 등 현재까지 캄보디아의 역사
적 순간들을 현장에서 취재해왔다. 1989년 태국 쿠데타 취재로 미국 TV뉴스 보도 상을 받았고, 저서로 《Pol
Pot as I saw》(Shu-eisha Japan)이 있다. 현재 방콕과 도쿄를 오가며 남동아시아 사건들을 취재하고 있다.

누온 체아(Nuon Chea, 1926년 7월 7일 ~)

민주캄푸치아 2인자. 캄푸치아공산당 부서기장을 지냈고 크메르루주 이데올로기를 세운 중심인물이다. 1998년 12월 25일 사면을 공언한 훈 센에 투항했다. 2007년 9월 전쟁범죄과 인권침해 범죄로 기소되어 감금되어 있다.

론 놀(Lon Nol, 1913년 11월 13일 ~ 1985년 11월 17일)

캄보디아 군인 출신으로 두 차례 캄보디아 총리(1966~1967, 1969~1972년), 국방장관을 지냈다. 1970년 반시아누크 쿠데타를 일으키고 1972년 스스로 크메르공화국(Khmer Republic) 대통령(1972~1975년)이라고 선언했다. 시아누크 축출 후 베트남 군대 철수를 주장한 론 놀 정부는 친서방, 반공산주의 태도를 견지했다. 1967년 크메르루주 군대와 론 놀 군대의 내전이 시작된다. 시아누크 망명정부는 반론 놀 투쟁을 시작한다. 론 놀이 미국 닉슨 정부에 추가 지원을 요청하자 1970년 11월 18일 리처드 닉슨 미국 대통령은 군사지원을 포함 155백만 달러를 지원한다. 그러나 캄보디아 전체가 내전에 휩싸인다. 1975년 4월 1일 론 놀은 사임하고 피신한다. 크메르루주는 론 놀 처형을 명령한다. 인도를 거쳐 하와이에 정착했던 론 놀은 1979년 캘리포니아로 거처를 옮긴다.

시아누크(Norodom Sihanouk, 1922년 10월 31일 ~)

캄보디아 국왕(1941~1955, 1993~2004 년), 총리(1955~1960년), 국가수반(1975~1976, 1991~1993년), 망명정부 지도자 등을 지냈다. 실제로 캄보디아를 통치한 기간은 캄보디아가 완전히 독립한 1953년 11월 9일부터 론 놀 괴뢰정부로부터 해임당한 1970년 3월 18일까지였고 나머지 기간은 명예직이었다. 노로돔 수라마리트(Norodom Suramarit) 왕과 시소와트 코사마크(Sisowath

Kossamak) 왕비 사이에서 태어났다. 프놈펜에서 초등교육, 사이공에서 중등교육을 받았고 프랑스 군사학교에 다녔다. 1941년 4월 23일, 시소와트 모니봉(Sisowath Monibong) 왕이 사망하자 18세에 식민 종주국 프랑스의 꼭두각시 왕으로 즉위해 유럽과 미국을 돌며 캄보디아 독립을 주장했다. 1953년 프랑스는 캄보디아 독립을 인정했다. 1955년 아버지 노로돔 수라마리트에게 왕위를 넘기고 자진 퇴위해 시아누크 왕자(Prince Sihanouk)로 돌아간 그는 선거를 통해 정치지도자로 변신했다. 신흥 부르주아 세력 견제를 위해 크메르루주 등 좌파와 밀접했으나, 1962년 폴 포트 등 프랑스 유학파 공산주의자들이 실권을 장악하고 대립하게 되자 공산주의자들을 본격 탄압했다. 철권통치를 불사하는 정치가였으며 1955년 인도네시아 반둥회의에서 비동맹노선을 주창하는 한편, 미국과 군사원조협정에 조인하고 경제 원조도 받았다. 1960년대 캄보디아 총 예산 중 14퍼센트가 미국 경제원조였다. 그러나 베트남전쟁 후방기지 역할을 요구하는 미국에 대해 시아누크는 비동맹 노선을 내세워 거부의사를 밝히고 1963년 무렵 외교정책을 반미로 바꾸었다. 시아누크는 북베트남에 군수물자 루트를 제공하고 1969년 6월 남베트남 임시혁명정부를 인정했다. 캄보디아는 베트남을 공식 인정한 첫 국가였고, 시아누크는 1969년 하노이에서 열린 호치민 장례식에 참석한 유일한 외국 국가수반이었다. 1970년 미국 지원을 받은 론 놀 장군이 시아누크 외유를 틈타 쿠데타를 일으키자 베이징으로 망명해 캄푸치아 국민연합왕립정부(RGNUK)를 세우고 반미국, 반론 놀 정부 투쟁을 했다.

1975년 4월 크메르루주가 공산주의 혁명에 성공하자 9월 프놈펜으로 돌아와 민주캄푸치아 국가수반이 되나 1년 뒤인 1976년 밀려나 국가수반직을 키우 삼판에게 넘기고 왕궁에서 연금과 다름없는 생활을 했다.

1978년 12월 25일 베트남군 프놈펜 점령 직전 베이징으로 피한 시아누크는 캄푸치아공산당과 함께 반베트남투쟁을 벌였다. 1991년 크메르루주, 손 산의 크메르인민민족해방전선(KPNLF), 훈 센의 캄보디아국(State of Cambodia), 시아누크의 푼신펙당 등 4개 정파가 평화협정을 맺고 시아누크는 프놈펜으로 돌아온다. 평화협정에 따라 치른 1993년 총선에서 푼신펙당이 승리하나 무력을 가진 훈 센의 캄보디아인민당과 연립정부를 수립했다. 시아누크 왕자는 다시 캄보디아 국왕이 되었다. 1997년 훈 센 쿠데타 이후 정치적 영향력이 줄어 2003년 총선에서 국왕 충성파 푼신펙당이 참패하고 노로돔 라나리드(Norodom Ranariddh) 왕자(현 캄보디아 국왕 시아모니의 이복형)가 국회의장, 당대표를 맡았다.

2004년 10월 14일 캄보디아 왕위위원회는 시아누크 왕과 모니에트 왕비 사이에서 태어난 시아모니를 새 국왕으로 발표했다. 시아누크가 국회의장인 아들 라나리드 왕자와 국가수반 체심에게 퇴위 결정을 알리는 서한을 보냈다는 자진퇴위설이 유력하다.

이엥 사리(Ieng Sary, 1925년 10월 24일 ~)

민주캄푸치아 부총리 겸 외무장관(1975~1979년). 1996년 8월 1만여 크메르루주 군대를 이끌고 훈 센 총리에 투항하기 전까지 크메르루주 고위 지도자였다. 캄보디아 국경 베트남 남서부에서 크메르계 아버지와 베트남계 어머니 사이에서 태어났고, 크메르루주에 가입하면서 베트남식 이름을 이엥 사리로 바꿨다. 파리에서 폴 포트와 함께 공부하며 캄보디아 공산주의자 모임을 꾸렸다. 그의 임대아파트는 급진주의 학생들의 아지트였다. 1951년 파리에서 폴 포트 여동생과 결혼했다. 캄보디아로 돌아와 1960년 캄푸치아노동자당(the Workers Party of Kampuchea) 중앙위원이 되었다. 1996년 훈 센에 투항해 프놈펜 도심 호화주택에서 살았다. 인권 침해와 전쟁 범죄를 이유 삼은 캄보디아 법원 체포영장에 따라 2007년 11월 12일 아내와 함께 체포되었다. 2008년 2월 4일 이엥 사리 변호인은 그가 비뇨기 질병으로 입원했다고 밝혔다.

크메르루주 (Khmer Rouge)

1975~1979년 캄보디아(크메르루주 집권 뒤 국가명을 민주캄푸치아로 바꿨다)를 통치한 캄보디아 정치정당. 크메르루주라는 이름은 1960년대 시아누크 국왕이 캄푸치아공산당(CPK)을 '붉은 크메르'로 부른 데서 시작됐다고 알려진다.

1951년 베트남이 주도한 인도차이나공산당(ICP)이 해산해 베트남, 라오스, 캄보디아공산당으로 각각 분리되고 캄보디아에는 크메르인민혁명당(KPRP)이 창당된다. 1953년 캄보디아 독립 후, 1960년 베트남 지원으로 창당한 크메르노동자당(KWP)을 캄푸치아공산당으로 개칭한 캄보디아 공산주의자들은, 베트남공산당과 단절하고 독자적 투쟁을 시작한다. 1970년 미국 지원을 받은 론 놀이 쿠데타로 집권하자 크메르루주는 반론 놀 무장투쟁을 시작한다.

1975년 4월 17일 캄보디아 혁명이 성공해 프놈펜에 입성한 크메르루주는 크메르민족주의와 마오사상의 이상적 실현을 위해 급진적 공산주의 정책을 실행하면서 론 놀의 미국 괴뢰정부 관리와 부역자, 지식인, 숙련 기술자, 노인, 소수민족, 종교인 등을 처형하거나 농촌 강제 노역에 투입했다. 같은 시기 미국은 유엔 등 국제기구와 단체들의 캄보디아 구호 사업을 차단했다. 집권 기간 동안 10만 명을 숙청, 처형했고 질병, 기아, 강제노동으로 70~80만 명이 죽었다. 1975년 5월 20일 캄푸치아공산당 중앙위원회에서 폴 포트는 8개 긴급 현안을 발표한다(모든 도시 인구 농촌 소개, 시장 폐쇄, 론 놀 정권 통화폐지와 혁명정부 통화 발행, 모든 승려 승적박탈 및 농업 종사, 론 놀 정권 고위직 처형, 전 지역 공동 취사와 협동농장 건설, 베트남인 추방, 병력 국경 배치). 크메르루주 집권기 동안 가장 많은 사망자를 만든 도시 인구의 농촌 소개에는 크메르루주 지도부의 오판과 함께 절대 식량부족(미군 폭격은 농업 기반을 붕괴해 곡물 수출국이던 캄보디아 식량자급률이 20퍼센트 아래가 되었다), 식량 외부 지원 한계(우호 관계이던 북베트남과 중국 역시 식량 부족), 프놈펜 인구 밀집(캄보디아 전체 인구의 1/5) 등 배경이 있다.

1976년 캄푸치아공산당은 민주캄푸치아(Democratic Kampuchea) 수립을 선언하고 폴 포트를 총리로 한 15인 내각을 결성한다. 1978년 캄보디아-베트남 국경 충돌이 격화되고 12월 25일 베트남군이 대 캄보디아 전면 공격을 개시한다. 베트남은 1979년 1월 8일 프놈펜을 점령하고 베트남 괴뢰정권 캄푸치아인민공화국(People's Republic of Kampuchea)을 세운다. 소련, 동구는 베트남을 지지했고 중국은 비난했다. 1979년 비동맹회의에서 의장 티토는 민주캄푸치아를 지지했고 쿠바 카스트로는 베트남 지지 연설을 한다. 미국을 중심으로 한 유엔은 민주캄푸치아만을 인정했다. 1982년 민주캄푸치아, 시아누크의 민족연합전선(Funcinpec), 손 산의 크메르인민국가해방전선, 3개 정파는 연합체 망명민주캄푸치아연립정부(CGDK)를 세우고 대통령에 시아누크, 부통령에 키우 삼판을 임명한다.

1988년 베트남군이 철군하고 1991년 캄보디아 4개 정파는 휴전, 난민귀환, 무장해제, 군대해산, 자유총선의 전권을 유엔에 위임하는 파리평화협정을 체결한다. 1992년 군대해산을 거부한 크메르루주는 1993년 유엔 캄보디아과도행정기구(UNTAC)가 통치를 시작한 캄보디아에서 파리협정을 부정하며 무력투쟁에 돌입한다. 민주캄푸치아가 불참한 총선이 실시되고 1993년 시아누크의 푼신펙당이 승리해 론 놀과 연정을 수립한다. 1994년 캄보디아 의회는 민주캄푸치아가 불법임을 선언하고 특별사면을 내세우며 투항을 권고한다. 1995년 키우 삼판 휘하 군인 7천여 명이 투항하고, 1996년 민주캄푸치아 최대병력을 거느렸던 이엥 사리가 투항한다. 캄보디아 정부는 이엥 사리가 있던 파일린에 준자치권을 준다. 1998년 폴 포트가 의문사하고 12월 25일, 키우 삼판과 민주캄푸치아 2인자 누온 체아가 투항하면서 민주캄푸치아는 완전히 사라진다.

키우 삼판(Khieu Samphan, 1931년 1월 27일 ~)
민주캄푸치아 대통령(1976~1979년). 스웨이 리엥주에서 판사인 아버지 밑에서 태어났다. 1950년 파리대학에서 정치, 경제를 공부했고 경제학 박사 학위를 받았다. 파리 시절 프랑스공산당에 가입했고 1970년대 캄보디아 좌파 혁명운동을 낳은 크메르학생연합(KSA) 창설에 참여했다. 1954년 캄보디아가 독립하고 1959년 프놈펜으로 돌아와 프놈펜대학 법학과에서 강의하며 좌익 불어 신문 〈롭세르바퇴르(L' Observateur)〉를 발행했는데 1960년 우익정권은 그를 체포해 발가벗긴 사진을 공개한 후 신문을 폐간했다. 1960년 베트남이 창당 지원한 크메르노동자당(KWP)에 폴 포트, 누온 체아, 이엥 사리와 함께 참여했고 국회의원, 의회부의장에 선출되었다. 노로돔 칸돌(Norodom Kantol) 왕자 정부의 통상부 장관, 캄보디아공산당 중앙위원을 지냈다. 시아누크가 세운 망명정부 캄푸치아국민연합왕립정부(RGNUK)의 부총리 겸 국방장관 총사령관에 임명된다.

1975년 캄푸치아공산당이 프놈펜에 입성하고 1976년 인민대표회의는 국가수반인 국가최고회의간부회 의장에 키우 삼판을 지명하나 당 권력기반이 취약했던 키우 삼판은 그 자리를 폴 포트에게 넘기고, 시아누크 후임으로 상징적 국가수반이 된다. 1979년 베트남의 프놈펜 점령 후 타이 국경으로 피신한 민주캄푸치아 총리에 폴 포트 후임으로 취임한다. 1982년 민주캄푸치아, 시아누크의 민족연합전선(Funcinpec), 손 산의 크메르인민국가해방전선, 3개 정파는 연합해 망명민주캄푸치아연립정부(CGDK)를 세우고 대통령에 시아누크, 부통령에 키우 삼판을 임명한다. 1992년 크메르루주가 무장투쟁에 돌입하고 1994년 론 놀이 독재권력을 강화한 캄보디아 정부는 민주캄푸치아가 불법임을 선언하고 투항을 권고한다. 1998년 폴 포트가 의문사하고 12월 25일, 키우 삼판과 민주캄푸치아 2인자 누온 체아가 투항하면서 민주캄푸치아는 완전히 사라진다.

킬링필드

1969~1973년 베트남전쟁 중이던 미군이 '베트콩 박멸'을 위해 전쟁선포 없

이 4년 동안 중립국 캄보디아에 각종 폭탄 약 54만 톤을 융단폭격한 불법공습으로 30만~80만 명을 학살(핀란드 정부의 독립적 조사보고서는 이 시기를 '1차 킬링필드'라 한다)했고 1975~1979년 크메르루주 캄보디아 집권기 숙청, 처형, 중노동, 기아, 인종·종교 탄압, 질병으로 100만 명이 사망했다. 이렇게 1969~1979년 동안 캄보디아에서 최대 180만 명이 사망한 사건을 '킬링필드'라고 부른다. 캄보디아 킬링필드에 대한 비난의 초점이 민주캄푸치아 시절에 집중된 원인은 1970년대 후반 서구 우파 지식인들의 반공주의와, 캄보디아 침략 정당성이 필요했던 베트남의 대대적 선전이었다. 진 라코처가 쓴《이어 제로(Year Zero, cited Pol Pot official)》와 영화 〈킬링필드〉는 서방 우파에게 공산주의 야만성을 웅변하는 증거였고 베트남에는 캄보디아 침략 면죄부였다.

타 목 (Ta Mok, 1926년 ~ 2006년 7월 21일)

크메르루주 고위 지도자로 '타 목'은 크메르어로 '목 할아버지'를 뜻한다. 농촌의 부유한 집안 출신으로 알려졌다. 1940년대 프랑스 식민정부와 일본 점령에 맞서 싸웠고 1960년대 크메르루주에 합류했다. 집권 기간 동안 폴 포트, 이엥 사리, 누온 체아, 손 센 등과 함께 크메르루주 중앙위원회 정치상임국 임원이었다. 폴 포트는 그를 민주캄푸치아 군민군대 지도자에 임명했다. 1979년 패퇴 후에도 안롱벵을 근거지 삼은 크메르루주 영역을 지배하며 폴 포트에 충성하는 3,000~6,000병력을 통솔하는 강력한 인물로 남았다. 1998년 몇 차례 결정적인 패배로 타 목은 안롱벵으로 피신해야 했고, 1999년 5월 9일 태국 국경 근처에서 캄보디아 군에 잡혀 프놈펜으로 이송되었다. 재판 없이 구금이 이어지다 2002년 2월 인권 침해 범죄로 기소되어 외부 출입은 병원에 한정되었는데 2006년 7월 21일 군병원에서 혼수상태에 빠졌다.

폴 포트 (Pol Pot, 1925년 9월 19일 ~ 1998년 4월 15일)

본명 살로쓰 사(Saloth Sar), 캄보디아 공산주의 혁명을 이끈 크메르루주 지도

자. 크메르루주가 집권했던 민주캄푸치아 정부 총리(1976~1979년)로 1975
년부터 실질적인 지도자였다. 집권 기간 동안 도시주민의 강제 농촌소개와
숙청 등으로 70~80만 명이 죽었다.

프랑스 식민지 베트남 중앙부 캄퐁 톰(Kampong Thom) 중산층 가정에서 태
어나 1949~1953년 파리에서 공부했다. 1951년 제국주의에 반대하는 프랑스
공산당(PCF)에 참여한다. 1954년 1월 독립한 캄보디아로 돌아와 합법적 공산
주의 정당활동과 공산당 비밀운동을 병행하며 사립대학에서 문학과 역사를
강의한다. 1962년 시아누크 정부는 좌파 정당과 조직원들을 검거하고 지하
공산당 사무총장 토우 사무트(Tou Samouth)가 감옥에서 사망한다. 1963년
당 중앙위원회에서 사무총장에 선출된 폴 포트는 명실상부한 캄보디아공산
당 지도자가 된다. 1963년 3월 수배자가 된 폴 포트는 베트남 국경으로 피한
다. 이후 캄보디아공산당 중앙위원회는 무장투쟁을 선언하고, '소작농민이
진정한 노동자, 프롤레타리아이며 혁명의 근간'이라는 크메르루주 이데올로
기가 점차 발전한다. 1965년 또 한 번 공산당 탄압을 치르며 많은 교사와 학
생들은 크메르루주에 합류한다.

1966년 폴 포트는 당 이름을 캄푸치아공산당(CPK)으로 바꾸고 1968년 1월
바탐방(Battambang) 부대 습격을 시작으로 무장투쟁을 개시하나 패퇴한다.
1968년 여름 폴 포트는 크메르루주 권력체계를 집단지도체제에서 일인 중앙
집권체제로 바꾼다. 1970년 미국이 지원한 론 놀 괴뢰정부에 대한 베트남 공
격 이후인 1971년 10월 폴 포트는 당 중앙위원회 이름으로 반베트남과 자족
을 중심내용으로 하는 결의안을 발표한다. 이후 막대한 희생을 감수하며 크
메르루주 정권이 수년 동안 고수한 이데올로기의 첫 공표였다.

1972년 베트남 군대 철수가 시작되고 1973년 크메르루주가 국토의 2/3를 점
령한다. 1973년 크메르루주는 도시민의 농촌 소개와 론 놀 정부 관리, 지식
인(또는 지식인으로 보이는 사람), 종교인 숙청과 소수민족 탄압을 시작한다.
1975년 4월 17일 크메르루주가 프놈펜에 입성하고 5월 13일 총리가 된 폴 포

트는 크메르루주 핵심 권력을 쥔다. 1976년 크메르루주는 모든 종교를 금지하고 소수민족을 탄압한다. 크메르루주의 이상은 크메르 민족주의, 평등적 농지개혁, 자족, 반외세, 반현대 기술이 혼합된 급진 이데올로기였다. 1976년 12월 폴 포트가 베트남을 주적으로 지적하고, 포병 지원 속에 캄보디아 군대가 베트남 국경을 침범하자 1977년 베트남은 캄보디아 공습을 시작한다. 1979년 1월 7일 프놈펜을 점령한 베트남은 괴뢰정부 캄푸치아 인민공화국을 세운다. 캄보디아-태국 국경으로 밀려난 크메르루주는 중국 지원을 받으며 조직을 재정비해 베트남 공격에 맞서나 패퇴한다. 폴 포트는 1985년 크메르루주 지도자를 공식 사임했으나 여전히 크메르루주의 실질적 지도자였다. 1989년 베트남군이 물러가고 크메르루주는 타이 국경지역을 강력하게 지배한다. 폴 포트는 유엔이 주도하는 '평화 과정'에 불참하고 훈 센 정부에 대항한다. 1997년 폴 포트는 자신이 크메르루주 지도자로 만든 손 센 살해 혐의로 크메르루주 군 사령관 타 목에게 체포되어 11월 공개재판에서 종신 가택연금을 선고받는다. 연금된 상태에서 1998년 의문사했다.

훈 센(Hun Sen, 1951년 4월 14일 또는 1952년 8월 5일 ~)
캄보디아 군인 출신으로 1993년 다당제 복원 이후 왕정주의 정당 푼신펙당과 함께 캄보디아를 통치한 캄보디아국민당(CPP) 핵심 지도자이자 현 총리(1985년 ~)다.
동부지역 크메르루주 특수연대 부연대장이었던 훈 센은 숙청을 피해 1977년 베트남으로 탈출한 후 1979년 베트남 지원을 받으며 프놈펜에 입성한다. 크메르루주 패퇴 후 1979년부터 1990년까지 베트남 괴뢰정권 캄푸치아인민공화국(People's Republic of Kampuchea) 외무장관을 지냈고, 1985년 서른세 살에 총리가 된다. 1997년 훈 센은 유혈 쿠테타를 일으켜 공동 총리였던 라나리드 왕자를 쫓아내고 1998년 선거를 통해 단독 총리가 된다. 1996년 크메르루주 부총리였던 이엥 사리를, 1998년 크메르루주 2인자였던 누온 체아와 대통령이었던 키우 삼판을 투항시켜 크메르루주를 와해시킨다. 2003년 선거에서 훈 센의 캄보디아국민당이 다수당이 되었으나 단독정부 구성요건인 의석 2/3에는 미치지 못해 다시 푼신펙당과 연립내각을 구성했다. 부정부패, 독재, 철권통치로 비난받는다.

캄보디아 연표

1863~1953년 프랑스, 캄보디아를 인도차이나 식민지 일부로 통치.

1941~1945년 일본, 캄보디아 점령.

1951년 베트남이 이끈 인도차이나공산당(ICP) 해산, 3개 공산당(베트남·라오스·캄보디아)으로 분리. 캄보디아에는 크메르인민혁명당(KPRP) 창당.

1953년 11월 프랑스, 캄보디아 독립 인정. 시아누크 국왕을 국가 수반으로 하는 입헌군주국이 됨.

1955년 시아누크 국왕, 퇴위 후 선거 통해 실질적인 국정 운영권을 가진 수상으로 선출됨.

1960년 크메르루주 중심인물들이 참여한 캄보디아 공산주의자 정당 캄푸치아공산당(CPK), 베트남공산당과 단절하고 독자적 무장 투쟁 시작.

1962년 시아누크 정부, 좌파 정당원과 조직원 검거.

1963년 폴 포트, 캄보디아공산당 지도자 됨. 캄보디아공산당, 무장투쟁 선언.

1970년 론 놀 총리, 미국 정부 지원 아래 반시아누크 쿠데타 일으키고 괴뢰정부 수립. 키우 삼판, 부총리 겸 국방장관·총사령관에 임명. 캄푸치아공산당, 반론 놀 무장투쟁.

1975년 4월 17일 캄푸치아공산당(크메르루주), 공산주의 혁명 성공해 수도 프놈펜 입성. 숙청, 처형, 미국 공습으로 농업 기반 파괴, 도시민 농촌 소개, 집단농장 건설, 외부지원 부족 등으로 인한 기아, 질병 등으로 약 100만 명이 사망했다.

1976년 캄푸치아공산당, 민주캄푸치아(Democratic Kampuchea) 수립 선언.

1978년 캄보디아-베트남 국경 충돌 격화. 12월 25일, 베트남군 대 캄보디아 전면공격 개시.

1979년 폴 포트의 숙청을 피해 베트남으로 달아난 훈 센, 베트남군 지원받으며 프놈펜 입성. 베트남 괴뢰정부, 캄푸치아인민공화국 수립. '캄푸치아인민공화국' 측과 민주캄푸치아측이 싸우는 내전 돌입.

1982년 민주캄푸치아, 시아누크의 민족연합전선(Funcinpec), 손 산(Son Sann) 전 총리의 크메르인민국가해방전선(KPNLF) 3개 정파 연합체, 망명 민주캄푸치아연립정부(CGDK) 수립. 대통령에 시아누크, 부통령에 키우 삼판, 총리에 손 산 임명.

1985년 훈 센, 총리 취임.

1986년 베트남, 캄보디아 일부 지역에서 철군 개시. 괴뢰정권 '캄푸치아인민공화국' 과 '민주캄푸치아연립정부', 평화협상 시작.

1988년 베트남군 전면 철수.

1992년 민주캄푸치아, 군대 해산 거부.

1993년 유엔, 캄보디아과도행정기구(UNTAC)로 캄보디아 통치 시작. 민주캄푸치아, 파리협정 부정하며 투쟁 돌입. 민주캄푸치아 불참한 총선 실시.

1994년 캄보디아 의회, 민주캄푸치아 불법화 선언과 특사 조건 투항 권고.

1995년 약 7천 명에 이르는 키우 삼판 휘하 군인 훈 센 정부에 투항.

1996년 민주캄푸치아 최대 병력을 지녔던 이엥 사리 투항. 정부, 이엥 사리의 영역이었던 파일린에 준자치권 부여.

1997년 훈 센, 유혈 쿠데타 일으켜 공동총리 라나리드 왕자를 축출.

1998년 훈 센, 선거로 단독 총리 취임. 폴 포트 사망. 타 목 전 민주캄푸치아 최고 사령관 체포.

1998년 12월 25일 키우 삼판과 민주캄푸치아 제2인자였던 누온 체아 투항으로 민주캄푸치아 완전 해산.

2003년 훈 센의 캄보디아국민당(CPP)이 다수당이 되나 단독정부 구성요건을 충족시키지 못해 왕당파인 푼신펙당과 연립내각 구성.

2004년 시아누크 국왕 자진 퇴위. 10월 14일 노로돔 시아모니 캄보디아 국왕 즉위.

갈림길에 선
김 일 성 을
만나다

북한
NORTH KOREA

공식명칭 조선민주주의인민공화국
　　　　　(Democratic People's Republic of Korea)
약칭 조선(North Korea)
수도 평양
정부형태 일당 독재 공산주의
면적 12만 2,762제곱킬로미터
인구 2,246만 6,481명(2003년 기준)
1인당 GDP 구매력평가기준(PPP) 1,007달러(2006년 추정)

고통스런 글쓰기 — 김일성과 평양

"지금은 쓰기 힘들다. 그런 글은 은퇴하고 난 뒤에나…….＂

야수오(Yoshisuke Yasuo)는 이 책 기획에 동의했지만, 자신이 한 꼭지를 맡아야 한다는 걸 매우 부담스러워했다. 도쿄에서 술잔을 여러 번 기울인 끝에야 겨우 그이 마음을 돌릴 수 있었다. 그러고도 원고가 넘어오기까지는 또 많은 시간이 걸렸다. 초 다퉈 기사를 날려대는 통신사에서 잔뼈가 굵은 그이가 계속 마감을 미뤘다는 건, 그만큼 글쓰기가 만만찮았다는 뜻이다.

사실, 내남없이 기자들은 정보가 부족한 북한 사안을 놓고, 특히 '김일성'을 몸통 삼아 글을 쓰라면 누구나 몸을 사릴 수밖에 없다. 더구나 야수오 입장에서 보자면, 그 '김일성'이 아직도 한쪽에선 여전히 '살아 있는' 데다, 북한 '북' 자만 나와도 지독하리만큼 예민하게 여기는 일본 언론사에 몸담은 기자로서 자신이 경험한 이야기를 털어놓는다는 게 호락호락하지 않았던 탓이다. 게다가, 그이는 서울과 평양 그리고 도쿄가 지닌 날카로운 삼각관계를 너무 잘 알고 있기 때문에 더욱 힘들어할 수밖에 없었다.

야수오는 두 번에 걸쳐 10여 년 〈교도통신〉 서울 지국장을 하는 동안 굵직굵직한 북한 관계 뉴스를 가장 많이 만졌던 기자 가운데 한 명이다. 그 무렵 외신기자들 사이에 '하늘의 별 따기'였던 평양을 두 번씩이나 방문해서 김일성 주석을 만났고, 한국말로 김일성 주석과 이야기를 나눈 유일한 외국기자였다. 또 평양축전에 참여한 뒤 육로로 내려오는 임수경을 밀착 취재하기도 했다.

그런 야수오는 "은퇴하기 전에 꼭 평양지국을 개설해서 평양 특파원 한번 해보는 게 꿈이다"라고 늘 입버릇처럼 말해왔다.

야수오는 오랫동안 서울과 방콕 지국장을 거치면서 국제적 감각을 몸에 지녔지만, 동시에 빈틈없는 원칙을 고집해온 기자다. 그이 성격이 글에서도 그대로 드러났다.

기획자로서 "쉽게" "재미있게"를 수없이 외쳤지만 야수오는 '재미' 대신 남북관계 전문기자로서 치우침 없는 눈으로 북한 현실을 이야기했다. 그이가 김일성 주석 인터뷰를 통해 보여준 통찰력은 북한을 읽는 중요한 자료가 될 것이다. '김일성'은 사라졌고 세월도 많이 흘렀지만, 17년 전 야수오가 보고 느꼈던 그 북한은 여전히 현재형이다.

지난해 정년퇴직을 한 야수오에게 거는 기대가 크다. 그이가 현직에서는 불편해서 쓰기 힘들다고 했던 평양-서울-도쿄를 잇는 글들을 이제 맘 편히 쓸 때가 되었기 때문이다.

정문태

갈림길에 선 김일성을 만나다

야수오 요시수케

평안남도 연풍호 김 주석 별장

　대형 헬리콥터 한 대가 작은 언덕 꼭대기 잔디밭에서 우리를 기다리고 있었다. 옛 소련제처럼 보였다. 9명 모두가 탑승하자 헬리콥터는 곧바로 솟구쳐 올랐다. 밑으로 평양 시가지가 넓게 펼쳐졌다. 헬리콥터는 어딘지 알 수 없는 행선지를 향해 북으로 북으로 날아갔다.

　1991년 6월 1일, 북한을 방문한 일본 〈교도통신〉 기자단은 헬리콥터를 타고 북한 김일성 주석 인터뷰를 위해 이동했다. 기자단은 사카이 신지(Sakai Shinji) 사장을 단장으로 하여 외신부장인 나와 기자들로 짰다. 그동안 〈교도통신〉은 몇 차례 김일성 주석을 인터뷰했다. 그러나 사카이 신지 사장까지 나서 김 주석을 직접 인터뷰하기는 처음이었다.

　헬리콥터는 20여 분을 날아 숲 속 넓은 빈 터에 내렸다. 평안남도 안주(安州)시 연풍호(延豊湖) 부근이었다. 메르세데스 벤츠 여러 대가 우리를 기다리고 있었다. 예상과 달리 경비병 하나 보이지 않았지만 우린 삼엄하게 감시받고 있으리라 여겼다.

자동차는 좁은 도로를 천천히 달렸다. 경비를 서고 있는 듯한 병사가 총을 바닥에 세우고 서 있었다. 가끔 눈에 띄는 군인들은 경계심이나 긴장감 없이 매우 일상적이고 편안해 보였다.

호수를 건너자 멋진 이층집이 나타났다. 모두 놀랐다. 마치 별천지에 온 것 같았다. 매우 훌륭한 서양식 건물이었다. 어찌 보면 미국 백악관과 비슷한 이곳이 바로 김일성 주석 별장이었다.

차에서 내리자 더욱 놀라운 장면이 기다리고 있었다. 바로 김 주석이 우리를 직접 맞으러 들머리까지 나와 서 있었던 것이다. 순간 나는 인터뷰용 녹음기를 떨어뜨릴 뻔했다.

김 주석은 웃음을 띠면서 한 사람 한 사람 악수를 했다. 그의 손은 매우 부드러웠지만, 잡은 손을 흔들 때는 센 힘이 느껴졌다. 사진기자가 입구에 있는 백두산 그림을 배경으로 김 주석과 일행이 나란히 선 사진을 여러 장 찍었다. 그 사진은 〈로동신문〉 1면 머리에 올랐다.

출입구 왼쪽에는 큰 회의실이 있었다. 김 주석은 회의실 안의 커다란 타원형 테이블 중앙에 앉았다. 그 옆에 안내원을 겸한 통역이 앉았고, 우리 기자단은 모두 김 주석 건너편에 자리잡았다.

인터뷰는 10시 정각에 시작해서 점심식사를 포함해 2시간 동안 이어졌다. 처음 1시간은 회의실에서, 나머지 1시간은 반대편 방에서 점심을 들면서 진행됐다. 그 자리엔 김용순(金容淳) 조선노동당 비서가 함께했다. 인터뷰를 시작하자 김 주석은 굵은 목소리로 말문을 열었다. 목소리에서 위압감이 느껴졌다.

인터뷰 당시, 김일성 주석(우, 중앙)과 마주한 기자단.

사카이 신지 사장(가운데)과 김일성 주석(우)이 일본에서 가져온 선물을 보고 있다.

냉전 종식, 북한에 폭풍을 몰고 오다

1991년 6월 인터뷰 당시 북한은 여러 가지로 갈림길에 서 있었다. 국가 수립 이후 북한이 맞닥뜨린 최대 위기였다. 냉전이 끝나면서 국제사회는 강한 변화의 바람에 휩싸였다. 1989년 '베를린장벽' 철거 뒤 동유럽 사회주의 정부들은 하나씩 무너졌고 그 해 12월 들어 동서 진영 지도자들은 냉전 종식을 선언했다.

1990년 2월 소련 공산당 일당 독재체제 폐지 선언, 10월 동서독 통일로 이어지면서 국제 정치 환경은 급변하고 있었다. 1989년 6월 중국에서는 학생들의 민주화 시위가 천안문 사태[30]로 이어졌다.

세계사의 극적인 변화는 한반도에도 몰아쳤다. 한국은 서울올림픽 기간 동안 헝가리를 시작으로 동유럽 사회주의 국가들과 임시 외교 관계를 맺은 뒤, 1990년 9월 공식 외교 관계로 들어가는 첫 협정을 체결했다. 이런 움직임은 중국과의 관계정상화로 이어졌다.

변화의 소용돌이 속에서 북한은 위기를 느꼈고, 그 돌파구로 새로운 외교라인을 열기 위해 심혈을 기울였다. 바로 일본과 외교관계 복원이었다. 북한 외교의 결정적 변화를 의미했다.

1990년 9월 조선노동당 초청으로 일본의 가네마루 신(金丸信) 자민당 부총재가 이끄는 자민당과 사회당 정치인들이 북한을 방문했다. 김 주석은 가네마루 부총재와 비밀회담을 갖고 관계정상화를 위해 계속 노력할 의향이 있음을 피력했다. 전혀 예상하지 못한 발언이었다. 북한은 일본과 관계정상화를 서두르고 있었다. 그런 요청에 따라 일본 자민당, 사회당, 그리고 조선노동당은 관계정상화를 향한 공

---

30) 베이징의 톈안먼(天安門) 광장에서 학생, 노동자, 시민 등이 민주화를 요구하며 연좌시위를 벌였다. 중국 정부는 탱크와 장갑차로 무장한 계엄군을 동원하여 해산시키면서 발포, 많은 사상자를 냈다.

동선언문에 서명했다. 양국 관계정상화 교섭은 1990년 10월에 시작해 우리가 평양을 방문하기 전까지 3차례 열렸으나, 특별한 진전은 없었다. 대신 양국 사이에 많은 문제가 드러났다. 공동선언문에 이미 명문화했던 일본 식민 기간 보상 문제뿐만 아니라 2차 세계대전 이후 기간에 대한 보상 문제도 튀어나왔다. 대한항공 여객기 폭파사건 뒤 드러난 이은혜(李恩惠) 문제[31]도 떠올랐다. 여기에 북한 핵개발 문제까지.

독일 통일과 냉전 종식 과정을 바라보며 위기감을 느낀 북한은 두 가지 길을 모색했다. 하나는 일본, 미국과 국교정상화였다. 그 무렵 소련, 중국과 국교정상화를 추진하는 한국에 밀리지 않으려는 의도도 있었다. 같은 의미에서 남북한 유엔 동시가입을 추진했다. 이런 정책 변화는 '하나의 코리아'를 포기하고 '분단된 두 개의 코리아'를 인정한다는 뜻이었다.

다른 하나는 핵무장화였다. 북한 입장에서 핵무기 보유는 국가의 존엄과 체제 유지를 의미했다. 북한은 가네마루 일행이 방문하기 바로 전인 9월 초, 한국과 외교관계 재개를 통보하러 온 셰바르드나제 소련 외무장관에게 이러한 정책을 내비쳤다.

북한은 미국, 일본과 관계를 개선할지 아니면 핵무기를 개발해 독자적 생존을 추구할지, 말 그대로 기로에 놓여 있었다. 이런 구조는 6자 회담 속에서 북한이 미국, 일본과 관계정상화를 매듭지을 것인지 아니면 핵무장화로 갈 것인지를 결정해야 하는 문제로 여전히 계속되고 있다.

김일성 주석과 인터뷰는 그런 중대한 시기에 열렸다. 처음 1시간

31)200쪽 참고.

동안 인터뷰에서 그런 상황들을 보는 김 주석의 답변을 들을 수 있었다(김 주석의 발언 내용은 나중에 정리된 문서로 넘겨받았다).

우리는 독일 통일에 반대하지 않는다

김 주석은 맨 처음 북한 경제를 말하면서 조선노동당과 공화국 정부는 정치적 독립과 경제적 자급자족 원칙들을 계속 지지하고 있다고 밝혔다. 또 당면한 제3차 7개년 계획 목표를 달성해 물질 생활과 문화 수준을 선진국 수준으로 만들 것이라고 했다. 하지만 여러 차례 기근을 겪었고 한국을 비롯한 국제단체로부터 구호물자를 받아온 것을 아는 우리는 북한이 선진국 수준이 될 것이라는 낙관적 주장에 동의할 수 없었다.

현실은 정반대였다. 1987년 시작한 제3차 7개년 계획의 목표는 결국 달성하지 못했다. 냉전 종식과 사회주의권 붕괴는 북한이 겪어야 할 경제적 고통의 서곡이었다. 동서 냉전 말기 소련은 페레스트로이카 정책에 따라, 북한에 대한 원조, 특히 '우호가격'에 공급하던 원유를 전면 중단했다. 그 결과 우호가격은 통상 달러로 표시되는 일반 시장가격으로 급등하면서 북한 경제가 단기간에 무너지는 치명적 원인이 되었다.

그런 어려움을 알면서도 김 주석은 선진국 수준에 도달하려 했던 것이다. 당시 빠르게 성장하던 한국 경제는 북한과 경쟁에서 앞서고 있었다. 북한이 그 경쟁에서 이긴다는 것은 거의 불가능했지만, 김 주석은 체면과 자부심을 지키고 싶었다. 물론, 북한의 그 자부심은 자신들이 한반도에서 유일한 합법정부라는 것이었다. 현실 세계에서는 그런 생각이 별로 통하지 않았지만. 아무튼 그런 흐름이 이어진다면 오히려 북한 경제는 한국에 흡수, 통합될 가능성이 높아 보였다.

그래서 김 주석은 돌파구를 찾고 있었고, 그게 바로 일본과 관계정상화였다. 김 주석은 보상금을 기대했다. 그런 구상은 한국이 일본의 보상금을 이용해 극적인 발전을 이루었다는 사실에서 나온 것이었다.[32]

김 주석이 갑작스럽게 일본과 관계정상화를 이루려고 나선 배후에는 1990년 9월 소련과 관계를 정상화하고, 10월 중국과 무역대표부 상호 설치를 성공시킨 한국의 움직임도 영향을 미쳤다. 북한은 미국, 일본과 외교관계를 맺는 반격을 시도했다. 남한과 북한의 이런 움직임을 바로 '교차승인' 이라 한다. 북한은 교차승인이 남북한 분단을 고착화시킨다면서 반대해왔지만 경제적 어려움에 직면하자 생존을 위해 받아들여야만 했다.

한 발 더 나아가 북한 외무부는 1991년 5월 유엔 회원국 가입신청서를 단독 제출했다고 발표했다. 오랫동안 단독 가입을 반대해왔던 북한으로서는 대단한 변화였다. 온갖 어려움 속에서 살아남고자 북한은 극적인 변화를 만들 수밖에 없었다.

김 주석은 북한과 일본 두 나라 관계 개선에 대해, 특히 양국 인민의 이익을 위해 시대 요구에 부응하여 잘못된 과거를 해소하고, 새로운 선린관계로 발전해야 한다고 했다. 김 주석이 말한 '시대의 요구'는 곧 북한과 일본의 관계정상화 필요성을 뜻했다.

김 주석은 이어 이렇게 말했다.

"양국 관계정상화가 두 나라 인민의 공통된 소망이고, 친선이 우리의 목표기 때문에, 우리는 이 회의를 바람직한 말들로 시작해야 한다.

---

[32] 북한은 1960년대 한국이 일본으로부터 대일청구권자금 5억 달러를 받아 경제발전에 나선 예를 들어 1990년대 이래 일본으로부터 최대 100억 달러(환율 변동 감안한 금액)에 이르는 보상금을 받으려 했다.

우리가 서로 더 많이 알게 되면, 이해가 깊어지고 바람직한 말들을 하게 된다. 쌍방이 먼저 관계정상화를 위해 노력해야 하며, 그 뒤 각 문제들을 논의하면 모든 문제들이 다 해결될 것이다."

관계정상화를 위한 교섭은 1991년 1월에 시작해 세 차례 계속되었으나 기대만큼 순조롭지 않았다. 양측이 합의할 수 없는 쟁점은 세 가지였다. 하나는 경제원조와 연결된 보상문제였다. 특히 전후보상이 큰 문제였다. 이는 1990년 9월 3당 공동선언문에 포함되었는데, 일본이 전쟁 후 북한에 대해 적대적인 입장을 취해온 데 대해 보상해야 한다는 것이었다.

다음은 이은혜 문제였다. 이 문제는 북한의 일본인 납치 문제로 번졌다. 사건은 이러하다. 1987년 대한항공 여객기 폭파범으로 사형선고를 받은 김현희가 북한에서 '이은혜'라는 일본 소녀로부터 일본어를 배웠다고 자백했다. 일본 경찰은 이은혜가 북한이 납치한 '다구치 야에코'라고 결론지었고, 2002년 남북한 정상회담에서 그녀의 사망 발표가 나왔다. 그러나 북한은 이은혜가 다구치 야에코라는 사실은 부인했다. 결과적으로 1992년 11월 수교교섭은 이 납치 문제 때문에 결렬됐다.

마지막은 핵무기 문제였다. 이것은 쉽게 해결될 사안이 아니었다. 김 주석은 관계정상화 협정을 마무리하려고 몹시 서둘렀지만 이런 쟁점들은 쉽게 풀 수 없는 것들이었다. 그러나 북한은 일본과 관계정상화를 생사가 달린 문제로 여겼고, 일단 관계를 정상화한 다음 이런 어려운 문제들을 논의하자고 제의했다. 그들의 어법에서 조급함과 수렁에 빠진 협상을 타개하려는 의지를 엿볼 수 있었다. 일본과 한국이 관계를 정상화하는 데 십 년 넘는 시간이 필요했듯이 북한과 일본의 관계정상화도 어려울 것이라는 견해들이 많았다.

김 주석의 의지는 인터뷰 뒤 이어진 오찬에서도 드러났다. 그는 심지어 관계정상화 뒤 일본을 방문할 생각이 있다고까지 했다. 또 당시 일본에서 가장 인기 있던 '왓 어 라이프(What a Life!)'라는 영어 제목을 가진 〈오토코하 쯔라이요!〉 등 코미디 영화 40여 편을 보았다고 털어놓아 우리를 놀라게 했다.

다음으로 한반도 통일과 독일 통일 사이에 어떤 차이점이 있다고 생각하느냐는 질문에, 김 주석은 생각한 적이 없다고 답했다. 그러면서 이렇게 덧붙였다.

"우리는 독일 통일을 반대하지 않는다."

예상 밖의 대답이었다. 왜냐하면 독일 통일은 단순히 하나의 국가가 된 것이 아니라 서독이 동독을 흡수한 형태였기 때문이다. 따라서 우리는 독일 통일이 한반도에 중대한 영향을 줄 것이라 생각했다. 한국 국영방송까지도 흡수통일에 강한 반감을 드러냈다. '결코 깊이 생각해본 적이 없다'는 김 주석의 한 마디는 오히려 그가 독일 통일에 대해 얼마나 심각하게 생각해왔는지 잘 보여주었다. 동구권 사회주의 국가들이 무너진 상황에서 한국이 소련과 외교 관계를 수립하고 중국과도 국교정상화에 이르고 있던 그때, 북한은 정치적 위기감을 강하게 느꼈을 것이다.

사실 그 무렵 국제사회 분위기는 북한이 붕괴될 것이라는 예견이 지배적이었다. 북한 외교 정책은 그런 상황을 되돌려놓기 위해 극단적인 성격을 띤다는 분석이 설득력 있게 나돌았다. 이른바 북한의 '벼랑외교'는 지금도 변함없이 체제 유지를 위한 전략으로 이어지고 있다. 핵실험이라는 극단적인 상황까지 간 것도 바로 그런 배경이었다.

북한, 미국에 손을 내밀다

우리는 다음 질문으로 미국과 북한 관계를 꺼냈다. 김 주석은 대답했다.

"미국과 조선 사이의 비정상적인 관계는 조선에 대한 미국의 부당한 정책에서 비롯되었다. 상황의 전반적인 변화 과정을 살펴볼 때, 미국이 조선 정책을 재고할 시기가 왔다고 할 수 있다."

미국과 북한은 1988년부터 베이징에서 접촉해왔다. 1992년 김용순 조선노동당 비서가 뉴욕을 방문해 미 국무부 카터 차관과 첫 번째 고위급 회담을 가졌다. 이 회담은 앞서 일본과의 사례처럼 북한이 미국과 좀 더 선린우호적인 관계를 맺는 데 긍정적으로 작용했다.

김 주석의 발언 가운데 또 하나 강조할 점은 주한미군 철수를 전혀 언급하지 않았다는 것이다. 북한은 항상 한반도에서 미군 철수를 주장해왔다. 이 문제는 김 주석이 언급한 '미국의 부당한 정책'에 포함될 수 있지만, 사실상 미군 철수에 관해 어떤 구체적인 단어도 쓰지 않았다. 국교정상화 과정을 방해할 수 있다는 우려 때문에 사려 깊게 피하고 있는 것으로 보였다.

김 주석은 '상황의 전반적인 변화 과정'에 관해 언급하면서 북미 관계 증진을 희망했다. 동서 냉전 종식을 가장 큰 변화로 꼽았다. 2차 세계 대전 직후 미국과 소련의 대립 결과 한반도는 비극적으로 분단됐고, 1990년대 냉전이 끝났을 때 북한은 한반도에 대한 미국의 정책 변화를 기대했다. 그로부터 북한은 미국과 일본 사이에서 '줄다리기 외교' 전략을 구사했다. 일본과의 교섭이 곤경에 처하면 미국으로 방향을 바꾸고, 반대로 미국과 교섭이 어려워지면 다시 일본으로 방향을 트는 식이었다. 실제로 일본과 교섭이 실패하자 미국에 집중했다.

"미국이 우리 통일을 중심으로 지지하고, 조선반도의 평화를 책임
지는 길로 나아간다면 휴전협정을 평화협정으로 바꾸자는 우리 제안
을 받아들일 수 있을 것이다. 미국과 조선의 관계를 증진하는 데 해결
해야 할 아무런 문제도 없을 것이다."

김 주석은 이렇게 말한 뒤, 기자들을 둘러보며 덧붙였다.

"가네마루 신 선생이 미국을 방문해 두 나라(조선과 미국) 사이에 다
리 노릇을 하겠다고 한 것은 참으로 바람직하다……. 나는 먼저 미국
과 조선 사이에 놓여 있는 어려운 문제들을 해결하고 나면 일본과 조
선 사이에 놓인 문제들도 매끄럽게 풀 수 있으리라 생각한다. 가네마
루 신 선생이 우리에게 크게 공감해 이런 생각을 하게 됐다고 여긴다."

그 당시 김 주석은 미국보다는 일본과의 관계를 더 강조했지만, 일
본과 교섭하는 과정에는 항상 미국이 있었다. 그는 미국이 일본과 북
한의 관계정상화를 방해하고 있다고 의심했다. 미국은 가네마루에게
북한 핵개발 의혹을 전하면서 일본과 북한 관계정상화에 앞서 이 문
제를 반드시 해결해야 한다고 요구했다. 그러나 김 주석은 가네마루
에게 '그럴 의지도 그럴 능력도 없다'며 핵개발을 부정했던 것으로
알려져왔다.

미국은 일본과 북한 관계정상화 움직임에 예민하게 반응했다. 고이
즈미 일본 총리의 2002년 9월 미국 방문 때도 그랬듯이 언제나 북한
핵개발 문제를 들먹이며 끼어들었다. 고이즈미 방문 뒤 같은 해 10월
미 국무부 켈리 차관이 북한을 방문했고 북한의 우라늄 농축과 함께
두 번째 핵 위기가 시작됐다. 돌이켜보면 1990~1991년 일본과 북한
국교정상화 교섭 당시 불거져나온 핵문제는 계속 논란을 불러일으키
다가 1993~1994년 첫 번째 핵 위기로 비화되었다. 국교정상화 교섭
과 핵 문제는 연관된 것으로 보인다.

북한이 핵무기를 선택한 이유

인터뷰에서 김 주석은 핵문제에 대해 말했다.

"우리는 핵무기를 만들지 않았다. 그래서 어떤 사찰도 거부하지 않는다. 현재 남조선에는 1,000개도 넘는 핵무기가 있다.[33] 핵무기가 하나도 없는 우리를 사찰한다면, 많은 핵무기를 지닌 남조선도 동시에 사찰해야 한다."

북한 핵개발 문제는 북한과 일본 국교정상화에서 핵심 쟁점이었고, 그것은 곧 북한이 IAEA[34] 사찰을 허용하는 협정 수락 여부에 관한 문제였다. 북한 핵무기 개발 의혹은 1980년부터 시작됐다. 1985년 12월 북한은 NPT[35] 가입 뒤 소련으로부터 PWR 원자로(44만 킬로와트) 4기를 도입하고자 IAEA와 안전조치협정을 체결했다. 그러나 IAEA의 핵사찰을 규정하는 부속협정은 받아들이지 않았다.

미국은 1989년 북한이 영변에서 플루토늄 원자로를 개발하기 시작했다는 것을 알고, 이 사실을 북한과 국교정상화 교섭 중인 일본에 통보했다. 앞서 1988년 11월 무렵 IAEA는 북한을 포함해 8개국이 핵무기를 개발하고 있는 것으로 간주했다. 그러자 북한은 어떠한 핵무기나 화학무기의 실험, 생산, 비축도 없다고 즉각 부인했다. 그러나 북

---

[33] 1957년 미국이 한국에 배치했다. 북한은 1959년 소련과 원자력협정 체결, 1962년 소련의 지원받으며 연구용 원자로를 착공했다. 1975년 슐레진저 미 국무장관은 한국에 미국 핵탄두 배치를 공개적으로 인정했다. 1991년 부시 미국 대통령이 세계에 배치한 미군 전술 핵무기 전면 철수를 발표한 뒤, 같은 해 12월 당시 노태우 대통령은 대한민국 내 핵무기가 없음을 발표했다.

[34] 원자력의 평화적 이용을 촉진하고 군사목적 전용을 방지하기 위해 1957년 창설된 국제기구. 유엔 전문기관이 아니나, 그에 준하는 자격을 갖고 있다. 특히 NPT 제3조 '평화적 이용에 대한 안전 조치 이행 부분'을 대행하면서 핵사찰권을 행사한다.

[35] 핵무기 비보유국이 새로 핵무기를 갖거나, 핵무기 보유국이 비보유국에 핵무기를 넘기는 것을 동시에 금지하는 조약. 핵무기 보유국을 미국, 러시아, 영국, 프랑스, 중국의 5개국으로 한정하고, 그 외 나라는 포괄적 안전을 보장받도록 정하고 있다. 북한은 1985년 가입했다가 1993년 탈퇴했다.

한은 그 무렵 이미 핵무기 개발에 착수했다.

북한은 플루토늄 추출 기술을 독자적으로 개발했다고 시인했으나 일본과 국교정상화 교섭에서 북한 대표는 추출된 플루토늄은 평화적으로 사용할 것이며 재처리 과정은 없을 것이라고 말했다. 플루토늄 추출이 핵무기 개발용이라는 의혹을 부인한 것이다.

1990년 9월 북한은 핵무기 생산 의지를 드러냈다. 일본과 국교정상화 교섭 9개월 전 당시 소련 외무장관 셰바르드나제가 한국과의 국교정상화를 통보하기 위해 북한을 방문했다. 북한은 소련의 국교정상화 움직임에 강력히 반발하면서 비망록 하나를 전달했다.

북한은 비망록에서 다음과 같이 밝혔다. (1) (소련과 한국의) 국교정상화는 조선 분단을 고착화시키고 '2개의 코리아'를 국제적으로 합법화시킬 것이다. (2) 소련은 미국과 함께 2차 세계 대전 뒤 조선반도 분단을 초래한 책임이 있으며, 따라서 소련이 한국과 '외교관계'를 수립하는 것은 다른 나라들이 한국과 외교관계를 수립하는 것과는 완전히 다르다. (3) 한국이 "사회주의 국가들과 외교관계를 수립하는 북방정책"은 현실화될 것이다. 또 비망록은 소련이 한국과 관계 맺기로 결심했다면 소련과 북한의 우호협력과 상호원조 조약은 이름만 남게 될 것이고, 조선은 어쩔 수 없이 그동안 소련 동맹에 의존해온 일부 무기를 스스로 준비하는 방법을 모색할 수밖에 없을 것이라고 밝혔다. 북한이 스스로 핵무기를 개발하겠다는 경고였다.

'동맹에 의존해온 일부 무기'라는 말은 북한이 핵무기를 담보용으로 삼고 있다는 의미임이 분명했다. 북한 입장에선 소련이 한국과 국교를 정상화한다는 것은 참으로 큰 충격이었다. 소련은 북한이 생각하는 가장 중요한 동맹이었고, 소련과 한국의 국교수립은 북한 생존에 심대한 영향을 주게 될 것이었다.

마침내 북한은 소련과 한국의 국교정상화 이후 핵무기 개발로 방향을 잡았다. 동시에 북한은 일본과 국교정상화를 위해 노력하기로 결정했다. 일본 교섭이 실패했을 때 핵무장으로 가려는 전술적인 조처였다. 소련과 중국에게 배신당한 북한은 일본과 국교정상화를 추진하는 한편 핵무기를 개발해 최악의 사태에 대비하려 한 것이다.

북한은 1992년 핵사찰조약에 가입했고, 한국과 함께 비핵화 공동 선언을 발표했다. 이에 따라 IAEA는 북한에 대해 특별사찰을 실시했다. 북한이 신고한 부분만을 대상으로 삼은 제한적인 사찰이었다. IAEA는 영변 핵 시설 가운데 특정 장소를 포함하는 더 엄격한 특별사찰을 요구했다. 이 때문에 IAEA와 북한은 날카롭게 대립했다. 결국 북한은 1993년 3월 NPT에서 탈퇴했고, 이른바 첫 번째 핵 위기가 벌어졌다.[36]

1991년 핵개발을 주도하는 인물은 김 주석이 아닌 후계자 김정일 당 비서라는 인식이 퍼졌다. 아버지로부터 전권을 위임받은 김 비서는 1991년 군 최고사령관이 됐고, 1992년 원수라는 칭호와 함께 전군을 장악하는 국방위원회의 위원장이 됐다. 국내외적으로 어려운 상황에 내몰린 북한 정권은 새로운 김정일 체제로 스스로를 정비해야만 했다. 당시 김 비서는 핵개발을 통해 북한 체제를 유지하기로 결정했다.

인터뷰 후 점심 식사 동안 김 주석은 아들 김 비서에 관해 이야기했다.

"현재 김 비서가 당 업무를 완전히 주도하면서 경제 건설도 책임진다."

---

[36] 1993년 북한의 NPT 탈퇴 이후 한반도에서 위기가 고조되던 시기를 첫 번째 핵 위기라고 한다. 이 사태는 1994년 제네바에서 미국이 북한의 평화적 핵 이용을 보장하는 경수로 건설을 지원하고 북한은 핵개발을 중단하는 등 타협책에 합의하면서 해소된다.

권력 이양이 순조롭게 진행되고 있는 것처럼 보였다. 시력이 나빠 좋아하는 책들을 읽지 못하는 아버지를 위해 김 비서가 소설을 녹음한 테이프를 구해주고 있다고 밝혔다. 아들을 사랑한다는 말이었겠지만, 이미 늙어 시력도 나빠져서 이제는 정치문제를 총괄하는 아들 말을 듣는다는 얘기로도 들렸다. 김 주석은 인터뷰 3년 뒤에 사망했는데, 우리가 만났을 때도 이미 정신이 또렷해 보이지는 않았다.

1993년 이후 북한은 핵시설 개발을 계속했고 북한과 미국의 관계는 폭발 직전까지 갔다. 결국 북한은 제네바에서 북미 관계정상화를 위한 틀—북한이 플루토늄 생산을 멈추는 대가로 연료, 경제협력, 신형 경수로 두 기를 받기로 하는—에 합의했다. 마침내 북한은 핵시설을 해체하고 핵폐기물을 나라 밖으로 반출했다. 그건 북한의 외교적 승리라고도 볼 수 있었다. 현재 진행 중인 6자 회담은 북미 관계의 틀로 되돌아가는 것이라고 말할 수 있다. 북한의 핵개발은 1990년대보다 훨씬 더 진전된 상태며, 북한은 그사이 몇 차례 핵 실험을 통해 '핵무기 보유 국가'라는 지위를 얻었다.

북한이 미국과 관계정상화를 실현하고자 핵 위기를 극단으로 몰고 갔는지는 알 수 없으나 핵 카드를 동원한 벼랑 끝 외교로 국가 위기를 해결하려 애썼던 것만큼은 분명하다. 1991년 김일성 주석 인터뷰 당시 북한은 어쩔 수 없는 갈림길에 내몰린 모습이었다. 현재 북한 상황도 그때와 근본적으로 많이 변하지 않은 것처럼 보인다.

야수오 요시수케 (Yasuo Yoshisuke)

일본 시모노세키에서 태어났다. 추오대학을 졸업하고 1970년 〈교도통신〉에서 기자가 되어 서울 지국장(1983~1989년, 2001~2003년), 방콕 지국장(1992~1996년), 논설위원(2004~2007년)을 지내고 2007년 은퇴했다.

IAEA (국제원자력기구; International Atomic Energy Agency)

원자력의 평화적 이용을 촉진하고 군사목적 전용을 방지하기 위해 1957년 창설된 국제기구다. 1953년 유엔 총회연설에서 아이젠하워(Dwight D. Eisenhower) 전 미국 대통령의 원자력 개발 통제와 발전을 위한 국제기구 창설 제안에서 시작되었다. 핵 기술의 평화적 사용을 목적으로 과학적 기술적 협력을 위한 국가 간 공개토론, 핵의 부적절한 사용을 막을 국제적 세이프가드와 안전한 핵사용을 촉진하고 용이하게 하는 안전 수단 제공, 핵확산금지조약 제3조 '평화적 이용에 대한 안전 조치 이행 부분'을 대행하는 핵사찰권 행사 등이 주요 활동 내용이다. 정부 간 독자적인 국제조약에 따라 설립되었으나 유엔 총회와 안전보장이사회에 공식 보고한다. 2005년 노벨평화상 수상 연설에서 모하메드 엘바라데이 IAEA 사무총장은, 핵무기가 인류 안전을 보장할 수 없음을 우리가 함께 깨닫는다면, 신무기 개발에 소비하는 돈 중 단지 1퍼센트만으로 전 세계를 충분히 먹일 수 있다고 말했다. 2004년 IAEA는 개발도상국의 방사선 치료법 확립, 향상, 확산을 돕기 위한 '암치료를 위한 행동 프로그램(PACT)'을 만들었다. 2006년 10월 9일 북한 핵실험 이후 미국은 북한을 핵 보유국으로 인정하지 않고 있지만 IAEA 사무총장 엘바라데이는 인정했다.

NPT 또는 NNPT (핵확산금지조약; Nuclear Non-Proliferation Treaty)

핵무기 확산방지를 위한 조약. 1968년에 이미 핵무기를 보유했던 미국, 영국, 프랑스, 러시아, 중국(모두 유엔 안전보장이사회 영구 회원국이다)만을 '핵보유국(NWS; nuclear weapon states)'으로 인정하고 그 외 모든 나라인 '핵비보유국(NNWS; non-nuclear weapon states)'은 핵무기를 만들거나 보유하지 않으며, 이런 사실을 국제 원자력기구 IAEA 사찰을 통해 검증받는 대신 포괄적 안전을 보장받도록 정하고 있다. 핵 보유국은 보유 핵무기를 줄이는 핵군축을 통해, 비보유국은 핵에너지를 군사적으로 전용하지 않는 비확산을 통해 세계 핵 위협을 줄이자는 조약이다. 조약 서문 중심 내용은 핵무기 보유국의 핵무기 양여 금지 등 핵무기 확산 금지, 핵무기 감축, 핵 기술 평화적 사용이다.

NPT는 1958년 아일랜드 외무부 총리 프랭크 아이켄(Frank Aiken)이 진행을 시작했다. 1968년 핀란드가 처음 조인했고 당시 이미 핵무기 보유를 선언했던 미국, 영국, 프랑스, 러시아, 중국 5개국 모두가 조인을 마친 것은 1992년이다. NPT 조인국 중 1979년 핵무기 실험에 성공한 남아프리카공화국은 1991년 핵 프로그램을 포기하고 핵무기를 폐기했고 구 소비에트연방 핵무기 보유국들은 핵무기를 러시아에 반환했다.

태생적 불평등 조약인 NPT를 놓고 논란이 끊임없는데, 쟁점은 다음과 같다.

(1) NPT는 비핵 보유국에 대한 포괄적 안전보장 즉 핵공격을 받거나 핵무기 보유국과 동맹한 국가의 공격을 받는 경우가 아닐 때 핵 보유국은, 핵 비보유국에게 핵공격을 할 수 없다고 정한다. 그러나 미국은 핵 비보유국이던 1959~1991년 북한에 핵탄두를 겨눴고 영국 국방장관 죠프 훈(Geoff Hoon)은 '불량국가(rogue state)'의 비핵 공격에 대해 핵무기를 사용할 수 있다고 밝혔다. 2006년 프랑스 자크 시라크(Jacqes Chirac) 대통령은 국가가 대프랑스 테러에 개입한 경우 그 개입국가에 '작은 규모 핵무기'를 사용할 수 있다고 밝혔다.

(2) 핵무기 감축은 핵 보유국의 의무 조항이다. 조약 제6조에는 핵 보유국은 궁극적으로 핵무기를 근절하겠다는 약속이 명시되어 있다. 태생적 불평등성에도 NPT가 냉전시대 인류를 핵전쟁 공포로부터 막아주는 든든한 버팀목 구실을 한 근거다. 그러나 핵 보유국은 '핵무기 감축을 위한 협의에 진지하게 참여할 의무'를 지키지 않고 있으며 핵무기 고도화를 가속화하고 있다. 핵무기 비보유국이 NPT탈퇴와 핵무기 개발을 합리화하는 근거이다. 북한은

1985년 가입했다가 1993년 탈퇴했다.

(3) 핵기술의 평화적 사용 조항은 북한의 핵무기 개발, 이란의 농축 프로그램 비밀 진행, 리비아의 핵무기 개발 프로그램 비밀 진행 등 여러 차례 깨졌다. 2003년 4월 10일 NPT 탈퇴한 북한은 2005년 2월 핵무기 보유를 공개했고 2006년 10월 핵무기 시험 성공이 확인됐다. IAEA 모하메드 엘바라데이 국장은 35~40개국이 핵무기 생산 기술을 가진 것으로 예상한다고 말했다.

(4) 미국과 나토의 핵무기 공유는 핵무기 보유국의 비보유국에 대한 핵무기 양여 금지 조항 위반인가, 아닌가? 2005년 현재, 나토 합의하에 미국은 벨기에, 독일, 이탈리아, 네덜란드, 터키에게 핵폭탄 180개를 제공한 것으로 추정한다.

(5) 인도, 이스라엘, 파키스탄은 NPT 조인을 거부하고 있다. 인도와 파키스탄은 핵 보유국이고 이스라엘은 핵무기 보유 여부를 밝히지 않는 정책을 고수하고 있다. 2006년 3월 미국은 인도에게 비군사 부문 핵기술을 제공하기로 했다. 그러나 NPT 조인국 이란에게는 민간 핵연료 제조 기술 이전을 거부하고 있다.

(6) 조약의 효력이 끝나는 1995년, 제5차 재검토회의에서 미국은 NPT를 무기한 연장하면서 회원국에 대한 핵무기 사용 또는 사용위협을 하지 않겠다는 이른바 '소극적 안전보장'을 다시 약속했다. 핵무기 비보유국들은 이를 법적 효력이 있는 선언으로 받아들였다. 2000년 5월 뉴욕 유엔본부에서 열린 NPT 6차 평가회의에서 180여 가입국 대표들은 '핵보유 5개국의 핵무기 완전 제거 약속' '무기용 핵분열 물질 생산 금지조약 5년 이내 타결' '탄도탄요격 미사일(ABM) 제한조약 유지·강화'를 주요 내용으로 하는 합의문을 만장일치로 채택했다. 그러나 미국은 당시 약속을 대부분 파기하거나 이행하지 않았다. 핵무기 완전 제거, 무기용 핵분열 물질 생산 금지조약을 위한 논의뿐 아니라 '소극적 안전보장' 약속도 뒤집었다. 미국 국방부는 2001년 핵공격이 아닌 경우에도 '급박한 군사적 상황'이라고 판단하면 핵무기를 사용할 수 있다고 선언했다.

북미 1차 핵 위기

1993년 북한이 NPT 탈퇴를 선언하고 미국이 북한 핵시설 파괴를 고려한 시기를 첫 번째 핵 위기라고 한다. 1994년 제네바에서 미국이 북한의 평화적 이용을 보장하는 경수로 건설을 지원하고 북한은 핵개발을 중단하는 타협책에 합의하면서 해소된다.

1991년 남북은 화해, 불가침, 교환, 협력 등 기본 합의에 조인하고 한반도 비핵화를 위한 쌍방 핵사찰 관리 체제 구축 공동성명을 발표한다. 1992년 1월 30일 북한은 IAEA 협정과 핵 세이프가드에 서명하나 쌍방 사찰 관리체제에 관한 주요사항 합의에 실패한다. 1993년 북한은 핵폐기물을 보관했다고 의심되는 시설에 대한 특별사찰을 거부하며 NPT 탈퇴를 선언하고 IAEA는 북한에 불신임을 결의한다. 1993년 5월, 유엔안전보장이사회는 북한에 IAEA 사찰 허용을 요구하고 5월 13일 북한은 유엔 요구를 거부하며 IAEA 사찰단 접근을 전면 거부한다. 북한과 미국의 긴장이 심화된다. 1994년 3월 미국과 한국은 '북한 탄도미사일 위협'에 대응하기 위해 패트리어트 미사일 영구기지 제공과 배치에 합의한다. 1994년 4월 한국군과 주한미군은 합동훈련을 실시하고 이후 매년 실행된다. 북한은 국제사회 제재 시 전쟁불사 의사를 밝힌다. 1994년 미 상원의원 존 매케인(John McCain)은 미 정부에 '추가 군사조치'를 요구한다. 이후 방사능 방출 가능성을 염두에 둔 북한 핵시설에 대한 집중폭격과 정밀폭격이 논의된다. 그러나 북한과 중국 관계는 미국 결정을 어렵게 하는 요인이 된다(1961년 북한과 중국이 체결한 상호우호조약에는 북한이 미국이나 한국의 공격을 받을 경우 중국은 육상 병력 5만 ~7만 5,000명을 지원하고 병력 1만 명을 즉각 지원한다는 내용이 있다).

긴장이 높았던 1994년 6월, 미국 전 대통령 카터 평양 방문은 긴장해소와 북미 대화 재개의 물고를 튼다. 1994년 10월 21일 제네바에서 북한과 미국이 북핵문제 해결을 위한 기본합의(북미제네바합의)에 서명하면서 이른바 '북한 1차 핵 위기'는 해소된다.

북미 제네바합의 (The Agreed Framework Between the United States of America and the Democratic People's Republic of Korea)

1994년 10월 21일 제네바에서 북한과 미국은 아래 내용 합의에 조인한다.

— 북한은 강화된 IAEA 세이프가드에 따라 진행 중인 핵 프로그램 중지에 동의한다.

— 양측은 북한의 흑연감속형원자로(graphite-moderate reactor)를 경수로로 대치하는 데 협력하기로 한다.

— 양측은 완전한 정치적·경제적 관계정상화를 위해 노력하기로 합의한다.

— 양측은 '핵무기 없는 한반도'의 평화와 안전을 위해 함께 노력하기로 합의한다.

— 양측은 세계 핵무기 확산금지 관리체제가 강화되도록 함께 노력하기로 합의한다.

미국의 제네바 합의 궁극 목적은 북한 핵무기 제조 능력 제거다. 합의 내용은 북한이 진행 중이라고 의심되는 핵 프로그램을 중지하고 제거하면 중유, 경수로 두 기를 제공받도록 하고 있다. 북한이 핵 프로그램 중지를 선언하자 1995년 미국은 북한에 대한 경제 제재 일부를 해제한다. 북한은 한국, 미국, 일본이 주도하는 KEDO(한반도에너지개발기구; Korean Peninsula Energy Development Organization)와 계속 협력하고 KEDO는 북한 핵 프로그램 중지에 대한 보상으로 2003년까지 북한에게 경수로를 제공한다고 합의한다. 한국은 미국에게 비용 45억 달러 중 상징적 일부라도 분담할 것을 제안하나 미국은 의회 승인 난항을 이유로 거부한다. 미국은 북한에 제공할 중유 비용 지불 약속을 지키지 않는다. 제네바합의 체결 당시 미 고위관리들은 김정일 정권이 붕괴할 것이라고 보고 합의 이행에 소극적이었고 빌 클린턴 행정부는 대북 경제제재 해제와 중유 공급 약속을 지키지 않았다. 김일성 사망과 '고난의 행군'이 미국의 북한 정권 붕괴 예측 근거였다. 2001년 1월 공화당이 40년 만에 다수당이 되면서 제네바합의는 사실상 사문화된다. 2002년 8월 미국 부시

행정부는 북한에 IAEA 사찰 즉각 허용을 강하게 다시 주장하고 북한은 거부한다. 2002년 10월, 북한 우라늄 프로그램 폭로 후 북한은 미국이 중유 공급을 중단하면 합의가 중지될 수 있다고 밝힌다. 2002년 11월 부시 미국 대통령은 북한행 중유 선적을 중지하고 북한은 1994년 협정 파기를 선언한다. 미국과 동맹국들은 북한에 대한 중유 공급을 중지한다.

북한 핵 공포의 근거

한국전 당시 더글러스 맥아더 유엔군 사령관이 북한 전역 26개 지역 목표물을 겨냥한 핵 공격 계획을 세웠다. 김정일 위원장에 대한 노골적인 증오심을 드러내며 여러 차례 북한 정권 붕괴를 공언한 부시 대통령은 2002년 1월, 북한을 '악의 축'으로 낙인찍었다. 같은 달 미 국방부는 의회에 제출한 NPR(핵 태세 검토 보고서; Nuclear Posture Review)에서, 핵무기를 사용해 공격할 수 있는 나라에 북한을 집어넣었다. 또 '헛소문'을 이유로 이라크를 불법 침공한 사실은 북한의 불안감과 공포에 대한 현실감을 키웠을 것이다.

2001년 미국 국방부는 '핵공격이 아닌 경우에도 핵무기를 사용할 수 있다'고 선언했고 2002년 부시 행정부는 '테러와 관련 있는 나라가 대량살상무기를 보유하려 할 경우 선제공격도 가능하다'는 입장을 분명히 했다. 그 선제 공격에 핵무기를 동원할 수도 있다는 게 미 정부 입장이다. 실제로 미·영 합동군은 이라크 침공에 앞서 "사담 후세인 정권이 생화학무기를 사용하면, 핵무기로 보복할 것"이라고 밝혔다. 현재 미국과 러시아는 몇 분 안에 발사 가능한 핵탄두를 각각 약 2,000기 유지하고 있다.

북핵 6자 회담

2002년 1월 29일 부시 미국 대통령의 '악의 축' 발언 이후, 북한은 격렬히 대응했고, 2003년 NPT에서 탈퇴한다. 잇따라 불거진 북한 핵문제의 평화적 해결방안 논의를 위해 남북한과 미국 중국 일본 러시아가 참여한다.

중요 논점은 (1) 미국 부시 집권 이후 커진 북한 체제 위협에 대한 북한의 안전보장 요구 (2) 1994년 제네바에서 합의한 '북미 관계정상화를 위한 틀'에 따라 경수로 건설 이행 (3) 북한의 핵에너지 평화적 사용 (4) 북미, 북일 외교 관계 정상화 (5) 1953년 이후 계속된 미국의 대북 경제 제재 해제 (6) 확인 가능하고 복구 불가능한 군비 제한이다.

참가국들은 9·19 공동 성명, 2·13 합의, 10·3 합의에서 '행동 대 행동' 방식에 합의했다.

아래는 6자 회담 주요 진행 과정이다.

2002년 10월 북한, 방북한 제임스 켈리 국무차관보에게 우라늄 농축 핵개발 시인.

2002년 12월 북한, 영변 원자로 재가동, 영변 IAEA 감시장치 무력화, IAEA 조사단 추방 계획 발표.

2003년 1월 북한, NPT 체결 즉각 중지 선언. 미국 관리, 북한이 베이징 북미 협의에서 핵무기 보유, 실험 가능성, 삼국 이전가능성을 언급했다고 전함.

2003년 8월 베이징에서 1차 북핵 6자 회담 개최. 북한, 핵무기 실험과 신형 미사일 시험 발사 가능성 공표.

2003년 10월 북한, 핵무기 개발 강화, 시험 가능성 발표.

2004년 1월 북한, 핵 전문가를 포함한 비공식 미국 대표단 영변 방문 허용. 미 핵 전문가 지그프리드 헤커(Sigfried Hecker)는 북한 핵기술의 핵무기 생산 가능성과 미사일 탑재 가능성을 확신할 수 없다고 밝힘.

2004년 2월 파키스탄 핵폭탄 개발 과학자 압둘 칸(Abdul Qadeer Khan)은 북한이 리비아, 이란에 우라늄 관련 기술을 이전했다고 밝혔으나 북한은 거짓말이라고 선언. 베이징에서 2차 6자 회담 개최. 핵무기 없는 한반도 등 합의.

2004년 6월 베이징에서 3차 6자 회담 개최. 미국, 북한 핵 프로그램 폐기 시 연료지원, 안전 보장 제안. 한반도 비핵화 합의 재확인.

2005년 2월 10일 북한 외교부장, 방어 위한 자체 개발 핵무기 제조와 6자 회담 참가 중단 발표.

2005년 6월 17일 북한 김정일 위원장, 평양 방문한 한국 외교 대표에게 미국이 북한을 '존중'하는 등 조건이 맞는다면 7월 내 회담 재개 가능성 밝힘.

2005년 7월 22일 북한, 한국전 이래 남북 상호적대 종식하도록 휴전을 평화협정으로 전환 요청. 동시에 핵 위기도 해결될 것이라고 덧붙임.

2005년 7월 26일 4차 북핵 6자 회담 시작. 북한의 핵 민간 사용 주장이 받아들여지지 않아 협의문 발표 못함.

2005년 8월 7일 4차 회담 휴회.

2005년 8월 23일 미국 협상 대표 크리스토퍼 힐, 북한 민간 핵계획이 협상 위반 아니라고 발표.

2005년 9월 13일 4차회담 재개.

2005년 9월 19일 6자 공동 합의문 발표(9·19 공동 성명). 북한, 핵무기와 핵무기 프로그램 포기. 미국, 대북 불가침 의사 확인. 미일 관계 정상화, 회담 참가국의 대북 에너지 지원. 한반도 항구적 평화 체제 건설 협상. 미국과 한국, 한반도에 핵무기 없음을 공식 확인. 엄격한 세이프가드에 따른 북한의 핵에너지 프로그램 허용 등 포함.

2005년 11월 9일, 5차 회담 시작. 11일 결렬. 북한, 달러 위조와 자금 세탁을 이유 삼은 미국의 마카오 방코 델타 아시아 북한 계좌 동결에 대해 항의.

2006년 7월 5일 북한, 장거리 미사일 대포동 2호 등 미사일 7기 발사.

2006년 10월 3일 북한 외교부장, 일시 명시 없이 첫 핵폭탄 실험 실행 계획 밝힘.

2006년 10월 9일 북한, 핵무기 실험 성공 발표.

2006년 12월 5차 회담 재개.

2007년 2월 8일 5차 회담 재개.

2007년 2월 13일 '9·19 공동성명 이행을 위한 초기 조치'(2·13 합의문) 채택. 북한이 핵시설 폐쇄 봉인 등 초기단계 이행하면 중유 5만 톤, 핵시설 불능화하면 중유 95만 톤 지원 합의.

2007년 3월 6차 회담 시작. 2·13합의 초기단계 이행조치 구체화 방안 논의 위해 개최.

2007년 7월 14일 한국 연료 지원 후 북한, 영변 핵시설 폐쇄 선언하고 모든 핵 프로그램 폐지 의사 밝힘.

2007년 7월 18일 IAEA 조사관, 북한 핵시설 폐쇄 확인 발표.

2007년 7월 20일 합의문 발표. '행동 대 행동' 원칙 재확인. 북한, 모든 핵 프로그램과 모든 핵 관련시설 불능화 합의 재확인. 북한, 납치문제 해결을 이유로 한 일본의 에너지 지원 기금 거부에 대해 경고.

2007년 9월 북한, 영변 핵시설 포함한 모든 핵시설 불능화를 2007년 12월 31일까지 마치기로 동의. 미국, 북한 이행에 따른 약속 이행 확인.

단지 뉴스를 전하려는 욕망 때문에

나를 고통스럽게 한 건 이스라엘만이 아니었다. '아는 것, 그리고
다른 사람들도 알게 하는 것'이라는 기자에게 주어진 본연의 일
을 했다는 이유로 동족 팔레스타인 쪽에서도 투옥당했다.

태국에서 임금님 문제를 말하는 방법

당신은 기사를 쓸 수 있지만 그 위험도 당신이 져야 한다.
가장 좋은 길은 아예 생각조차 하지않는 것이다.

03
NEWS

아시아의 뉴스,
아시아의 기자

군부독재가 주춤하니 재벌권력이 밀려온다

"나는 돈을 엄청 뿌렸어! 경찰과 언론인에게 다 줬어. 수티요소를
주지사로 만들어 준 것도 나야." 그는 경찰서에서도 주먹을 휘둘
렀다. 경찰서조차 무법천지라는 사실, 참으로 아이러니였다.

단지 뉴스를
전하려는 욕망
때문에

팔레스타인 PALESTINE

공식명칭 팔레스타인자치정부(Palestine National Authority)

약칭 팔레스타인(Palestine)

수도 라말라(Ramallah)

정부형태 자치정부

면적 2만 770제곱킬로미터

인구 서안지구 253만 5,927명, 가자지구 142만 8,405(2007년 기준)

인종 가자지구 팔레스타인족 99.4퍼센트
　　　서안지구 팔레스타인족 83퍼센트, 유대인 17퍼센트

종교 가자지구 이슬람교(수니파가 주류) 98.7퍼센트, 기독교 0.7퍼센트
　　　서안지구 이슬람교(수니파가 주류) 75퍼센트, 유대교 17퍼센트, 기독교와 기타 0.7퍼센트

언어 팔레스타인 아랍어(공용어)

1인당 GDP 구매력평가기준(PPP) 1,500달러(2005년 서안지구 기준)

적과 동지를 모두 겨냥한 솜씨

2002년 2월 5일 새벽 2시, 숨넘어가는 다오우드(Daoud Kuttab) 편지가 날아들었다. 이스라엘군이 〈알 쿠드스(Al-Quds)〉 방송을 공격한 날이었다. 다오우드는 전 세계 언론 동지들에게 "가능한 모든 수단을 동원해서 이스라엘의 야만적인 대팔레스타인 언론공격을 고발해달라"고 호소했다. 2000년 터진 제2차 인티파다(intifada: 봉기)가 장기전에 치닫던 그 무렵, 이스라엘군은 조직적인 대언론공격을 감행했다.

이스라엘군은 다오우드의 〈알 쿠드스〉를 공격하기 전, 이미 공격용 헬리콥터로 로켓포를 발사해 〈보이스 오브 팔레스타인(Voice of Palestine)〉 라디오방송 송출탑 두 개를 파괴했고, 야세르 아라파트 팔레스타인 대통령 공관과 나란히 붙어있는 〈팔레스타인(PalestineTV)〉 방송을 미사일로 폭파시켰다. 〈알 자지라(Al-Jazeera)〉지국, 이집트 〈나일(Nile)〉 방송 지국, 아랍 에미리트 〈아부다비(Abu Dhabi)〉 방송 지국도 공격했다.

또 비우호적이라는 이유로 이스라엘 전역에 〈BBC〉 방송 수신을 차단해버렸다. 뿐만 아니라 〈와탄(Watan)〉 방송을 점령해서 아이들이 주로 방송을 보는 시간대인 대낮에 포르노를 내보내는 만행을 저지르기도 했다.

그 과정에서 이스라엘 정부는 알 아자위(〈Abu Dhabi〉 소속) 기자를 비롯한 아랍 언론사 특파원들을 줄줄이 추방했다.

방송만 공격했다고? 그럴 리가! 이스라엘군은 인티파다를 취재하는 기자들을 조직적이고도 치명적으로 공격했다. 내가 그 현장을 취재했던 2000년 9월부터 2002년 4월까지만 따져도 이스라엘군의 기자 공격이 180여 건에 이른다.

그 결과 하젬 바델(〈APTN〉 소속), 브루노 스테벤(〈Liberation〉 소속), 벤 위드만(〈CNN〉 소속)을 비롯한 기자 59명이 총격을 받아 중태에 빠졌고, 암자드 알 아라미(〈Palestine TV〉 소속), 라파에로 치리엘로(〈Corrier della Sera〉 소속)를 비롯한 기자 6명이 사망했다. 무슨 특별한 말로 팔레스타인 언론 상황을 설명하고 말고 할 일도 없을 듯싶다.

다만, 다오우드가 별난 건 이스라엘과 팔레스타인 두 쪽 정부로부터 공히 박해를 받았다는 사실이다.

"기자로서 이야기하라면, 솔직히 감방 환경은 이스라엘 쪽이 훨씬 나은 편이더라."

그이가 우스개로 한 말이지만, 다오우드는 이스라엘과 팔레스타인 감옥을 비교할 수 있는 드문 기자다. 분쟁 상황에 있는 두 정부로부터 공히 찍혔다면 다오우드 정체는 이미 쉽게 드러난 셈이다. 그건 적군과 아군을 모두 비판 대상으로 삼은, 결코 편치 않은 길을 택한 기자란 뜻이다.

신문 기자로, 팔레스타인 최초 교육방송 〈알 쿠드스〉 창설자로, 알 쿠드스대학 언론학과 주임교수로, 늘 새로운 길을 좇아 전천후 언론인 노릇을 해온 다오우드는 몇 해 전부터 중동에서 최초로 인터넷 라디오 방송 〈암만넷(ammanradio.com)〉을 띄워 팔레스타인의 소리를 세상에 전하고 있다.

세계 최강, 세계 최고 무장을 자랑하는 이스라엘군의 공격도 팔레스타인 언론의 희망을 전멸시켜버릴 수 없다는 사실을 다오우드 같은 이들이 잘 증명하고 있다.

정문태

단지 뉴스를
전하려는 욕망
때문에

다오우드 쿠탑

PLO 말은 보도할 수 없다

25년 넘는 세월 동안, 내 직업을 생각할 때마다 〈AP〉에서 낸 핸드북 내용을 떠올린다. '기자란 직업은 아는 것. 그리고 다른 사람들도 알게 하는 것.'

하지만 명쾌한 이 한 마디는 예루살렘에 사는 팔레스타인 기자인 내 현실과는 너무 거리가 멀다. 나는 무슨 일이 벌어지는지 '알아내고' 또 '알렸다'는 이유로 여러 차례 투옥당해 굴욕을 겪어야 했다. 심지어 내가 운영하는 TV 방송국이 파괴당하는 일까지 겪었다. 나를 고통스럽게 한 건 이스라엘뿐 만이 아니다. 단지 기자 본연에게 주어진 일을 했다는 이유로 동족 팔레스타인 쪽에서도 투옥당했다.

기자로서 내가 부딪혔던 첫 번째 난관은 이스라엘의 신문 발행 통제였다. 가장 화가 났던 것은 이른바 군 검열 정책이었다. 이스라엘 국익 보호를 위해 군사 기밀 보도를 막는다는 그 정책이 사실은 팔레스타인을 겨냥한 정치 검열이었다. PLO(팔레스타인 해방기구; Palestine

Liberation Organization) 관계자 말을 인용하거나 의견이 담긴, 팔레스타인 민족주의에 공감하는 모든 내용에 파란 줄을 찍찍 그어 보도를 금지했다.

나는 팔레스타인 사람들에게 닥친 일들을 반드시 전해야 하며, 내가 그 정보들을 알아낼 수 있을 거라고 생각했다. 그게 바로 내가 기자가 된 이유다. 그러나 이스라엘군의 검열용 '삼각 스탬프'는 나의 노력을 번번이 제한했다.

우리 기사에는 언제나 그 삼각 스탬프가 찍혔다. 나는 영문판 주간지 〈알 파즈르(Al Fajr)〉 편집장으로서 서예루살렘 아그론(Agron) 거리에 있는 이스라엘 정부 공보처에 자주 갔다. 얼마나 많은 기사들이 통과될지(사각 스탬프) 거부당할지(삼각 스탬프) 알지 못한 채 손에 교정쇄들을 가득 들고서 말이다. 공보처 사무실로 들어가려면 〈시카고 트리뷴(Chicago Tribune)〉이나 〈르 몽드(Le Monde)〉 같은 서양 신문사 지국을 지나가야 했다. 나는 그들 가운데 누구의 옷이라도 움켜잡고, 얼마나 외치고 싶었는지 모른다.

"이 교정쇄를 봐라! 이것이 자칭 '세계 유일 민주주의' 이스라엘이 팔레스타인 사람들을 정치적으로 검열하고 있다는 증거다!"

검열에 대한 분노는 취재 현장을 넘어서도록 만들었다. 1982년 예루살렘에서 벌어진 검열 반대 집회에 참가했다. 통상적으로 기자가 특정 입장을 가져서는 안 된다고 생각해왔던 나는 탄원서 서명이나, 정당 가입 같은 일들을 멀리했다. 그러나 스스로에게 단 한 가지 예외를 허용했다. '표현의 자유'라는 기자의 본질적 권리를 지키는 일이다.

우리를 시위로 내몬 것은 상식을 넘어선 강도 높은 검열 정책이었다. 1981년 'PLO 소탕을 위해 서베이루트(Beirut)의 PLO 본부를 공습'하면서 레바논을 침공한 이스라엘 베긴-샤론 연립정부는, PLO를 인용하거나, PLO에 동정심을 불러일으킬 수 있는 모든 보도를 금지했다.

현직 팔레스타인 기자 연합인 아랍언론협회(The Arab Press Association)는 이스라엘 검열 정책에 반대하며 평화행진을 벌였다. 우리는 예루살렘 나블루스(Nablus)에서 출발해 동예루살렘 옛 시가지 관문인 다마스쿠스 게이트(Damascus Gate)로 갔다. 그곳에서 경찰이 막아섰지만 우리는 이스라엘 검열이 빚어낸 우스꽝스러운 결과를 상징적으로 보여주기 위해 입에 테이프를 붙인 채 평화행진을 계속했다.

그러나 몇 분 만에 우리는 모조리 경찰차 안으로 팽개쳐졌고, 곧바로 인근 마스코비아(Mascobia)에 있는 경찰본부로 이송됐다.

구금은 길지 않았다. 6시간 만에 변호사들이 와서 우스꽝스러운 절차를 밟은 뒤 우리는 보석금에 기소유예 처분을 받고 풀려났다. 결국 기소는 이루어지지 않았다. 그러나 그 짧은 구금 사실이 이스라엘 당국의 개인 정보 파일에 담겼고 또 국경 검문소 컴퓨터에도 입력되었을 것이 뻔하다. 그 뒤 국경 통과에 걸릴 때마다, 나는 항의 시위 때문일 것이라고 생각했다.

그렇더라도 이스라엘 검열 정책이 기자로서 일을 해나가는 나를 묶어버릴 수는 없었다. 나는 계속 〈알 파즈르〉에서 일했고, 승진하여 편집장이 되었다. 1980년대 말 나는 보다 자유로운 환경을 좇아 프리랜스 기자 겸 칼럼리스트로 일하기 시작했다. 1994년 어느 날, 한 이스라엘 편집자가 나에게 〈예루살렘 포스트(Jerusalem Post)〉 예루살렘 시내판에 글을 쓸 생각이 없냐고 물었다. 오슬로 협정(Oslo Accords)[1]을 맺은 바로 뒤라 평화분위기가 넘칠 때였다.

---

[1] 1993년 노르웨이 오슬로에서 체결된 팔레스타인과 이스라엘의 평화협정. 팔레스타인-이스라엘 상호인정, 요르단강 서안과 가자지구 등 점령지에서 이스라엘군 철수, 팔레스타인 자치국가 수립 등이 주요 내용이다.

그렇게 해서 나는 '동쪽으로부터의 조망'이란 제목으로 칼럼을 쓰기 시작했다. 두 달이 지날 무렵 일이 터졌다. 1994년 이스라엘 정착민이 헤브론(Hebron)에 있는 알 이브라히미(Al Ibrahimi) 사원에서 기도하고 있던 무슬림들을 난사한 사건을 다룬 내 칼럼 탓이었다. 칼럼에는 어머니와 나누었던 대화가 들어 있었다. 차를 타고 예루살렘에서 베들레헴까지 가는 길에 있는 한 야외공연장을 지날 때 어머니가 말씀하셨다.

"이스라엘 사람들은 헤브론 대학살 같은 잔학행위를 저질렀으니 이런 대형 야외공연장에서 행사를 열 때는 조심해야 할 거야."

내 칼럼을 본 반아랍 성향 미국계 유대인 지도자 메이어 카하나(Meir Kahana)가 유대인 살해를 조장한다며 나와 〈예루살렘 포스트〉 편집국 간부들에게 항의했다. 이스라엘 경찰은 즉시 나를 마스코비아 경찰본부로 소환했다. 한 시간 기다린 끝에 한 시간 동안 심문받고 보석금을 내는 조건으로 기소유예로 풀려났다. 〈예루살렘 포스트〉 편집 간부들은 경찰 소환 대신 해명서를 신문에 실으라는 전화 통고를 받았다.

이스라엘 경찰과 두 번째 충돌로 내 개인 파일에는 기록이 추가됐다. 그때부터 이스라엘 정보당국이 색안경을 끼고 나를 보기 시작한 걸로 알고 있다. 그렇게 이스라엘과 끊임없이 부딪히고 있던 나는, 내 민족인 팔레스타인 당국과 앞으로 훨씬 더 많이 충돌하리라곤 상상조차 하지 못했다.

오슬로 협정에 따라 PLO가 라말라(Ramallah)로 돌아오고 팔레스타인 영토가 확정된 일[2]은 희망과 위험을 동시에 가져왔다. 새 팔레스

---

[2] 1993년 오슬로 협정이 체결되고, 1994년 팔레스타인 자치정부 출범과 함께 PLO가 라말라로 돌아온다.

타인 지도부는 팔레스타인 언론들로부터 지지를 받을 때는 좋아하다가도 비판적인 기사에는 얼굴색을 바꾸기 일쑤였다.

평화 협정 이행이 시작되었다. 그리고 PLO는 국가를 세우고자 노력하는 과도기 동안 현지 라디오와 TV방송국 설립을 허용했다. 팔레스타인 역사상 처음으로 우리 자신이 전자매체를 소유하고 운영할 수 있게 된 것이다. 내가 설립을 도운 현대미디어연구소(The Institute of Modern Media)는 교육용 TV방송국을 열 예정이었다.

라말라에서 TV방송국 설립 허가를 얻자, 나는 이 TV방송국을 우리 팔레스타인 민족을 교육하는 도구로 쓰고 싶었다. 그러나 수준 높은 현지 프로그램을 제작할 인력도 자금도 없었기 때문에 많은 비용이 들지 않는 프로그램을 만들어야 했다. 지역의 여러 공공이벤트를 찍어 현지 제작하는 게 내가 찾은 해답이었다.

그런 우리에게 '최초'라는 역사성을 지닌 팔레스타인의회 선거는 양질의 프로그램 콘텐츠를 확보할 수 있는 기회였다. 나는 PLC(팔레스타인 입법위원회; Palestinian Legislative Council) 회의 생중계를 요청했고, 허가를 받아냈다. 하지만 그때는 판도라의 상자를 열고 있다는 것을 전혀 깨닫지 못했다.

불편한 아라파트의 관심

1997년 봄, 아직 PLC 회의 보도조차 내보내지 못한 상태에서 우리는 작업을 중단하라는 압력을 받았다. 그리고 방송 시작 4주 무렵부터 현실적으로 심각한 장애물에 부딪혔다. 누군가 방송 전파를 방해했던 것이다. 확실한 증거는 없었지만 국영 팔레스타인 TV가 주범이라는 이야기를 들었다.

생방송을 흔쾌히 승낙했던 PLC 의장 아흐마드 쿠라에이(Ahmad Qraei)는 내 설명을 듣고 몹시 화냈다. 그러면서 국영 방송이 PLO 기사는 아주 사소한 것도 빠뜨리지 않으면서 팔레스타인에서 가장 중요한 조직인 의회에 관해서는 단 한 프레임 분량도 보도하지 않는다고 불만을 터뜨렸다. 그는 방송을 계속하라고 나를 격려했다. 심지어 테이프를 암시장에 뿌려서라도 멈추지 말라고 간청하기까지 했다.

1997년 6월, 우리는 생방송을 계속했다. 그때 PLC는 팔레스타인 임시정부(Palestinian Authority)의 부패를 놓고 심각한 토론을 벌였고 우리는 평상시처럼 회의를 방송했다. 다소 거친 말들도 오갔다. 그런데 순간 그동안 계속돼온 전파 방해가 사라졌다. 나는 이 사실을 동료들에게 알렸다. 우리는 수없이 항의한 끝에 얻은 결과라고 생각했다. 나는 내 운명이 팔레스타인 임시정부에서 매우 지위가 높은 사람, 팔레스타인 지도자 야세르 아라파트(Yaser Arafat), 바로 그의 손에 달려 있다는 사실을 전혀 눈치 채지 못했다.

밤 11시쯤 집 전화벨이 울렸다. 라말라 경찰서였다. 전화 속 목소리는 정중히 할 말이 있다고 했다. 이렇게 밤늦은 시간에 경찰서로 오는 것이 내키지 않겠지만, 차나 한 잔 하자고 덧붙였다. 그리 오랜 시간이 걸리지 않을 거라며 거듭 나를 안심시키려고 애를 썼다.

나는 만약의 사태에 대비해 변호사와 PLO 고위직에 있는 몇몇 친구들에게 전화를 건 뒤 경찰서로 갔다. 그날 당직 경찰은 나에게 아주 간단한 질문 하나를 던졌다.

"당신이 〈알 쿠드스(Al Quds)〉 교육방송 책임자인가?"

그렇다고 대답하자 그는 옆방으로 가서 기다리라고 말했다. 그 뒤 채 한 시간이 안 돼서 변호사인 동생이 나를 찾아왔고, 우리는 이

번 사건에 대처할 전략을 짜기 시작했다. 이런 경우 일을 조용하게 처리할 것인지 아니면 시끄럽게 만들 것인지 둘 중 하나를 선택해야 했다.

순간 내 마음 속에는 비슷한 상황에서 석방될 때까지 하루, 몇 주일 또는 몇 달을 기다린 사람들이 떠올랐다. 나는 나 자신을 감옥에서 썩게 내버려두지 않을 것이다. 잘못한 것이 없었다. 우리는 법이 허용하는 범위 안에서 일했고, 내 직업상 그건 공적 의무에 속했다. 의원들이 의회에서 평소처럼 말한 것이 어떻게 내 잘못이란 말인가? 우리는 오직 전령 노릇만 했을 뿐이다. 나는 팔레스타인 임시정부가 '아는 것 그리고 다른 사람들도 알게 하는 것'이라는 기자의 근본 사명을 실천하는 우리를 가로막게 두어서는 안 된다고 결심했다.

나는 동생에게 여기서 적어도 하룻밤쯤은 지내야 할 것 같으니, 가능한 한 많은 사람들에게 내가 체포된 사실을 알리도록 했다. 그들의 목적은 우리 입에 재갈을 물려, 민의의 전당 의회에서 일어나는 일을 대중에게 내보내지 못하게 하는 것이었다. 우리 방송국 문을 닫게 만들려는 그런 행위를 나는 받아들일 수 없었다.

구류 이유는 공식적으로 밝히지 않았지만, 나는 동생에게 팔레스타인 임시정부 부패를 다룬 PLC 회의중계를 원인으로 알리라고 지시했다. 이렇게 적극적으로 한판 붙겠다는 행동을 보이지 않으면, 팔레스타인 임시정부는 말도 안 되는 이유를 갖다붙일 게 뻔했다.

팔레스타인 임시정부는 내 체포 이유를 거짓으로 꾸며대지는 않았다. 간단히 부인해버렸다. 언론사들의 빗발치는 전화에 라말라 경찰서 안내전화 담당자는 내가 체포되었다는 것도, 체포된 뒤 이 경찰서에 구류돼 있다는 사실도 모두 부인했다.

말인즉 맞았다. 나는 실제로 체포되지 않았던 것이다. 수갑도 체포

영장도 없었다. 철창 안에 갇힌 상태도 아니었다. 문자 그대로라면, 나는 평범한 사무실에서 '기다리는' 상태였다. 내가 갇힌 곳은 경찰서 행정실이었다. 행정실 직원들이 모두 퇴근한 지극히 일반적인 사무실에 혼자 있었다. 마실 차도 주었다. 밖에서 문을 잠갔다는 점만이 달랐다. 경찰서장은 전화만 오면 빠른 시간 내에 집으로 돌아갈 수 있다고 거듭 강조했다. 새벽 2시가 되자 정사각형 모양의 얇은 스펀지와 담요를 가지고 들어와, 자라며 건네주었다.

다음 날 아침, 동생이 다시 찾아왔다. 동생은 팔레스타인 임시정부 공식입장은 여전히 구금 사실 부인이고, 언론과 국내외 정치세력들이 이 사건을 떠들기 시작했다고 전했다. 그리고 내일, 내 아이들과 이곳에서 만나는 것을 경찰서장이 허락했다고 알려주었다. 사건이 해결되기를 기다리는 동안 읽으라며 책도 몇 권 건네주었다.

언론협회 대표는 자신이 아라파트에게 석방을 호소했고, 40명 넘는 기자들이 이 감금에 항의하는 탄원서에 서명한 사실을 전해주었다. 팔레스타인 입법위원회 의원 하난 아슈라위(Hanan Ashrawi)도 억류에 항의하고, 국제적인 차원에서는 프랑스와 미국을 중심으로 친팔레스타인 연대 단체들이 탄원서명운동을 벌인다는 소식도 들려왔다.

그날 저녁 내내 나는 전날처럼 행정실에서 책을 읽거나 경찰들과 이야기를 나누면서 보냈다. 경찰들과 대화를 통해 극빈층 범죄, 차량 절도 같은 여러 가지 일에 대해 알게 됐다. 그리고 또다시 내가 그런 범죄자들처럼 철창 안에 구금되지 않을 것이며 언제라도 전화만 오면 집으로 보내준다는 말을 들었다. 또 상부에서 나를 구금할 때 고위 경찰 간부나 정보 장교들을 일시 구금할 때처럼 특별히 친절하게 대하라는 명령을 받은 사실도 전해주었다.

단식 투쟁

구금 3일째가 되면서 상황이 불쾌했지만 아이들이 온다는 사실에 매우 흥분했다. 하지만 동시에 불안했다. 아이들이 정말 보고 싶었지만, 오랫동안 내가 지지해온 팔레스타인 지도부가 나를 구금한 이유를 아이들에게 설명할 말을 찾기 어려웠던 탓이다. 아라파트 정부 경찰이 아빠를 감금하고 있다는 사실을 알게 되면 아이들 마음속에 팔레스타인 민족 지도자 아라파트의 이미지가 영원히 나쁘게 새겨질 것이 분명했다.

오전 10시 무렵 도착한 아이들이 행정실 복도 가까이 왔을 때 작은 소동이 벌어졌다. 그러곤 아이들이 사라졌다. 현지 TV기자가 아이들을 따라온 것을 본 경찰서장이 화가 났고, 그래서 아이들의 방문이 취소되었다는 것이다. 화가 치밀어 올랐다.

창문 밖을 내다보니 TV기자가 건너편에서 그림이 될 만한 것을 찍기 위해 카메라를 들고 애쓰는 모습이 보였다. 잠시 머뭇거린 나는 책상으로 달려가 종이에 영어로 '단식 투쟁(Hunger Strike)'이라고 썼다. 그리고 그 기자를 향해 휘파람을 불었다. TV기자는 슬로건이 적힌 종이를 카메라줌으로 당겨 촬영했다.

곧 위층에서 급히 내려오는 발자국 소리가 들렸다. 문이 열렸다. TV기자가 촬영하는 데 성공했다고 생각한 나는 급히 종이를 떨어뜨렸다. 그러나 경찰은 내가 무엇을 했는지 금세 알아챘고, 태도가 급변했다. 기분이 매우 상한 것처럼 보였다. 잘 대해주면 마땅히 조용히 있어야 된다는 그들의 불문율을 깬 것이었다.

몇 시간이 지나 점심 식사가 나왔다. 나는 거부했다. 이유를 묻는 그들에게 단식 투쟁 중이라 말하고, 경찰서장에게는 기소하든지 아니면 집으로 돌려보내든지 택하라고 소리쳤다. 나의 존재를 부인하는 그들의 게임규칙에 놀아나지 않겠다는 결심을 전한 셈이다.

경찰은 길이 보이는 창문이 딸린 라말라 중심부에 있는 경찰서에 나를 조용히 감금하는 것이 사실상 어렵다고 생각했나 보다. 내가 정말로 단식 투쟁을 벌인다는 사실을 알게 되자 진짜 교도소로 보내기로 한 것이다. 나를 태운 경찰차는 무카타아(Muqataa) 교도소로 달렸다. 라말라 경찰서에 있을 때에는 변호사나 다른 사람들도 만날 수 있었으나 이제는 진짜 감옥에 갇혀버렸다. 가로 3미터, 세로 4미터 독방에.

감옥에 도착하자마자 교도소 간수 한 명이 나를 불러 뜨거운 차를 권했다.

"미안하다. 하지만 구금 이유를 밝히든가 아니면 석방될 때까지 단식 투쟁을 계속할 것이다."

내 말에 그는 곧 석방될 것이라는 이야기를 들었는데 굳이 굶어가며 쓸데없는 고생을 하냐며 나를 설득했다. 그러나 나는 구금될 만큼 잘못한 것이 없으며, 다음 번 식사는 반드시 집에서 할 거라고 대꾸했다.

그 뒤 이틀 동안 나는 바깥 세계와 완전히 단절됐다. 옆방 수감자들은 내가 곧 석방될 거라 들었다고 했다. 내 신변을 가장 극적으로 재확인한 것은 교도소 뜰을 걷고 있을 때였다. 이스라엘의 아랍어 라디오 〈3시 30분 뉴스〉가 보도한 '미 국무부, 아라파트에게 다오우드 석방 요구' 뉴스를 한 수감자가 알려주었다. 나는 정말 머지않아 풀려나리라 생각했다.

하지만 그때 미 국무부뿐 아니라 프랑스 외무부도 성명을 발표했으며, 〈워싱턴 포스트(Washington Post)〉 사설이 내 석방문제를 다루었고, 백악관 대변인이 기자와 인터뷰에서 내 석방을 요구했다는 사실까지는 알지 못했다.

구금 7일째, 단식 투쟁 4일째 되는 날, 다시 간수 사무실로 불려갔다. 간수는 내가 라말라 경찰서로 돌아가게 되었으며, 석방될 것 같다고 귀띔해주었다.

라말라 경찰서장 사무실에서 서장은 서류 하나를 보여주면서 내게 서명하라고 했다. 나는 법을 준수하겠다고 서약하는 그 서류에 기꺼이 서명했다. 내가 위법 행위를 하지 않았음을 잘 알고 있기 때문이었다. 집에 전화할 수 있다는 말에, 아내에게 단식을 끝낸 사람에게 좋은 뜨거운 수프를 준비해두라고 일렀다.

하지만 아직 끝이 아니었다. 나를 찾는 또 다른 전화가 왔다. 팔레스타인 경찰 총책임자 가지 자발리(Ghazi Jabali)의 전화였다. 그는 내가 곧 석방될 거라면서, 밖에 모여 있는 기자들 질문에 대답하지 말라고 명령했다. 자발리의 역할이 끝났다는 것을 알게 된 나는 긍정적인 단어들을 입 안에서 웅얼거렸다. 그리고 처음 경찰서에 올 때 가져왔던 지갑, 휴대폰 같은 개인 소지품을 챙겼다. 그리고 밖으로 나와 기자들에게 내가 느낀 대로, 바로 내가 표현의 자유를 제한하려는 시도의 희생자라는 것을 분명하게 밝혔다.

집으로 가기 위해 동생 차에 탔을 때 동료 기자 한 명이 다가와 말했다.

"다오우드, 다시는 체포 걱정은 하지 않아도 될 거요. 당신은 지금 면책특권을 가지고 있다는 것을 보여주었고, 그들은 얼마나 큰 실수를 저질렀는지 깨닫고 있을 거요."

그 말이 옳았다. 팔레스타인 감옥에서 7일을 보낸 뒤, 팔레스타인 임시정부는 나의 말이나 행동을 빌미로 다시는 같은 잘못을 저지르지 않았다. 우리 방송국은 사세가 커졌다. 불법구금사건으로 방송국도 덩달아 유명해져서 더 많은 자금을 받았다. 팔레스타인 임시정부에 대한 우리의 도전은 더욱 과감해져 팔레스타인 감옥 내 구타 같은 인권침해 문제까지 다루기 시작했다.

이스라엘군의 방송국 습격

팔레스타인 임시정부에게 면책특권을 받은 게 확실했지만 이스라엘 정부의 태도는 전혀 달랐다. 2002년 3월 29일 이스라엘군이 20년 만에 최대 군사작전을 벌여 요르단강 서안에 있는 많은 마을을 재점령했다. 팔레스타인인 밀집 거주 지역들은 2주일이 넘도록 이스라엘군이 통제했다. 라말라와 베들레헴에서는 이스라엘과 팔레스타인이 대치했다. 이스라엘군 철수까지는 상당한 시간이 걸렸다. 이스라엘군이 우리 건물을 점령한 뒤 2002년 4월 8일 〈뉴욕 타임스(New York Times)〉는 다음과 같은 나의 글을 실었다.

라말라 방송 강제 중단

팔레스타인 지도부가 알 쿠드스대학 현대미디어연구소의 라말라 방송국 설립 허가 문서를 내게 건네준 1997년 3월, 나는 그날 아침을 아직까지 생생하게 기억하고 있다. 넘치는 열정에 비해 자금은 턱없이 부족했지만, 우리는 〈알 쿠드스〉 설립 작업을 시작했다. 우리는 정부 대변인도 아니고, 게임쇼나 샴푸 광고 따위로 먹고 살아야 하는 상업 방송국이 아닌 진정한 독립방송국을 원했다. 쉬운 일이 아니지만 우리는 이번 주까지 잘 해왔다.

40와트짜리 송출기를 이용해 베토벤 음악에 맞춰 어항 속에서 헤엄치는 금붕어 한 마리를 방영했던 첫 방송으로부터 5년, 우리의 꿈은 무참히 깨져버렸다. 그동안 시청자 수와 프로그램 제작 편수를 비롯한 방송국 규모가 크게 성장했다. 그러나 이제 문이 닫혔다. 장비들은 파괴됐고, 사무실과 스튜디오를 이스라엘 군인들이 사용하고 있다. 우리는 어떤 법도 위반한 적이 없고, 방송국을 폐쇄하라는 어떤 명령도 없었다. 이는 말

그대로 정당한 사유가 없는 침략 행위일 뿐이다.

방송국 설립부터 지금까지 매우 힘들었지만 분명 우리는 이번 주까지 버텨왔다. 사명감을 갖고 독립 매체 정체성을 고수했기 때문에 후원금은 제한적일 수밖에 없었다. 세계 여러 주요 기부단체들이 팔레스타인 임시정부를 후원하는 수단의 하나로 팔레스타인 국영 방송을 지원했다. 우리도 복지협회 같은 팔레스타인재단과 오픈 소사이어티(Open Society Foundation), 포드재단(Ford Foundation) 같은 국제단체 지원에 힘입어, 〈PBS〉나 〈C-Span〉처럼 공공 프로그램을 제작하는 팔레스타인의 대안방송을 만들 수 있었다.

팔레스타인 고위 관리들은 우리를 달가워하지 않았다. 우리가 새로 선출된 팔레스타인 입법위원회 회의 중계를 시작하자 국영 방송은 전파 방해를 시작했다. 팔레스타인 임시정부의 부패 문제를 논의하던 입법위원회 회의를 방송하자 나를 체포해 감옥에 구금했다. 국내외 압력으로 석방된 뒤 우리 방송국의 지속성은 강화됐다.

그 후로도 팔레스타인 임시정부에 비판적인 프로그램을 방송했고 외톨이 신세를 면치 못했다. 우리는 그동안 육체적·성적 아동 착취, 팔레스타인 여성 조혼 문제, 장애인에 대한 배려와 존중 문제를 방송했다. 또 환경, 공중보건과 가족계획 같은 주제를 다루고자 분투했다. 그리고 우리는 알 쿠드스대학 총장 사리 누세이베(Sari Nusseibeh)의 탁월한 안목으로 1997년 사상 처음으로 〈이스라엘교육방송(IETV)〉과 함께 팔레스타

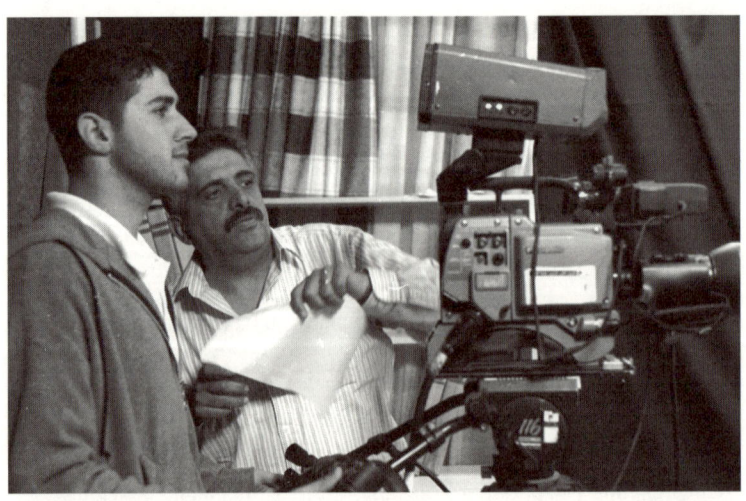

팔레스타인 자치정부 수도 라말라에 세운 독립방송 〈알 쿠드스〉 스튜디오에서 필자(우).

인– 이스라엘판 '세서미 스트리트(Sesame Street)'를 제작했다. 이 프로그램은 이스라엘과 팔레스타인 아이들에게 상호 존중과 관용을 가르치기 위해 만들었다.

우리 목표는 표현의 자유와 사회, 경제, 정치 분야에서 다양한 견해를 보여주는 것이었다. 이런 활동을 통해 독립국가의 초석이 될 단합되고 진보적인 사회를 만드는 벽돌을 쌓고 있다고 굳게 믿고 있었다.

이스라엘 점령 아래서 어느 하나도 쉬운 일은 없었다. 그러나 우리는 절망 속에서도 좌절하지 않았다. 최근 침공한 이스라엘군 탱크가 시내를 돌아다니면서 통행금지로 발이 묶인 방송국 직원들은 전화로 접촉하며 일했다.

화요일 이스라엘 군사들이 방송국 스튜디오로 몰려와 작업해놓은 자료와 사무실, 장비들을 남김없이 파괴했다. 방송을 진행하던 직원 2명은 4시간 동안 억류당했다. 그들은 억류돼 있는 동안 이스라엘 군인들이 카메라와 값진 비디오 자료들을 4층에서 땅바닥으로 내던지는 것을 목격했다.

다행스럽게도 가족과 직원들은 육체적 부상을 당하지 않았다. 다른 사람들과 비교하면 정말 감사한 일이다. 그러나 내가 말하려는 것은 재산 피해가 아니다. 우리의 꿈, 의미 있는 교육방송국을 세우려는 꿈, 건강한 시민기구를 만들어 생존력 있는 국가 건설을 지원하려는 꿈을 파괴한 행위를 말하는 것이다.

이 비인간적인 만행을 겪고 나서 이스라엘군이 파괴해버린 것을 하나하나 추스르는 과정은 쉽지 않았다. 앞으로 다시 방송국을 짓고, 5년 전 가졌던 희망을 새로이 품게 되리라는 것은 조금도 의심하지 않는다. 국제사회의 지원에 힘입어 우리 민족이 고통에서 다시 일어나 이웃과 함께 평화롭게 살아갈 수 있는 사회를 건설할 것도 확신한다.

《뉴욕 타임스》 2002년 4월 8일)

이스라엘 군인이 떠난 자리

이스라엘 군인들은 방송국 점령 19일 만에 떠났다. 완전한 폐허더미를 남기고. 정말 끔찍하고 심각한 것은 카메라와 모니터 그리고 컴퓨터가 없어지거나 파손되었다는 사실이다. 피해액은 20만 달러가 넘었다. 우리는 부당한 파괴 행위로 입은 손실을 보상받기 위해 이스라엘군을 제소하려고 애썼다. 그러나 이스라엘 법원은 '전쟁 중에 벌어진 일'이라면서 기각했다. 별 수 없이 국제사회 친구들에게 도움을 호소했는데 이때 영국의 한 회사가 장비를 기증해줬다.

그 동안 나는 다양한 형태로 표현의 권리를 지키고자 애써왔다. 2000년 그 표현 범위를 넓히고자 새로운 프로젝트로 요르단 수도 암만(Amman)에 인터넷 라디오 방송국을 설립했다. 아랍세계 최초의 인터넷 라디오 방송인 〈암만넷(AmmanNet)〉은 언론의 정부 독점을 뛰어넘는 모범 사례로 평가된다. 아랍 세계 많은 사람과 단체들은 현대 기술이, 언론을 억압하는 법 규제를 헤쳐나갈 유용한 도구가 된다는 사실을 배우고 있다.

25년 동안 기자로 일하며 나를 침묵시키려는 다양한 형태의 권력에 정면으로 맞서 싸웠다. 이스라엘군 검열, 부패를 다루는 의회 중계에 재갈을 물리려는 팔레스타인 임시정부의 시도, 그리고 우리 방송을 실질적으로 중단시키려 했던 이스라엘군의 파괴에 이르기까지 그들의 시도는 모두 똑같았다. 그리고 이 모든 시도에 대한 나의 대응도 언제나 똑같았다. 나는 '아는 것. 그리고 다른 사람들도 알게 하는 것'이라는 기자의 임무를 계속하기 위해 새로운 기회를 모색했을 뿐이다.

다오우드 쿠탑 (Daoud Kuttab)

팔레스타인 저널리스트, 미디어 활동가. 1955년 예루살렘에서 태어나 미국에서 공부하고 1980년까지 미국에서 일했다. 예루살렘으로 돌아와 〈알 파즈르(Al Fajr)〉 〈알 쿠드스(Al Quds)〉 등에서 일했고 알 쿠드스대학(Al Quds University)의 현대미디어연구소(the Institute of Modern Media)와 아랍 최초 인터넷 방송 〈암만넷(AmmanNet)〉을 설립해 운영하고 있다. 〈Jordan Times〉 〈The Jerusalem Post〉 칼럼리스트며 〈NY Times〉 〈The Washington Post〉 〈Shimbum Daily(Tokyo)〉 등에 칼럼을 쓰고 있다. 그가 만든 많은 다큐멘터리와 어린이용 텔레비전 프로그램이 상을 받았고 CPJ Freedom of Expression Award, IPI World Press Freedom Hero, Pen Club USA Writing Freedom Award, Leipzeg Courage in Freedom Award를 받았다.

PLO (팔레스타인 해방기구; Palestine Liberation Organization)

팔레스타인 사람들을 대표하는 정치조직. 1964년 아랍연맹이 요르단을 근거지로 이스라엘 파괴를 위한 군사조직으로 창설했다. 최초의 PLO 강령은 이스라엘 섬멸, 팔레스타인 사람들이 팔레스타인으로 귀환할 권리와 자결권을 명시했다. 아랍연맹과 유엔은 PLO를 팔레스타인 사람들을 대표하는 합법 조직으로 인정한다.

1968년 PLO 의장이 된 야세르 아라파트는 난민대책에 치중하던 조직을 무장투쟁조직으로 전환한다. PLO는 1970년 요르단에서 요르단 군대와 치열한 전투 끝에 패해 1972년 근거지를 레바논 베이루트로 옮겼다가 1982년 이스라엘 공격을 받자 튀니지 튀니스로 옮긴다.

1988년 11월 PLO는 팔레스타인 독립을 선언하고 망명정부를 수립한다. 같은 해 12월 아라파트는 유엔 연설을 통해 이스라엘 국가 인정, 테러리즘 포기를 선언한다.

이후 1993년 아라파트는 이스라엘을 국가로 인정한다는 공식서한을 이스라엘 총리에게 보내고, 이스라엘도 PLO를 팔레스타인 사람들을 대표하는 합법 조직으로 인정한다. 오슬로 협정 체결 뒤 자치정부가 출범하고 1996년 반대파 불참 속에 치른 선거를 통해 PLO의장 야세르 아라파트가 압도적 지지로 자치정부 초대 수반이 된다.

2004년 아라파트 사망 후 '온건파' 마흐무드 압바스(Mahmoud Abbas)가 의장직을 승계했다. 팔레스타인 독립운동의 상징 아라파트의 부패와 독선까지 승계한 '온건한' PLO는 2006년 1월 25일 팔레스타인 자치의회 선거에서 승리한 '과격한' 하마스와 팔레스타인 통치 '정당성'을 놓고 충돌하고 있다.

라말라 (Ramallah)

서안 중심부에 있는 팔레스타인 도시. 예루살렘에서 10킬로미터 떨어져 있다. 주민 대부분은 아랍인으로 1967년 3차 중동전쟁(아랍-이스라엘 전쟁, 6일 전쟁)에서 승리한 이스라엘이 강제 점령한 뒤 인티파다를 비롯해 이스라엘 저항운동이 일어났다. 오슬로 협정 체결 뒤 1995년 팔레스타인 자치정부가 수립되고 임시 행정수도가 되었으나 이스라엘군 점령은 계속됐고 라말라 외곽 이스라엘 점령 정착촌은 급격히 늘었다.

2002년 이스라엘군은 라말라를 공격해 재점령하면서 도시를 파괴하고 시민을 살해했고, 최근 이스라엘은 라말라를 완전히 고립시키는 서안 분리 장벽을 완공했다.

오슬로 협정 (Oslo Accords)

1993년 9월 노르웨이 오슬로에서 체결된 팔레스타인과 이스라엘의 평화협정. 팔레스타인-이스라엘 상호인정, 요르단강 서안과 가자지구 점령지에서 이스라엘군 철수와 팔레스타인 자치국가 수립이 주요 내용이다. 팔레스타인의 주요 요구들은 추후 논의 사안으로 남겨졌다.

'땅과 평화의 교환'으로 불리며 협정 주역 야세르 아라파트(당시 PLO 의장), 시몬 페레스(당시 이스라엘 외무장관), 이츠라크 라빈(당시 이스라엘 총리)에게 1994년 노벨평화상을 안겼던 오슬로 협정에 따라 1994년 팔레스타인 자치정부 출범과 함께 아라파트는 팔레스타인으로 돌아왔다.

그러나 이스라엘 불법 점령지 반환에 대한 보장이 명시되지 않은 협정 체결을 '시오니즘에 대한 항복'으로 여기는 팔레스타인 사람들도 많았다. 1996년 11월 라빈 총리가 극우파 청년에게 암살된 후 이스라엘에 극우파가 집권하고 '새로운 중동'을 추구하는 조지 W. 부시가 미국 대통령에 취임하면서 오슬로 협정은 휴지조각이 된다.

이스라엘은 요르단강 서안과 가자지구에서 철군하지 않았고 오히려 점령 정착촌을 확대했다. 2000년 9월 아리엘 샤론 당시 리쿠드당 당수가 이스라엘 군인들을 데리고 팔레스타인 성지 알 아크사 사원을 방문한 사건은 이스라엘의 가혹한 탄압에 시달리던 팔레스타인 시민들을 자극해 2차 인티파다를 촉발했다.

2002년 3월 29일 이스라엘군이 20년 만에 최대 군사작전을 벌여 요르단강 서안 여러 도시와 마을을 재점령했다. 2000~2004년 동안 무력충돌로 민간인과 군인을 합해 팔레스타인인 3,220명, 이스라엘인 950명이 사망했다. 조지 W. 부시 미국 대통령의 '2005년 팔레스타인 국가 건설'을 위한 로드맵은 첫 발도 내딛지 못했다.

팔레스타인 연표

1914년 제1차 세계대전 발발.

1915년 10월 24일 이집트 주재 영국 고등판무관 맥마흔, 메카의 샤리프 후세인과 주고받은 서한에서 제1차 세계대전이 끝난 후 터키 통치 아래 있던 아랍인의 독립국가 건설을 지지하기로 약속, 이른바 맥마흔 협정 맺음.

1917년 11월 2일 영국 외무장관 밸푸어, 전쟁에서 유대인이 영국을 지원해주는 대가로 영국이 점령하고 있던 팔레스타인에서 유대인이 민족국가를 세우는 것을 지지하는 이른바 밸푸어 선언에 합의.

1918년 1차 세계대전 종식. 그 뒤 1948년까지 영국, 팔레스타인 지역 위임 통치(식민지 시대). 19세기 말~20세기 초에 시작된 유대인의 팔레스타인 이주가 이어짐. 영국은 이 문제를 유엔에 넘김.

1947년 유엔, 영국이 떠넘긴 팔레스타인 영토 문제 해결안으로 팔레스타인 분할안 채택. 채택 당시 85.5퍼센트가 아랍인 소유였던 팔레스타인 영토를 유대인과 아랍인이 50:50으로 분할하도록 함. 팔레스타인인 유엔 분할안에 반발.

1948년 5월 14일 이스라엘 건국 선포.

1948년 5월 15일 제1차 중동전쟁(또는 팔레스타인 전쟁, 아랍-이스라엘 전쟁) 발발. 이스라엘이 아랍 5개국 연합군(이집트, 요르단, 시리아, 레바논, 이라크)에 승리해 팔레스타인 영토의 78퍼센트를 차지. 75만여 명 팔레스타인 사람들이 고향에서 쫓겨나 난민이 됨.

1956년 10월 제2차 중동전쟁(또는 수에즈전쟁) 발발. 이집트가 수에즈 운하를 국유화하자 이스라엘, 영국, 프랑스 연합군이 이집트를 공격. 미국과 소련의 요구로 전쟁 당사국들이 유엔 중재로 종전 동의.

1967년 6월 5일 제3차 중동전쟁(또는 6일전쟁) 발발. 이스라엘은 팔레스타인의 서안지구와 가자지구, 이집트 시나이 반도, 시리아의 골란 고원 점령. 종전 후 이스라엘의 점령촌 건설, 이스라엘 국민 이주로 수십만 팔레스타인 사람들이 고향마을과 난민캠프에서 도망치거나 추방됨. 팔레스타인 민족주의와 자치조직 부상.

1973년 10월 제4차 중동전쟁(또는 10월전쟁, 욤 키푸르 전쟁) 발발. 이집트와 시리아의 이스라엘 공격에 이어 아랍 8개국이 참가했지만 이스라엘의 압도적 승세. 유엔 안보리 정전 명령 후 정전 협정 체결.

1987년 12월 이스라엘 점령에 반대하는 팔레스타인 사람들의 봉기인 1차 인티파다(1987~1993년) 시작. 1차 인티파다 동안 이스라엘이 살해한 팔레스타인인이 2천여 명, 팔레스타인이 살해한 이스라엘인이 160여 명으로 알려짐.

1993년 오슬로 협정 체결. 이스라엘군 철수, 팔레스타인 자치국가 수립을 비롯한 협정 내용 대부분이 지켜지지 않음.

2000년 9월 28일 2차 인티파다 시작. 아리엘 샤론 이스라엘 총리가 무슬림 성지 알 아크사 사원에 가며 대동한 병력 천여 명이 돌을 던진 무슬림에게 발포하면서 촉발.

이스라엘 비정부 인권기구 브첼렘(B'Tselem) 2008년 3월 31일 보고에 따르면 2차 인티파다 동안 시민과 군인을 합해 팔레스타인인 4,719명과 이스라엘인 44명이 살해됨.

태국에서 임금님
문제를 말하는
방법

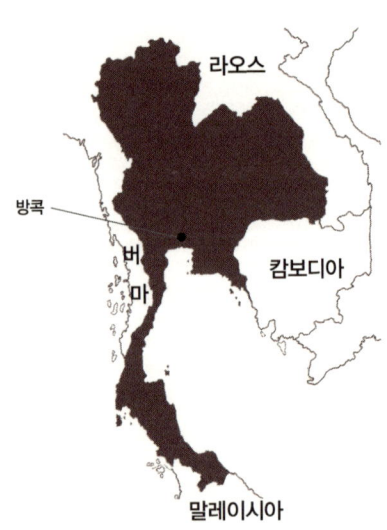

라오스

방콕

버
마

캄보디아

말레이시아

태
국

THAILAND

공식명칭 타일랜드 왕국(Kingdom of Thailand)

약칭 타일랜드(Thailand)

수도 방콕(Bangkok)

정부형태 입헌군주국

면적 51만 3,115제곱킬로미터

인구 6,200만 명(2001년 1월 기준)

인종 타이족 75퍼센트, 한족 14퍼센트, 기타 11퍼센트

종교 불교 94.6퍼센트, 이슬람교 4.6퍼센트, 기독교 0.7퍼센트, 기타 0.1퍼센트(2000년 기준)

언어 태국어(공용어), 영어, 기타 지방어

1인당 GDP 구매력평가기준(PPP) 8,000달러(2007년 추정)

"임금님 귀는 당나귀 귀"라도 외쳐보고 싶은 기자들

"누구 감옥 가는 꼴 보고 싶나?"

이 책을 기획하면서 한 꼭지를 맡기자 쁘라윗(Pravit Rojanaphruk)이 대뜸 했던 말이다.

"필명으로 쓴다면 몰라도…… 이걸 영어나 태국어로도 출판할 계획인가?"

태국에서 제법 '용감한' 기자로 손꼽히는 그이지만, 몸을 사렸다.

태국에서 기자로 산다는 건 별로 신나는 일이 아니다. 왜냐하면, 기자라는 직업을 지닌 이들에게 '절대로' 란 공식이 따라 붙는 탓이다.

'이건 절대로 쓸 수 없다.' '저건 절대로 다루지 말라.' '그건 절대로 건드리지 못한다.' ……

기자들에게 이런 '절대로' 를 들이대며 강박한다는 건, 경제학자에게 자본론을 들여다보지 말라는 것이나 자동차 공장에서 엔진을 만들지 말라는 것과 전혀 다를 바가 없다.

아무튼 쭈빗거리던 쁘라윗은 마음을 다져먹고 글을 썼다. 매우 '온순하게'

또 매우 '예의 바르게' 태국 언론의 성역이자 금역인 임금님, 더 정확하게 말해 이른바 '불경죄'를 다루었다.

'임금제도'가 없는 한국 독자들에게는 쁘라윗 고민이 희한하게 들릴 수도 있겠지만, 어쨌든 그이가 이리저리 돌려 말한 모든 것들을 한 마디로 압축하면 '임금님에 대해서도 비판할 수 있는 자유로운 언론을 바란다'는 뜻이었다. 아마도, 태국 기자 가운데 책이라는 공개적인 지면을 통해 이런 주제를 다룬 건 쁘라윗이 처음 아닌가 싶다.

한 20년 전쯤 일이다. 처음 방콕에 내리자마자 내가 가장 먼저 배운 건, '절대로' 임금님에 대해서는 쓰지(비판하지) 말라는 것이었다. 그 무렵 태국 언론에서는 임금님뿐만 아니라 군부와 불교도 금역이었다. 그러다가 1992년 방콕 민주항쟁 뒤부터 군부와 불교에 대해서는 그럭저럭 건드리고들 있다. 물론, 그 '치료비'는 기자들 각자 부담이지만.

그러나 임금님은 여전히 금역으로 남아 있다. 이건 태국 기자들뿐만 아니라, 나처럼 방콕에 베이스를 둔 외신기자들에게도 마찬가지다. 고백컨대 나는 한국 언론에 한글로 기사를 쓸 때도 그 초점이 임금님을 향하는 경우라면 뒷일을 걱정해 늘 적정선에서 표현을 조절해왔다. 표현의 자유를 신줏단지처럼 떠받들면서도 자기검열을 했다는 뜻이다. 방콕에서 맞아 죽거나 쫓겨나기 싫었던 탓이다. 외신기자들이 이럴진대, 현지 기자인 '쁘라윗들'이야 오죽하겠는가!

하여, 이런 말이 나돌 정도다.

"임금님을 대놓고 비판하는 기자가 있다면 둘 중 하나다. 돈 놈이거나 난 놈이거나."

말이 지나친 감이 없지 않지만, 그만큼 심각하다는 뜻이다.

쁘라윗 고민은 이렇다.

"사실은, 강압적인 '불경죄'가 오히려 자발적인 '숭배'를 가로 막는 장애물이란 걸 백날 떠들어봐야, 들으려고 하는 이들이 없는 게 문제다."

그이 말이 옳다. 임금님 앞에서는 이념도 철학도 없고, 진보도 보수도 없고, 여당도 야당도 없고, 이성도 논리도 없다. 태국 사회 전체가 오직 하나, 임금님에 대한 충성 경쟁으로 치달리고 있으니.

그렇게, 철옹성으로 둘러싸인 태국에서 글을 팔아 밥을 먹는 기자란 직업이 고달플 수밖에는.

기자가 고달픈 사회에서 표현의 자유니 권리니 말한다는 건, 너무 사치스런 일일까?

정문태

태국에서 임금님 문제를 말하는 방법

쁘라윗 로자나프룩

불경죄

태국 신문에서 불경죄를 피하는 지침 하나.

"생각은 비판적으로 할 수 있다. 하지만 쓰지 마라. 쓸 수는 있다. 하지만 좋은 것만 써라. 반쪽짜리 진실을 쓸 수 있다. 그게 아니면, 기사는 절대로 실리지 않을 것이다. 더 좋은 길이 있다. 쓰지 않거나 아예 생각조차 하지 말라."

태국에서 불경죄란 무엇일까?

군주제가 모든 비판으로부터 자유로운 신성불가침이 된 것은 물론이고, 불경죄조차도 신성불가침이 되어버렸다. 불경죄의 존재를 비판하다가는 거의 반군주주의자로 몰리는 실정이다. 어쩌다 불경죄에 초점이 맞춰지면 '반쪽짜리 진실'이 슬그머니 세상에 드러나기도 한다. 태국에 언론의 자유가 있다고 떠벌리는 소리를 들을 때마다, 언론인들은 스스로에게 되묻는다. "언론의 자유라고?" 이 비극적인 상황, 자유 없는 언론이 태국에 무슨 도움이 될까?

임금님 비판이 없는 나라

2006년 11월 20일 태국 일간지 〈네이션(The Nation)〉 논설위원 까위 총끼따온(Kavi Chongkittavorn)이 쓴 칼럼은 불경죄를 다시 생각하게 만들었다. 그는 '해묵은' 불경죄라는 표현을 쓰면서 이것을 없애버릴 때가 왔음을 시사했다. 현재 불경죄를 위반하면 최고 15년까지 징역형을 받을 수 있다. 불경죄를 없애자는 그 칼럼에는 전적으로 동의하지만, '분명한 건, 태국에서는 누구도 (군주를 비난하거나 비방할) 의도가 없'으니 이 법이 존재할 필요가 없다는 논리가 나는 놀라웠다.

'과연 그것이 진실인가?' 정말 모든 태국인이 군주제에서 아무런 결점도 발견하지 못하며, 비판 없이 장점만을 말하는 보도를 원할까? 군주제를 소재 삼아 나도는 가십과 풍문—더 보편적이고, 비판적이며, 솔직히 그다지 틀리다고 할 수 없는—은 어떻게 설명할 것인가? 내 경험은 까위 총끼따온의 칼럼은 진실과 다르다고 말한다. 우리는 필요하면 군주제에 대해 비판적일 수 있고, 비판할 수 있는 권리도 가져야 한다. 그러나 슬프게도 반군주주의자로 몰릴 위험—그 대가는 대다수 사람이 감당할 수 없을 정도다—을 감수해야 한다. 결국 최종 대가는 이 사회가 모두 함께 치르게 될 것이다. 사회의 투명성과 책무, 믿음의 결여라는 형태로 말이다.

나는 주류 언론인들이 진실을 외면하고, 기껏 해야 반쪽짜리 진실만을 말하려고 하는 데 통분을 느낀다. 기자가 된다는 것이 평균 생활비에도 못 미치는 소득을 의미하는 나라에서 대다수 기자들이 왜 스스로 괴롭히고 스스로 비난을 불러들이는지 도무지 모르겠다.

이런 풍토에서 주류 언론은 가혹한 불경죄의 진실을 말할 수 없고, 군주제를 언급할 수조차 없다. 그저 군주제를 둘러싼 반쪽짜리 진실만

가능하다. 거리낌 없이 나도는 온갖 엉뚱한 가십과 풍문의 원천인 왕실은 사적인 영역에서 최고의 인기를 얻고 있다. 반대로 비판적 견해는 발생부수가 적은 일부 대안매체—정치 잡지 〈파 디아우 깐(Fah Diew Kan)〉이나 예일대학 출판부에서 펴낸 폴 M. 핸들리(Paul M. Handley)의 《국왕은 결코 웃지 않는다》 같은 외국인이 쓴 일부 금지서적—에서만 발견할 수 있다.

핸들리는 책에서 "진실이든 아니든 풍문은 왕실 가족에 대한 여론을 형성하는 데 큰 영향을 미쳤다"고 밝혔다. 시사 잡지 〈파 이스턴 이코노믹 리뷰(Far Eastern Economic Review)〉 방콕 특파원을 지낸 핸들리조차 태국 왕실을 다루는 부분에선 풍문과 가십에 의존하여, "풍문은 이렇다……"라고 표현했을 만큼 상황은 비극적이다. 이것이 바로 태국 군주제를 둘러싼 검열의 현주소다.

이상하게 들리겠지만, 1920년대 마지막 절대군주였던 국왕 라마 7세 때는 훨씬 자유로웠다. 라마 7세는 자신과 군주제를 비판할 수 있는 언론 자유를 허용했다. 따라서 불경죄는 한쪽에서 말하듯 그렇게 '해묵은' 전통 같은 것이 아니다. 그보다는 오히려 태국 언론 자유는 1920년대에서 퇴보했다는 의미다.

미국 메디슨 위스콘신대학에서 동남아시아 역사 연구로 박사 학위를 받은 열성적인 태국 사회 관측통 데이비드 스트렉퍼스(David Streckfuss)는 불경죄 위반에 대한 최고 형량은 우익 군부세력이 쿠데타로 정부를 장악한 1976년에 이르러서야 3년에서 15년으로 늘었다고 지적했다.

TV와 라디오의 역할은 다루지 않겠다. TV와 라디오는 그저 군주제와 국왕을 찬양하는 프로그램을 언제나, 쉬지 않고, 아무도 멈출 수 없이 방송하고 있기 때문이다. 심지어 가장 약한 비판이 포함된 프로그램도 제작되거나 방송할 수 없다. 우리는 매일 저녁 모든 무료 TV 채널에서 왕실 활동을 전하는 뉴스를 볼 수 있다. 태국 최대 케이블 TV 〈UBC〉는 얼마 전부터 한 채널로 아예 오전 7시부터 자정까지 쉬지 않고 왕실 관련 다큐멘터리를 방송해왔다. 태국이라는 왕국에 산다면 이런 모든 일방적인 프로그램과 메시지로부터 벗어날 수 없다.

사실은 신문도 별로 다를 바가 없다. 거의 모든 주요 신문들이 전통처럼 군주제 비판 기사를 싣지 않는다. 그러니 기자들은 아예 그런 기사를 쓰지도 않는다. 예를 들어 2006년 9월 19일 탁신 시나왓 (Thaksin Shinawatra) 내각을 전복시킨 군사 쿠데타 직후, 미국 통신사 〈AP〉는 쿠데타 배후로 왕궁을 지목하는 기사를 썼으나 태국에서는 단 한 언론사도 그 통신을 받지 않았다.

2006년 3월 반(反)탁신 시위대들이 국왕을 상징하는 —실제로는 국왕에게 탁신 추방을 요구하는—노란색 옷과 머리띠를 두르고 방콕 사남루앙에서 시위하는 장면. ⓒ 정문태

2006년 9월 군부는 반탁신 쿠데타를 일으켰다. 거리에 진주한 탱크포신에 국왕을 상징하는 노란색 리본이 묶여 있고 그 앞에서 사진 찍는 시민도 노란 윗옷을 입었다. ⓒ 정문태

개인적으로는 군주제에 매우 비판적인 기자들까지도 자기검열을 통해 이런 '규칙'을 익혀왔다. 실제로 규칙이나 법으로 정해져 있지 않아도 자기검열은 일종의 '문화'로 존재하고 있다. 검열법은 분명히 나쁘지만, 자발적 자기검열은 더욱 나쁘다는 사실을 모두 알면서도.

사실 주류 신문에서 이런 끔찍한 검열 규칙 준수에 충분히 민감하지 (순종적이지) 않은 사람은 편집국 부장이나 논설위원으로 승진할 수 없다. 부장이 되려면 왕실에 대한 비판정보를 철저히 걸러낼 수 있는 '식견'을 신문사주에게 보여주어야 한다.

오로지 군주제에 대한 비판—그게 비록 사회를 위한 최상의 의도에서 나온 것이라 할지라도—만을 목적으로 기사를 쓰자는 이야기가 아니다. 사람들이 바라는 최상은 (군주제 아닌) 다른 주제를 다룬 기사 안에 숨어 있는 (군주제에 대한) 비판적인 대목을 발견하는 것이다.

나의 경험을 예로 들어보자. 2005년 나는 정치문제를 주로 다루는 대안매체 〈파 디아우 깐〉 편집장 타나뽄 이우사꿀(Thanapol Eiwsakul)과 '민주주의와 비판문화'를 주제로 인터뷰했다.

"시민들이 불경죄 때문에 공개적으로 군주제를 비판할 수 없는 한 태국에서 비판문화가 자랄 수 없다."

이건 '태국사회에서 비판문화를 키우는 방법'을 물었을 때, 타나뽄

이 했던 말이다.

나는 동의했다. 태국 어디를 가나 국왕에 대한 충성과 찬양의 과시가 지나칠 만한 수준에 도달했기 때문이다. 그리고 국왕을 둘러싼 개인 숭배는 국왕이 여든 살에 이르면서 더 커지고 있다. 지난 10~20년 동안 교육받은 태국 중산층이 느끼는 부패 정치인들에 대한 환멸이 더욱 커진 만큼 왕의 실질적 권위도 더욱 커졌다. 그러나 왕은 80대에 접어들었고, 앞으로 10년 뒤 아니면 더 이른 시기에 왕에게 무슨 일이 일어날지, 또 그에 따라 이 자기검열 문화가 어떤 영향을 받게 될지 아무도 모른다. 어쨌든, 나는 그 인터뷰 내용을 내가 일하는 〈네이션〉에 그대로 올렸다. 타나뽄은 인터뷰에서 자신이 했던 그 '특별한' 말이 그대로 보도되자 크게 놀랐다고 했다.

보다 최근에 내가 경험한 또 한 사례로 2006년 12월 4일 탐마삿(Thammasat)대학의 유명한 공법 전문가 워라쳇 빠끼랏(Worachet Pakeerat) 인터뷰 기사가 있다. 2006년 9월 쿠데타 이후 상황과 군부 주도로 만들고 있는 헌법을 주제 삼았던 그 인터뷰 가운데 한 대목이다.

"개헌이 잦은 태국에서 헌법을 강화하고, 그 헌법을 우리가 소중히 여기는 정치문화를 만들 방법은 무엇인가?"

"모든 정치세력이, 이 나라 최고 제도3)부터, 그렇게 되도록 기여해야 한다. 국왕 전하도 일정한 역할을 해야 하지만…… 태국 사회에서 이런 제안을 한다는 게 참으로 위험하다."

태국에서 성공한 모든 쿠데타에서 군부는 국왕이 승인했던 헌법을 찢어발기고, 곧바로 같은 국왕이 다시 승인할 더욱 억압적인 신헌법을 입안코자 한다는 법학 교수의 말은 '중대 발언'이었다.

---

3) 국왕 및 군주제를 말한다.

국왕에 대한 비판이 '위험하다'는 워라쳇의 자의식이 드러나는 부분을 주목하기 바란다. 여기 많은 뜻이 담겨 있다. 태국에서 지식인 사회조차도 두려움과 자기검열 풍토에 대해 공개적으로 인정하고 있는 것이다. 개인적으로 나는 이 답변을 '그대로' 게재할 수 있는 확률이 절반 정도나 될까 생각했다. 놀랍게도 〈네이션〉이 '그대로' 보도했다. 좋은 일이었다. 하지만 나는 더 많은 비판적 관점을 독자들에게 제시해야 한다고 느꼈다.

실제로 사람들이 군주제를 놓고 불쾌한 잡담을 하고, 소문을 퍼뜨리고 있기 때문이다. 이런 현상은 불경죄와 동전의 양면을 이룬다. 가혹한 불경죄 때문에 모든 비판이나 비난이 공론의 장에서 밀려나, 가십과 풍문이라는 사적 밀실로 들어가 검증 없이 확산되는 꼴이다. 이런 풍토는 분명 군주제에 이롭기보다 해로울 것이다.

사하차이의 애달픈 분노

내가 가장 최근 국왕에 대해 비판적인 기사를 쓴 것은 1996년이다. 가장 최근이라고 했지만, 10년도 더 전이다. 일간지 〈네이션〉 '포커스' 면에 '사하차이 수빠미뜨르 끄리사나'라는 인물 기사를 실었다. 중산층 의류상인 사하차이 가족은 왕족의 투자와 사업을 담당하는 왕실재산국과 장기임대 계약을 맺고 방콕 차이나타운에서 가게를 운영해왔다. 그러던 어느 날, 왕실재산국은 임대료를 더 많이 받기 위해 옛 상점을 허물고 그 자리에 대형 건물을 짓기로 결정했다.

사하차이 가족은 반대했고, 또 보상비도 너무 적다고 생각했다. 그래서 그들은 스스로 정의라고 믿는 것을 위해 투쟁했다. 1971년부터 1990년대 중반까지 사하차이는 국왕이 방문하는 곳을 찾아다니면서,

탄원서를 제출하려고 노력했으나 원하는 결과를 얻지 못했다. 사하차이는 결국 파산 상태에 이르러 온 가족이 가난에 시달렸다. 그런데도 국왕에 대한 충성심은 그대로 간직하고 있었다. 언젠가 전하의 자비로운 은혜로 정의가 실현될 것이라는 희망을 품고 있었기 때문이다.

사하차이는 매복 전술로 전하를 한 번 알현할 수 있었는데, 그때 어려운 처지를 말씀드렸다고 주장했다. 그는 또 전하께서 정의롭도록 해주겠다고 말씀하셨으나, 여태껏 아무 결실이 없다고 덧붙였다.

나는 기사에서 "지난 20년 동안 어떠한 희망도 보지 못했다" "부처님의 가르침과 전하에 대한 충성심이 없었더라면 미쳐버렸을 것"이라는 사하차이의 통절한 반응도 소개했다. 1991년 무렵 사하차이와 함께 방 한 칸짜리 싸구려 아파트에 살고 있던 사하차이의 노모 얍수에가 중병으로 쓰러져 병원으로 실려간 이야기도 기사에 담았다.

병원에서 사하차이는 자신의 불운, 의사의 불친절, 치료조차 제대로 해주지 않는 데 대한 분노 등을 줄줄이 경험했다. 마침내 그는 소리쳤다.

"의사! 간호사! 저기에 누워 있는 나이 많은 여자가 보이지? 내 어머니야. 어머니는 왕한테 버림받았어!"

충격을 받은 주임의사는 믿을 수 없다는 듯이 물었다.

"당신 뭐라고 했소?"

그러자 사하차이 눈에서 눈물이 쏟아졌고, 떨리는 목소리로 더욱 크게 외쳤다.

"내가 한 말을 못 들었어? 어머니를 이렇게 내버려두지 마! 어머니는 3일 동안 아무것도 못 먹었어! 국왕은 내 어머니를 버렸어! 나는 모든 것을 잃었어! 우리는 풍족했고, 돈이 있을 때 남을 도우며 살았어. 그런데 이게 나에 대한 대접이야? 이게 우리 어머니에 대한 대접

이냐고?"

사하차이의 어머니는 급격히 쇠약해져 결국 24일 뒤 병원 침대에서 지켜보는 가족도 없이 숨졌다. 그녀는 자녀 6명과 손자손녀 14명을 남겼다.

사하차이는 임종 전 어머니가 한 말을 결코 잊지 않을 것이다.

"국왕이 무슨 말씀을 하셨다면 다르게 행동하지 않으실 게다. 절대 잊지 말거라. 너는 끝까지 싸워야 한다. 조카딸들, 조카들, 형제자매들이 아직도 기다리고 있다."

사하차이에 대한 기사 중 국왕에게 버림받았다는 사하차이의 말은 신문 자체 검열에 걸려, 빠진 채 1996년 12월 5일 국왕 생일날 시중에 깔렸다. 그 기사로 나는 산띠 쁘라차 담마 연구소로부터 언론자유 공로상을 받았다. 검열 받지 않은 기사 원문은 그 뒤 내가 사회문제에 관해 쓴 다른 기사와 함께 연구소에서 펴낸 책에 실렸다.

나는 사하차이를 지난 몇 년 동안 보지 못했다. 몇 년 전 마지막으로 봤을 때 그는 직업도 없이 '정의'를 기다리고 있었다. 그때 나는 아직도 국왕에게 충성하고 있는지 감히 묻지 못했다.

국왕은 비판받을 수 있다고 스스로 말한다. 그러나

불경죄 때문에 주류 신문에 글을 실을 수 없는 상황 속에서도 군주제에 대한 용감한 비판자가 있다. 80대 노령에도 사회 비판에 앞장서는 술락 시와락사(Sulak Sivaraksa)다. 2006년 12월 그는 〈파 디아우 깐〉 편집장 타나쁜과 함께 불경죄로 고발된 상태였다.

술락은 세 차례에 걸쳐 불경죄로 재판에 회부된 유일한 태국인이다. 혐의는 군주제도 다른 국가 기관과 마찬가지로 국민에 대해 책임

저야 한다고 용감하게 말한 것뿐이다. 그는 자신의 정치적 견해를 기록으로 남기고 싶다며 〈파 디아우 깐〉에 글을 썼다.

술락이 유죄판결을 받고 투옥 위협에 어떻게 대처해왔는지를 보면 상황을 잘 이해할 수 있다. 술락의 주장은 이렇다. "왕에게 충성한다면 이견을 말해야 한다고 믿고 있으며, 나는 애초 가장 강고한 왕의 충성파다." 불경죄로 기소당했던 그의 책 제목이 바로 《충성한다면 이견을 말해야 한다》였다.

술락의 또 다른 주장은 처음부터 끝까지 진실을 이야기하고 있다는 것이었다. 하지만 이에 못지않게 중요한 것이 자신은—국왕에 대한 최상의 선의와 충성심에서—군주에게 말도 안 되는 입에 발린 소리를 결코 하지 않는 진정한 충성파라는 주장이다. 술락은 군주제가 쟁기는 쟁기로, 삽은 삽으로 볼 수 있을 때에만 강해질 수 있고 미래에도 살아남을 것이라고 믿고 있다. 그리고 나는 전적으로 술락이 진정한 충성파라고 믿는다. 한때 그는 나에게 가끔씩 국왕을 알현하는 꿈까지 꾼다고 말했다. 그러나 주류 활자매체는 술락의 비판적 견해를 단 한 줄도 싣지 않는다. 물론 그가 불경죄로 고발당하면 잽싸게 보도해왔다.

술락은 발행부수가 적은 영자 대안매체 〈시즈 오브 피스(Seeds of Peace)〉의 창립자이자 발행인이다. 그는 2006년 9~12월호에 그 자신이 국왕을 비롯해 여러 왕족을 알현하는 사진 4장을 게재해 대중의 눈에 자신이 국왕의 충성파임을 확실하게 각인시키기도 했다. 술락이 그 잡지에 쓴 글 몇 토막을 소개한다.

"태국 왕좌에 앉아 60년이라는 오랜 기간을 통치해오는 동안 국왕 전하와 라마 8세인 고 아난다(Ananda) 국왕에 관해 해외에서 발행된 책 3권이 모두 시암(Siam; 태국)에서 금지됐다. 이는 우리가 민주주의와 표현의 자유를 신봉하는 불교왕국이라고 주장하고 있다는 점에서 참으로 불행한 일이다."

"부처님은 우리에게 모든 비판을 환영하라고 말씀하셨다. 그 비판이 진실이 아니라면 신경 쓰지 말고, 그 비판이 진실이라면 그에 비추어 스스로를 바르게 해야 한다. 재위 당시 절대군주로 군림하고 있었던 라마 7세 쁘라자티뽁(Prajadhipok)은 자신을 비판할 수 있어야 한다고 말했다. 비판하는 사람이 웃음거리가 되면 아무도 그의 말을 진지하게 여기지 않을 것이다. 건설적 비판은 들어야 하고, 정부는 스스로 개선해야 한다."

"현재 우리는 민주주의 국가에 산다고 생각하고 있고, 불교를 국교로 선포하려 한다. 그러나 부처님 말씀은 물론 마지막 절대군주이자 현 입헌군주제의 첫 번째 국왕 말씀도 들으려 하지 않는다."

덧붙여 같은 잡지에서 스트렉퍼스 교수는 태국사회의 불경죄를 신랄하게 비판했다.

"누가 감히 불경죄로 고발당할 거라는 두려움 없이 (불경죄를) 개정하거나 폐지해야 한다고 말할 수 있을까?…… 다른 입헌군주제 국가에서 정상적으로 논의되고 있는 것이 태국사회에서는 점점 더 어려워지고 있다."

"태국사회는 스스로 막다른 골목길에 갇혀버렸다. 앞으로 나아갈 수도 뒤로 물러설 수도 없다. 지극히 모호한 불경죄의 성격에 대해 언급조차 할 수 없는 것이다."

최고의 역설은 2005년 12월 왕이 직접 전국에 방송된 TV 연설을 통해 왕도 잘못할 수 있고, 비판받을 수도 있다고 말한 것이다. 그러나 국왕의 말도 불경죄를 바꿀 수 없었다. 법은 여전히 왕의 말과 다른 내용을 담고 있다. 2006년 군사 쿠데타로 폐기되었지만 태국 역사상 가장 진보적인 헌법이라고 여겨왔던 1997년 헌법조차 국왕은 "숭배

받는 존엄한 지위로 받들어야 하고, 누구도 거역해서는 안 된다. 어느 누구도 왕에게 어떤 비난 행위도 하면 안 된다"고 적고 있다.

술락이 정녕 진정한 충성파가 아닐 경우 무슨 일이 일어날 것인지 감히 상상할 수 없다. 단순히 감옥에 들어갈 것인가, 아니면 왕을 신적 존재로 믿는 열성분자들에게 맞아 죽을 것인가?

왜 불경죄를 범하는가

왜 이런 글을 쓰는 위험을 무릅쓰는가? 아마도 순진하게 이 글이 태국사회에 어느 정도 유익하다고 믿기 때문이다. 동시에 주류 언론이나 내가 속한 신문에 진실을 말할 수 없는 기자로서 자가치료 과정일 수도 있다.

태국이 앞으로 나아가기 위해서는 불경죄 즉각 폐지는 아니더라도 변화가 필요하다. 그 변화는 사회 전체, 특히 군주제에 매우 건설적이다. 불경죄 폐지를 바라는 이유는 이렇다.

첫째, 태국의 정치·사회는 물론 군주제 역할을 명확하고 보다 현실적으로 이해하기 위해서다. 불행히도 군주제에 대해 비판적인 외국인들이 쓴 책은—핸들리의 《국왕은 결코 웃지 않는다》처럼 군주제의 미래에 관해 선의를 가지고 건설적인 제안을 쓴 책까지—태국 왕국에서 금지되어 왔고, 태국의 학자나 지식인들이 태국 현대 정치에 대해 쓴 책들은 왕궁의 진정한 역할에 대해 언급하지 않았다.

한쪽 눈을 가린 채 태국 사회를 관찰해야 한다면, 정확한 이해를 기대할 수 없다. 예컨대 2006년 쿠데타를 적어도 묵시적으로 인정한 시민단체 활동가들과, 반대한 활동가들을 나눈 주요 경계선이 바로 태국 군주제의 역할을 어떻게 바라보는가였다.

태국처럼 강력한 영향력을 지닌 왕의 정치적 역할을 모르면서 과연 진정 태국 정치를 이해할 수 있을까?

둘째, 현대 열린 사회의 필수 조건인 비판과 비판적 사고 문화를 살찌우기 위해서다. 물론 태국사회도 더욱 투명해질 것이다. 영원히 개인 차원에서는 비판하고, 공공 차원에서는 순종하면서 살아갈 수 없다. 결국 누군가는 미쳐버릴 것이다.

셋째, 이 사회가 군주제를 둘러싼 가십과 풍문에 빠져드는 현상을 줄이기 위해서다. 태국인 대다수는 사적 영역에서 군주제를 가십거리 삼아 이야기하거나 공정하지 못한 시각을 반영한 풍문을 퍼뜨린다. 검열법과 검열문화가 낳은 부산물이다. 서글플 정도다. 보도 자유가 없어 확인할 방법이 없으니 걷잡을 수 없이 확산되고만 있다. 어떤 이야기는 입에 담기조차 더러워 이내 자취를 감춘다. 일부 풍문의 본질적 성격을 감안할 때 사실은 태국인들이 왕과 군주제를 신성시한다는 상투적 표현의 진실성에 의문을 품게 된다.

나는 태국인들이 적어도 개인적 차원에서는 실제로 군주제를 비판하고 있다고 생각한다. 개인적 비판 정도는 괜찮다는 것인가? 가십과 풍문은, 웬만큼 예의와 존경심을 보이는 미디어를 통한 공개 토론보다 군주제에 더 큰 상처를 입힐 수 있다.

넷째, 비판 금지를 해제해 태국 사회를 더 성숙하게 만들기 위해서다. 많은 태국인들은 국왕을 아버지로, 스스로를 자녀로 여긴다. 국왕 충성파들이 입는 노란 티셔츠에는 국왕을 태국의 아버지로서 지칭하는 "우리는 아버지를 사랑한다(We Love Dad)"는 문구가 새겨져 있다.

그러나 자녀들이 성장해서 부자관계를 넘어선 성인 대 성인의 관계가 되는 것은 언제쯤일까? 일부 프로그램과 신문기사는 국왕이 모든 일에서 진짜 천재인 것처럼 묘사하려 한다. 과장이 섞인 이야기일지 모르지만 이런 내용 가운데 상당수가 단지 선전용에 불과하다고 생각하는 사람들도 있을 것이다.

나는 매일 어디서든 국왕에 관한 것들로 폭격을 당하고 있다고 느낀다. 극장, 버스, 기차, 지하철, 공항, 사이버 공간, 고속도로변에 설치한 대형 간판, 주류 언론과 심지어 대부분 대안언론, 집이나 쇼핑몰, 화장실에서도 피해갈 수가 없다. 2006년 11월 시암센터 쇼핑몰 2층과 4층 남성 화장실에서는 2006년 국왕 즉위 60주년 축하행사를 어떻게 촬영했는지 보여주는 TV프로그램을 방영하고 있었다. 또 극장에 온 모든 태국인과 외국인은 영화가 상영되기에 앞서 왕을 찬양하는 노래가 울려 퍼지면 '무조건' 자리에서 일어서야 한다. 국왕 생일을 축하하는 거리와 신문의 사진도 해마다 커지고 있다. 10년 전 일부 신문에서 1면에 4분의 1정도 크기였으나 현재는 두 배나 커져 1면의 절반을 차지하고 있다. 더 많은 사람들이 왕의 생일을 상징하는 색깔인 노란색 셔츠를 입고 거리로 나선다. 쇼핑몰 시콘 스퀘어에서 많은 사람들이 노란색 옷을 입고 있는 것을 보고 "눈물을 글썽거렸다"고 말하는 여성도 있었다.

군주제에 대해 절제와 비판 없이 찬양만 늘어나는 것이 사람들의 마음에 얼마나 큰 영향을 미칠지는 여러분 각자가 추측해보길 바란다(나는 개혁적이고 편의주의적인 생각 때문에 말하기도 좋아한다. 한두 문장쯤 덧붙이는 것을 허용하지 않는다면 불공평하다고 생각한다. 사실상 이 위대한 국왕에게 합당한 찬양이 점점 더 늘어나는 것은 그 만큼 전하의 통치에 더 많은 영광을 가져다줄 것이다. 그 결과 전 세계가 전하의 무한한 자비를 인정하게 될 것이다. 검열법은 전하의 명성이 훼손되지 않고 그대로 유지되기 위해서 지불해야 할 작은 희생에 지나지 않는다. 그러므로 제발 내 글 전체를 무시해주길 바란다!).

다시 한 번 국왕 전하 만세!

국왕에 대한 찬양 일색인 이 세상에서 달아날 길은 없다. 당신은 순진무구한 찬양 물결에 간단히 압도당할 것이다. 그리고 마침내 입에 발린 소리와 진정한 찬양을 구별조차 할 수 없는 상태에 이를 것이다. 아니면 모든 것을 자동적으로 삼켜버리거나 아예 피하는 방법을 배우게 될지도 모른다.

때때로 지나친 찬양은 아무리 의도가 선해도 '존경받는 군주제'에 좋은 영향을 미치기보다는 악영향을 끼칠 수 있다고 생각한다(국왕을 찬양하는 그룹은 적어도 3종류가 있는 듯하다. 국왕에 대한 진정한 충성파, 왕실훈장이나 사회적 인정을 받으려는 기회주의자 그리고 오로지 대세에 따르려는 대세 추종파다).

내가 식당에서 군주제에 비판적인 말로 목소리를 높일 때마다 친구나 동료들은 불편해하고, 목소리를 낮추라고 일러준다. 그래도 내가 말을 듣지 않으면 일부는 나를 전혀 알지 못하는 사람처럼 행동한다.

한 외국인 여기자가 내게 말했다.

"군주제에 대해서 비판할 때 어떻게 조심해야 하는지를 배웠다. 다른 문제에 대해서는 진보적으로 보이는 시민단체 활동가까지도 왕 이야기가 나오면 갑자기 다른 사람으로 돌변하기 때문이다."

국왕이라는 개인을 숭배하고, 그 국왕을 국가의 아버지(태국에서 국왕 탄신일은 아버지의 날이다)로, 나머지 모든 사람을 국왕의 자녀로 비유한 경우는 정말 전례가 없을 것이다. 쿠바의 피델 카스트로(Fidel Castro)[4]나 북한의 김일성과 더불어 재미있는 연구 대상이 아닐까 싶

---

[4] 쿠바 전 국가평의회 의장으로 1976년부터 2008년 2월 동생 라울 카스트로에게 권력을 이양할 때까지 장기 집권했다.

다. 몇 세대 뒤 태국인들은 현 국왕 라마 9세 통치가 온통 왕을 향한 찬양 일색인 것을 발견하곤 굉장히 재미있어 할 것이다. 한 동료가 한 말이다.

"언론을 포함해 태국인 대다수는 이런 개인숭배를 영속화시킨 데 책임이 있다."

그렇다면 다시 한 번, 국왕 전하 만세!

저 터널 끝에는 불빛이 보이는가? 주류 언론이 불경죄 폐지 촉구 캠페인을 시작하리라고는 기대하지 말라. 그들은 다른 문제에 마음을 빼앗기고 있거나, 의도적으로 눈을 감거나 아니면 두려움 때문에 이런 변화의 중요성을 알리려고 하지 않는다. 심지어 이런 캠페인을 시작한다고 생각한 그 순간부터 바로 맥을 놓고 포기해버릴 것이다. 주류 언론은 태국인 절대다수가 이렇게 여긴다고 믿는 것 같다. '우린 불경죄를 폐지할 필요가 없어, 그냥 놔둬.'

그러면, 극소수라고 하기는 어려운 군주제에 비판적인 사람들은 어떻게 하란 말인가? 어쩔 수 없이 우리는 다수의 독재 아래 삶을 영위할 수밖에 없다. 태국은 엘리트 집단이 아닌 소수의 권리를 존중하는 나라가 아니다. 이러한 견해에 동의하지 않는다면, 참고 견디며 군주제 지지자들과 합세하거나 육체적으로든 심리적으로든 태국에서 달아나야 한다.

나는 최소한 온전한 정신을 유지하기 위해 심리적으로든 육체적으로든 잠시 동안 떠나야겠다. 그러므로 기억하시라. 앞서 내가 했던 말을!

당신이 기사는 쓸 수 있지만 그 위험도 당신이 져야 한다. 그리고 대부분 신문은 그 기사를 싣지 않을 것이다. 더 안전한 길이 있다. 생각은 할 수 있다. 하지만 쓰지는 말아라. 그리고 가장 좋은 길은 아예 생각조차 하지 않는 것이다. 불경죄 때문에 많은 것이 기사화되지 못했을지도 모른다. 그러나 때로는 기사화되지 못했거나 놓쳐버린 것이 드러난 것보다 세상을 위해 더 중요할 때도 있다.

거의 모든 기자들에게 불경죄나 검열은 물론 군주제에 대한 자기검열은 이미 문제도 아니다. 이제는 삶의 현실로 받아들이고 있다. 심지어 국가인권위원회와 숱한 자유주의자, 인권론자도 군주제에 문제가 있다고 보지 않는 것 같다. 설사 문제가 있다고 여겨도 공개적으로는 말하지 않겠지만. 대부분 외국 언론도 모든 태국인들이 군주제가 이런 방식으로 존속하기 원한다는 식의 틀에 박힌 '믿음'에 가세하고 있다.

문제는 법뿐 아니라 어떤 방식으로든 자기검열을 포함한 각종 검열 그리고 과도한 국왕 찬양 문화를 지속하도록 도운, 나를 포함한 모든 사람에게 있다. 군주제에 대해 올바로 알든 아니든. 바로 거기에 태국의 비극, 군주제에 대한 충성의 이름으로 검열과 자기검열 악순환에 빠져버린 이 나라의 비극이 있다. 군주제를 지지하는 뉴스와 메시지는 주식시장의 거품같이 폭발할 태세다. 이러한 상황에서 나는 고백하는 마음으로 이 글을 쓰는 일 말고는 달리 할 수 있는 것이 없다. 참으로 괴롭고 미안한 마음뿐이다. 마지막으로, 당신은 내가 이 글을 쓰면서 어떤 식으로든 자기검열을 하지 않았다고 생각하는가? 그렇다면 다시 한 번 생각해주기 바란다. 국왕 전하 만세!

쁘라윗 로자나프룩 (Pravit Rojanaphruk)

방콕에서 태어나 필리핀에서 지역개발학을 전공한 뒤 옥스퍼드에서 사회인류학으로 학위를 받았다. 현재 방콕 영자 신문 〈네이션(The Nation)〉 전문기자로 일요일판 편집장이며 방콕 온라인 신문 〈prachatai.com〉에 칼럼을 쓴다.

라마 9세 또는 푸미폰 아둔야뎃 왕 (Bhumibol Adulyadej, 1927년 12월 5일 ~)

세계 현존 국왕 중 가장 오래 군림한 군주이자 태국 역사상 가장 오래 재임(1946년 6월 6일 ~)한 왕이다. 2006년 6월 9일 즉위 60주년 기념식이 있었다.

입헌군주이나 2005~2006년 정국 혼란 해소 등 태국 정치에 결정적 역할을 해왔다. 1990년대 태국 민주화에 힘을 보태기도 했으나 군사정부를 지원하기도 했다.

1980년대 쿠데타를 이용한 군부 재집권에 이어 1992년, 쿠데타 주도자가 선거 없이 수상이 되자 대규모 민주화시위가 일어나고 많은 학생과 정치활동가들이 군대 발포로 사망한다. 푸미폰 왕은 수상 수친다 장군(General Suchinda Kraprayoon), 전 방콕시장 참롱 스리무앙(Chamlong Srimuang)을 불러들여 방콕의 대혼란을 끝낸다. 이 둘이 왕 앞에 무릎 꿇고 엎드린 장면이 방송과 신문을 뒤덮었다. 태국 군주의 힘을 보여준 상징적인 그림이었다. 이후 수친다 장군은 사임한다.

2006년 초, 부패한 재벌 총리 탁신에 반대하는 '옥빠이 탁신(탁신은 물러가라)' 운동을 벌인 진보 진영은 탁신을 쫓아내달라고 왕에게 간청한다. "국왕은 정치에 개입하지 않는다"는 입헌군주제 민주주의 국가의 본질을 진보 진영이 무시한 것이다. 푸미폰 왕은 2006년 재선 총리 탁신을 사임시킨 군부 쿠데타를 승인했다.

**인
도
네
시
아**

INDONESIA

공식명칭 인도네시아 공화국
  (Republic of Indonesia)
약칭 인도네시아(Indonesia)
수도 자카르타(Jakarta)
정부형태 공화국
면적 190만 4,570킬로미터
인구 2억 626만 4,595명(2000년 기준)
인종 자바족 40.6퍼센트, 순다족 15퍼센트, 마두라족 3.3퍼센트, 미낭카바우족 2.7퍼센트, 알려지지 않은 소수
  민족 포함 기타 38.4퍼센트(2000년 기준)
종교 이슬람교 86.1퍼센트, 개신교 5.7퍼센트, 로마가톨릭교 3퍼센트, 힌두교 1.8퍼센트, 기타 3.4퍼센트(2000
  년 기준)
언어 말레이인도네시아어(공용어), 영어, 네덜란드어, 기타 250여 개 지방어
1인당 GDP 구매력평가기준(PPP) 4,458달러(2005년 추정)

말썽꾸러기, 헛소리꾼 그리고 기자

"형, 꽃이라도 하나 사들고 갑시다."

"어디다 쓰게? 너 지금 연애하러 가냐?"

"토미 만나면 줄려고."

2005년 어느 날, 타우픽(Ahmad Taufik)이 재판받으러 가는 길에 나와 주고받은 말이다. 그날, 타우픽은 토미가 출두하지 않아 꽃을 주지 못해 결국 그 장미꽃을 들고 피고인 자리에 앉았다.

"싸울 때 싸우더라도 꽃을 주고받으면 보기 좋지 않아?"

타우픽 말에 모두가 한바탕 웃었지만, 판사는 못 본 채 그냥 넘어갔다. 타우픽은 바로 그런 인물이다.

'말썽꾸러기' 타우픽은 그 몇 달 전 마피아로 불리는 재벌그룹 그라하 총수 토미 위나타(Tomy Winata)의 불법사업을 깠고, 그이 기사가 나가자마자 곧장 〈템포(Tempo)〉 편집국은 토미가 동원한 시위대로부터 짱돌 세례를 받았다. 〈템포〉 편집장 밤방(Bambang Hari Murti)을 비롯한 몇몇 기자들은 경찰서

안에서, 경찰이 심문을 하는 그 자리에서 토미 쪽 사람들에게 얻어터졌다. 경찰은 말리지도 않았다. 토미의 위력은 그렇게 엄청났다.

그리고 〈템포〉는 300억 원짜리 고발을 당했고, 타우픽과 밤방은 민·형사에 모두 걸렸다.

결과는? 2006년 밤방과 〈템포〉는 '무죄' 판결을 받았고 타우픽은 대법원 재판 중이다. 아, 타우픽은 한 건만이 아니었구나. 토미가 세 건을 걸었고 그 가운데 아직 한 건이 대법원에 올라 있으니 완전히 끝난 건 아니구나.

타우픽은 인도네시아에서 둘째가라면 서러워할 '말썽꾼'이다. 기자로서도 그렇고, '헛소리'—우리는 이걸 '입 바른' 소리라고 하지만—잘 하는 인물로도 그렇고, 아무튼 그렇게 유명하다. 살벌했던 수하르토 독재시절, 그 수하르토를 대놓고 까다 걸려 감방에서 2년하고 일곱 달 썩을 때부터 그이는 싹수를 보였다. 감방 시절에도 타우픽 주변은 늘 시끄러웠다.

동티모르 게릴라 지도자 사나나 구스마오(Xanana Gusmao)와 옆방에 있었던 그이는 사나나의 쪽지를 바깥으로 빼돌려주는 전령사 노릇을 하다 걸려 골짜기 감옥으로 쫓겨나기도 했다. 또 타우픽은 법학을 전공한 주특기를 살려 감방에서 흉악범들에게 불법 변호사 노릇까지 해댔다. 출옥한 지 10년이 흘렀지만, 지금도 타우픽 둘레에는 소문난 정치범에서부터 동네 깡패에 이르기까지 수많은 감방 동기들이 들락거린다. 타우픽은 그이들이 모두 큰 재산이라고 자랑한다. 취재원으로 또 정보원으로.

타우픽은 인도네시아 AJI(독립기자동맹; Aliansi Jurnalis Independen) 창설을 주도한 인물로 또 언론자유 투쟁 챔피언으로 국제사회에서도 널리 알려져 있다.

"인도네시아 언론에 〈템포〉가 있어 다행이듯이, 인도네시아 기자에 '타우픽'이 있어 참 다행이다."

얼마 전, 자카르타에서 외신기자들이 모여 한잔 하는 자리에서 누군가 했던 말이다.

덧붙여 나는 타우픽을 생각하면 늘 행복하다. 그렇게 재미난 친구, 좋은 기자가 있다는 사실만으로도 인도네시아의 미래가 밝게 그려지기 때문이다.

요즘, 그이는 이런 '헛소리'를 하고 돌아다닌다.

"대통령이나 한번 해볼까? 군인(수하르토 전 대통령. 수실로 밤방 유도요노 현 대통령)도 할 수 있고, 가정주부(메가와티 수카르노푸트리 전 대통령)도 할 수 있는 건데 기자라고 못할 건 없잖아!"

차기 인도네시아 대통령 선거에 그이가 느닷없이 나타날 가능성이 없지 않다.

정문태

군부독재가 주춤
하니 재벌권력이
밀려온다

아흐마드 타우픽

다시 체포되다

집에 도착했을 때는 새벽 3시였다. 나는 방금 자카르타 최고 호텔과 경찰서에서 끔찍한 경험을 하고 도망쳐 나오는 길이었다. 여전히 마음을 진정시키지 못한 채 욕실로 들어가 우두5)를 마치고 신에게 기도를 드렸다. 먼저 끔찍한 상황으로부터 벗어날 수 있게 해주신 것에 감사했다.

나는 침실로 가서 아기 옆에 누웠다. 아기는 나와 아내 사이에 곤하게 잠들어 있었다.

"여보, 사롱으로 갈아입지 그래요?"

아내가 다정한 목소리로 물었다. 나는 아무 말 없이 깊게 한숨을 쉬곤 힘을 주어 아내 손을 잡았다. 몹시 졸렸지만, 마음은 온통 조금 전 일에 사로잡혀 있었다. 나는 힘주어 잡고 있던 아내의 손을 무심결

5) 무슬림들이 기도하기 전에 손과 입 등을 깨끗하게 씻는 의식.

에 놓아버리고 말없이 돌아누웠다.

"여보, 대체 무슨 일이에요?"

아내가 나직하게 물었다. 나는 아무 대답 없이 그저 누워 있었다.

잠시 후, 이상한 소리가 들렸다. "저벅 저벅……" 누군가 집 안으로 들어오고 있었다. 나는 자리에서 일어나 커튼을 살짝 젖히고 밖을 내다보았다. 호텔에서 나를 경찰서로 끌고 간 바로 그 사람이었다. '그래, 그 경찰이야.' 나는 속으로 중얼거렸다. 나중에 알게 된 경위의 이름은 인드라 프라무가리였다. 나는 아내부터 진정시켜야 했다.

"여보, 그냥 조용히 있어. 알았지?"

아내는 아무 말도 하지 않았다. 아직 무슨 일인지 전혀 알지 못하는 눈치였다.

권총을 든 경찰이 우리 집을 포위하고 있었다. 언제라도 총을 쏠 수 있게 손가락을 방아쇠에 걸어놓은 채 말이다.

"쉬잇. 우리 아기가 자고 있소. 조용히 좀 해주시오."

나는 짐짓 느긋한 목소리로 말했다. 나는 두려움을 누르고 문을 열었다. 문이 열리자 순간 경찰들이 밀고 들어왔다. 하나같이 퉁퉁한 얼굴이 섬뜩했다. 그들은 눈을 부릅뜨고 방 구석구석을 훑으며 뭔가 특별한 낌새를 찾는 것 같았다. 방 안으로 난입하는 그 얼굴들을 보자 갑자기 구역질이 치밀었다. 나는 경위에게 말했다.

"잠깐만, 화장실 좀. 속이 울렁거려서."

뚱뚱한 경찰 하나가 빈정거리는 투로 말했다.

"안 돼, 쓸데없는 짓 마! 그냥 따라와, 빨리!"

하지만 나는 그 말을 무시하고 화장실로 갔다. 경찰은 화장실까지 좇아와 내가 들어가지 못하게 문을 닫으려 했다. 화장실 앞에는 경찰 둘이 지키고 있었다. 나는 그들을 밀치고 화장실로 들어갔다. 화장실 안에서 몇 분 정도 있었던 것 같다. 억지로라도 토하려 했지만 아무것도 나오지 않았다. 어쩔 수 없이 손이나 씻어야 했다.

"서둘러!"

밖에서 경위의 목소리가 들렸다.

"다 당신 때문이야, 토할 것 같은데 아무것도 안 나오잖아!"

나는 천천히 말을 씹어 뱉었다.

"잠깐만, 옷 좀 입읍시다."

나는 경위에게 말하곤 다시 침실로 들어갔다. 나는 그 경위한테만 말하고 싶었다. 그가 다른 사람보다 동정심이 있다는 걸 알았기 때문이다.

"뭐야? 옷 입을 필요 없어!"

다른 경찰이 나를 제지하려고 했지만 나는 여전히 신경 쓰지 않았다. 그리고 옷장에서 셔츠 하나를 꺼내들었다. 침실 문은 열린 채였고, 바로 문 밖에서 경찰들이 지키고 있었다. 경위는 침실 문 앞에 서서 내 움직임을 지켜보고 있었고, 다른 경찰들은 눈을 뱀같이 뜨고 집 안 구석구석을 살폈다.

나는 옷을 입으며 아내에게 말했다.

"잠깐 갔다 올게. 방금 경찰서에 있다가 집에 온 거였거든. 놀라지 말고, 침착하게, 알았지?"

여전히 말이 없는 아내는 뭔가 깊이 생각하는 눈치였다.

조금 지나자 뚱보 경찰관이 빨간 종이 한 장을 아내에게 보여주며 말했다.

"우린 경찰에서 나왔소."

나는 경찰 여섯 명에게 둘러싸여 자카르타 동부 촌데트(Condet)에 있는 우리 집에서 나왔다. 아직 날이 채 밝지 않아 사방은 어둑했다.

자카르타 지방경찰청

경찰은 나를 키장(Kijang)[6] 안으로 떠밀어 넣었고, 다른 경찰차 한 대가 따라 붙었다. 경찰들은 내가 자카르타 지방경찰청에 억류돼 있을 동안 벌어진 일을 신이 나서 떠들어댔다.

"내 생각엔 저 친구는 집으로 돌아가게 될 거야. 뭐 큰 죄를 지은 게 아니거든."

경위가 무전기로 주고받는 말들이 들렸다.

"키장 신병을 확보했습니다."

경위가 보고했다. 경찰은 수배자를 '키장'이라고 불렀다. 나를 태운 경찰차는 빠르게 자카르타 지방경찰청을 향해 달려갔다.

"이 자식, 도망치긴!"

경찰청에 도착하자 얼굴이 해쓱한 사복 경찰이 나를 치려고 덤볐으나 몸을 비켜서 피했다. 나를 끌고 온 다른 경찰 중 아무도 그를 막지 않았다.

나는 경감 계급장을 단 뚱뚱한 콧수염 사내에게 끌려갔다. 자카르타 지방경찰청 부서 책임자 하지 압둘라였다. 잠시 뒤에는 이 경찰청 형사국장 누르파아지 총경과 만났다. 흰색 제복을 입은 그는 한껏 위엄을 부렸다. 하지만 나는 그의 눈과 얼굴을 보고 자다가 금방 일어났다는 걸 알 수 있었다.

그는 곧바로 몇 가지 질문을 퍼부었다. 그리고 내가 아무런 허락도 없이 경찰청에서 도망쳤다고 비난했다. 나는 그 말을 부인했다.

"난 정문을 지키는 경찰관에게 허락을 받았소. 하지만…… 아니,

---

6) 일본 도요타가 인도네시아에 보급시킨 미니 밴. 키장은 인도네시아어로 '사슴'이라는 뜻이다.

내가 체포된 거요?"

"허락? 누가 허락했는데? 누구야? 말해 봐!"

형사국장은 집요하게 물고 늘어졌다.

"정문 초소에 있던 경찰관한테 허락을 받았소."

"하지 경감! 이 친구를 정문 초소로 데려가. 누가 경찰청에서 나가도 된다고 했는지 찾아내라고 해."

국장의 지시에 하지 경감이 나를 초소까지 끌고 갔다.

"빨리 대 봐. 어떤 놈이 그랬다는 거야!"

하지 경감이 물고 늘어졌다. 나는 주변을 둘러보았다.

"대 봐! 어서!"

"어라, 없네. 하지만 그 사람 명찰을 본다면 기억해낼 수 있을 거요."

나는 침착하게 대답했다. 초소 안에 그 사람이 있는 것을 알았다. 하지만 불쌍한 사람 하나를 희생시킬 수는 없었다. 나는 다시 형사국장실로 끌려갔다.

"그래, 그 자를 찾아냈나?"

국장이 물었다.

"이자가 없다고 합니다, 국장님."

하지 경감이 서둘러 대답했다. 그때 경찰 한 명이 들어왔다. 어젯밤 내가 국장실 옆 자료실에 감금되어 있을 때 내게 커피를 건네준 사람이었다.

"저 사람이지, 그렇지?"

국장이 나에게 되물었다.

"아니요. 이 사람은 아니요. 모르는 사람인데……"

나는 거짓말을 했다. 신이 지금 한 거짓말을 용서하시리라고 믿었다. 내게 친절했던 경찰관은 몹시 당혹스러워 했다. 그가 나에게 경찰청에서 나가도 좋다고 허락했는지 감찰반에서 조사했기 때문이다.

"당신, 왜 도망쳤어?"

형사국장이 다시 묻자 내가 말했다.

"갑자기 끌고 와서는 방 안에 가둬놓고 아무도 신경 쓰지 않았잖소?"

체포의 그림자

나는 1995년 3월 16일 AJI가 자카르타 위사타국제호텔에서 주최한 한 언론인 집회에서 체포됐다. AJI는 수하르토 독재에 맞서 모든 언론단체가 하나로 뭉치자며 결성한 언론인 단체다.

당시 인도네시아 정부는 PWI(인도네시아기자협회 ; Persatuan Wartawan Indonesia)에 가입한 언론단체만을 합법으로 인정했다. PWI는 '현직 언론인 지원' 뿐 아니라 정부 비판 기사를 쓰는 기자를 탄압하고, 감옥에 보내는 일도 앞장섰고, 권력과 군부 실력자에 대한 '부적절한 기사'를 실은 언론매체 정·폐간 결정 권한도 어느 정도 가지고 있었다. PWI는 정치 권력을 가지고 있었지만, 동시에 정권의 지배를 받는 언론이었고, 결국 부패의 온상이 되어갔다.

AJI는 1994년 8월 7일 결성했다. 〈템포(Tempo)〉〈에디터(Editor)〉〈데틱(Detik)〉 세 매체가 폐간당하고 몇 달이 지나서였다. 반둥, 족자카르타(Yogyakarta), 수라바야(Surabaya), 자카르타에서 참가한 네 단체는 PWI가 정부와 한패가 되어 폐간 언론을 지원하지 않는다는 것을 알고 독립언론 단체를 만들기로 했다. 나는 그 AJI 결성식에서 최고집행위원 가운데 한 명으로 선출됐다.

'100만 사망, 200만 투옥'으로 창출·유지한 독재 권력으로 32년간 인도네시아를 철권 통치한 인도네시아 전 대통령 수하르토. 2008년 1월 27일 사망했다. ⓒ 연합뉴스

대안매체 〈인데펜덴(Independen)〉의 발행은 AJI 활동 중 하나였다. 주류 언론은 정부에 비판적인 뉴스를 다루는 것을 두려워했기 때문이었다. 수하르토 일가의 대규모 사업과 군부에 관해서는 특히 침묵했다.

〈인데펜덴〉은 비판적 언론인들이 취재한 뉴스를 간결하게 편집하여 실었다. 상황이 점점 좋아져서 12호부터는 매달 1만 2천 부씩 발행할 수 있었다.

1995년 3월 16일 우리는 AJI 집회에서 정부 각료 사이의 불화를 다룬 최신호를 판매했다. 내외신 기자들과 정치인 외교관 그리고 문화 관계자를 비롯해 수하르토 체제를 지지하지 않는 사람들이 집회에 참석했다. 나는 AJI 집행위원으로서 연설했다. 나와 다른 집행위원 5명의 이름은 AJI 신임 집행위원으로 나란히 〈인데펜덴〉에 공시됐다.

목요일 저녁이었다. 폐막행사 직전인 저녁 9시 무렵, 핑크색 셔츠에 검정 바지를 입고 군인처럼 머리를 깎은 이상한 한 무리가 집회장에 밀고 들어왔다. 가슴이 철렁 내려앉았다. 불길했다. 초청받고 온 마르실람 시만준탁(Marsilam Simanjuntak) — 압둘라만 와히드(Abdurrahman Wahid) 대통령 정부에서 행정개혁담당 국무장관을 지낸 정치인—이 방금 해준 말이 떠올랐다.

"당신, 이 집회 뒤에 바로 체포된대!"

이 경고는 사실로 드러났다. 집회가 끝나자 8명이 나를 둘러쌌다. 겁을 먹은 나는 이날 집회 주관자인 언론인 리스튼 P. 시레가르(Liston P. Siregar)의 손을 붙잡았다. 내가 엘리베이터를 타고 아래층으로 내려가려 하자 4명이 따라붙었다. 나는 엘리베이터에서 빠져 나와 잽싸게 비상계단으로 달려 내려갔다. 사내들이 쫓아 달려왔다. 지하1층 로비에 도착하자 기다리고 있었다는 듯이 수십 명이 내 팔을 잡아채 호텔 밖으로 끌고 나갔다. 그때 호텔 밖에서 반정부 정치인 스리 빈탕(Sri Bintang Pamungkas)이 인터뷰 하는 게 보였다. 나는 도와달라는 듯이 반사적으로 그의 손을 잡았다. 빈탕은 충격을 받은 듯 외쳤다.

"대체 무슨 일이야?"

"입 닥쳐! 그냥 따라오기나 해!"

경찰이 큰 소리로 말했다. 검정색 도요타 승용차 한 대가 후진하면서 다가왔다. 리스튼과 스리 빈탕 그리고 나는 강제로 차 안에 태워졌다. 차는 빠르게 호텔에서 빠져나갔다. 운전자는 인드라 프라무가리 경위였다. 그는 행선지를 말하지 않았다.

우리는 체포에 대한 어떤 설명도 듣지 못한 채 지방경찰청으로 끌려갔다. 자카르타 범죄 상황도가 그려진 현황판이 있는 것을 보니 회의실 같다는 생각이 들었다. 그들은 우리를 방에 가두고 신분증을 압수해갔다. 한 하위직 경찰이 차 한 잔을 내밀었다.

우리는 거의 2시간 동안 방치되었다. 빈탕은 이런 게 지능적인 범법행위라며 나가자고 했다. 놀랍게도 문은 잠겨 있지 않았다.

"이것 봐! 우린 나갈 수 있어!"

빈탕이 말했다. 우리는 방에서 나와 정문에서 초소 경찰과 마주쳤다.

"페리 씨 어디 계십니까?"

우리는 우리의 신분증을 가져간 경찰이 어디 있는지 물었다. 초소 경찰이 대답했다.

"여기 없는데요."

"그 분한테 우리가 잠시 나갔다 오겠다고 말씀전해주시오. 알겠소?"

빈탕이 그렇게 경찰을 안심시키려 했다. 그 뒤, 우리는 택시를 타고 호텔로 되돌아갔다. 빈탕과 리스튼의 차가 아직도 위사타국제호텔 앞에 있었다. 빈탕은 그의 차를 몰고 갔고 나는 리스튼의 차에 탔다. 리스튼은 나를 우리 사무실에 내려주었다. 사무실 앞에 있는 키장을 보고 한 순간 가슴이 철렁했다. 그런데 동료 차였다.

나는 경찰이 AJI 사무실을 난장판으로 만들었으며, 에코 '이텀' 마리야디(Eko 'Item' Maryadi ; 인도네시아어로 흑인에 해당하는 'hitam' 과 비슷한 발음에서 따와 본명 대신 '이텀' 으로 불렸다)와 다낭(Danang), 두 동료 역시 체포돼 아직도 경찰서에 있다는 이야기를 들었다. 한밤중이었다. 지쳐버린 나는 집으로 가는 내내 아기 생각을 했다.

자카르타 지방경찰청 취조실

이제, 자카르타 지방경찰청 취조실 이야기로 돌아가보자. 형사국장은 하지 경감에게 나에 관한 모든 정보를 기록하라고 지시했다. 그는 〈인데펜덴〉에 대해 물었고, 발행허가를 받지 않았다는 점을 강조했다.

"이 매체는 허가 없는 발행물이야. 당신이 이걸 발행했지?"

형사국장이 물었다. 나는 짧게 대답했다.

"아니오."

"거짓말 하지 마! 당신 은행계좌가 여기에 나와 있어."

국장이 〈인데펜덴〉을 직접 내 눈앞에 들이밀었다. 내 은행계좌가 실려 있으니 내가 책임자라고 결론짓고 범법으로 몰아갈 셈이었다.

"당신이 뭐라고 하건 난 신경 쓰지 않아. 당신 이름이 여기 실려 있으니까 당신이 책임자인 거야!"

형사국장은 전권을 쥔 자답게 확신에 차서 말했다. 나는 씁쓸하게 웃었다. 칼자루를 쥔 사람과 대화하기는 어렵다. 어쩌겠는가? 그가 무슨 말을 했든, 결국 마음껏 권력을 휘두르겠다는 의미였다. 더 이상 법이라든가 기존의 규칙이라든가 무죄추정원칙 따위는 존재하지 않는다는 뜻이다.

"당신이 뭐라고 하든 아니오!"

나는 소리쳤다.

"어어, 기자 양반!"

하지 경감이 놀라서 막고 나섰다. 순간 로마 이라마(Rhoma Irama)의 노래가 생각났다. 나는 형사국장 앞에서 큰 소리로 노래를 부르기 시작했다. 이런 상황에 딱 어울리는 당듯(dangdut)[7]이었다.

"이보게…… 단지 내 위에 있다고…… 다 할 수 있다고, 원하는 대로……"

---

[7] 인도네시아 대중음악의 한 장르로 1970년 이후 이슬람 청년 노동자 계층에서 발달했음. 로마 이라마는 1970년대 이후 최고의 인기를 끌고 있는 가수로 당듯의 제왕으로 꼽힌다.

심문 그리고 감방

나는 하지 경감 방으로 끌려갔다. 나는 그에게 아침예배[8] 드리는 것을 허락받았다. 나는 단지 좀 더 경건한 자세로 지금 상황을 맞고 싶을 뿐이었는데, 그들은 내 행동을 복종으로 받아들인 것 같았다.

"안 돼. 당신은 예배드릴 필요가 없어!"

다른 경찰이 나를 막으려들며 말했다.

"예배드리지 말라고? 이건 인권위반이오. 알고 있소? 벌써 해가 떠오르고 있소! 맘대로 하시오. 나는 기도하겠소. 화장실이 어디오?"

나는 흥분해서 소리쳤다. 나는 하지 경감 방에서 경찰들이 지켜보는 가운데 우두를 마치고 기도를 올렸다.

기도를 마치자 졸음과 함께 병에 걸린 듯한 느낌이 밀려왔다. 그래서 나는 소파에 누웠다.

"몹시 힘들군. 좀 자야겠소."

나는 하지 경감에게 말했다.

"자지 마. 질문할 게 있어."

하지 경감이 말했다.

"나는 몹시 졸려서 자야겠소."

나는 그렇게 말하고 소파에서 잠이 들었다. 잠에서 깨자마자 시작된 심문은 자정까지 이어졌다. 진을 빼는 심문이었다. 경찰 간부 둘이 계속 질문을 퍼부었다. 그들은 매우 멍청해 보였으며, 심문 중 폭력을 휘두르는 게 습관 같았다. 다행스럽게도 내게 폭력을 쓰지는 않았다.

질문은 누가 내 친구인지, 누가 〈인데펜덴〉 발행의 배후에 있는지

---

8) '수부흐' 라고 한다. 이슬람교도는 하루 5번 예배를 드리게 돼 있다.

묻고 또 묻는 식으로 이어졌다. 나는 단지 〈인데펜덴〉에 나와 있는 이름만을 되풀이했다. 그들은 당황했다. 심문 중 나에게 커피를 건넸고, 잔이 비면 계속 채워줬다. 그 바람에 그 날 하루에 커피를 15잔이나 마셨다.

나를 불편하게 만든 또 한 가지는 매운 고춧가루를 푼 라면을 계속 억지로 먹게 하는 것이었다.

"어이, 이거 먹어! 아무것도 먹지 않고 아프면, 우리가 심문하면서 전혀 먹이지도 않았다고 그럴 거 아냐?"

경찰은 그런 식으로 꼬드겼다. 결국 나는 위가 뒤틀려서 매우 고통스러웠다. 그래도 심문은 계속됐다.

심문하던 경찰 한 명이 나를 다른 경찰부서로 넘기자고 했다. 별로 신통한 대답을 받아내지 못했기 때문이다.

"이자를 살인납치반 애들한테 넘겨."

나는 다른 방으로 옮겨졌다. 밀폐형 복도를 지나서 간 방 안은 어두웠다. 방에 들어가자 검은 옷을 입은 험상궂은 사내들이 겁부터 주기 시작했다.

"드디어 우리 밥거리가 들어오는군."

그들은 자신들이 자리잡은 테이블 앞에 있는 나무의자에 나를 앉혔다. 순간적으로 고문하는 영화 장면이 떠올랐다. '내 손톱 안을 쑤셔댈지도 모른다. 아니면 대답을 제대로 하지 않는다고 의자로 내 등판을 후려치려나.' 겁이 났다. 하지만 다행스럽게도 그런 일은 없었다.

그들은 〈인데펜덴〉 발행 책임자 이름을 대라며 물고 늘어졌다. 권총을 내 머리에 겨누고 손가락을 방아쇠에 걸며 위협했다.

"이 봐. 이젠 불어!"

나는 굉장히 무서웠지만, 겁먹지 않은 듯이 행동했다. 오히려 더 도발적으로 나갔다.

"난 정말 모르오. 정 그러면 쏘시오! 쏘란 말이오!"

그러나 내 머리를 겨눈 권총은 발사되지 않았다.

그들은 24시간 동안 나를 취조했지만, 정보를 얻는 데 실패했다. 자정을 30분 남겨 두고 나는 치하 유치장으로 끌려갔다. 그들은 내게 윗옷과 구두와 셔츠 그리고 바지를 벗으라고 했다. 그러곤 유치장 간수에게 데려갔다. 간수는 내 지갑을 빼앗아 열어봤다. 그 안에는 2만 루피아9)짜리 지폐 4장과 1천 루피아짜리 3장 총 8만 3천 루피아가 있었다.

경사 두 명이 나한테 바지를 벗으라고 했다. 유치장 안에서는 긴 바지를 입을 수 없도록 돼 있어서 짧은 바지를 입어야 했다.

"바지를 이용해 자살할까 봐 이러는 거야. 전에 한 번 그런 일이 있었거든."

한 경찰관이 겁주려는 듯 말했다. 그리고 나에게 심문실 한 쪽에 쌓여 있는 더러운 짧은 바지 중에서 하나를 골라 입으라고 했다. 나는 거절했다.

"싫소. 옴이 옮을 것 같단 말이오."

"좋아. 하지만 당신은 짧은 바지를 입어야 해. 여기 면도칼을 빌려줄게. 하지만 이걸로 자살하지는 마. 알았어?"

나는 입고 있던 내 바지의 무릎 아래 부분을 잘라버렸다. 그 경사는 죄수들끼리 한 방에서 지내며 벌어지는 무시무시한 이야기를 끄집어내 겁을 줬다.

"그리고 이건 당신 돈인데, 우리가 가지고 있을게. 괜찮지? 감옥에

<hr>

9) 인도네시아 화폐 단위. 1루피아는 한화 약 0.11원에 해당한다.

서는 돈을 갖고 있지 못하게 되어 있거든. 가지고 있으면 잃어버리니까 말이야."

내 평생 감옥에 갇히기는 처음이었다. 감옥에 여러 번 가보기는 했지만, 그건 단지 취재를 위해서였다. 나는 다른 죄수들이 있는 감방이 아닌, 그나마 좀 나은 장소를 배정받으려 경사와 흥정을 벌였다.

"좋아. 하지만 돈이 좀 들어. 일종의 보증금으로 생각하라고."

경사가 서둘러 말했다. 그러나 그 약속은 지켜지지 않았다.

"여기 있어. 다른 방은 다 차서 말이야."

경찰은 돈만 받아먹은 꼴이었다. 나는 유치인 대기실로 넘어갔다.

감방 철창 사이로 난 어두운 복도에 들어서자 몹시 두려웠다. 감방이었다. 마치 내가 영화 속에 들어와 있는 것 같았다. 죄수 수백 명이 외쳐댈지도 모른다. 〈양들의 침묵〉에 나오는 한니발 렉터 박사처럼 나를 잡아먹고 싶다고 말이다. 그러나 다행스럽게도 그런 일은 없었다.

A-13호실, 어두운데다가 냄새마저 고약했다. 얇은 판때기 위에 죄수 18명이 제멋대로 누워 있었다. 얻어맞아 얼굴에 혹이 난 사람, 눈덩이가 시퍼렇게 멍든 사람, 팬티만 입은 사람도 있었다. 나는 구석으로 걸어가면서 A-13호실에 있던 모든 수감자들과 악수를 했다. 나는 자리에 앉으며 말했다.

"미안하오. 너무 졸려서. 좀 자야겠소."

수감자들은 범죄유형별로 구역이 나뉜 합판 위에서 더러운 냄새와 함께 무리를 이루어 자고 있었다.

"좋을 대로 하쇼. 이리 와서 자도 되고. 거긴 냄새가 지독해."

한 수감자가 말했다. 나는 나중에 그가 파사르 밍구 출신 살인범이라는 것을 알았다. 나는 살인범, 강도, 술 취한 사람, 사기꾼, 마약밀매자를 비롯한 각종 범법자들과 함께 합판 위에서 잤다. 그들은 경찰

보다 친절했다.

더 좋은 방을 배정해주겠다고 돈을 받은 경찰이 한 것은 이 한 마디뿐이었다.

"어이, 이 사람 여기 두고 가, 됐지?"

그리고 재빨리 사라졌다. 무전기가 계속 삐빅거렸다.

"삐, 삐…… 키장은 이제 감방에 들어갔나?"

그때 팬티만 입은 오만이라는 자가 외쳤다.

"어이, 들쥐!"

"누구야?"

경찰이 되돌아와 소리쳤다.

"나요! 왜?"

오만이 눈을 부릅뜨고 말했다. 경찰은 그를 한 번 본 뒤 다시 나가버렸다. 쥐는 범죄자들이 경찰을 가리키는 은어였다.

감옥에서 언론인으로 살기

에코 이텁 마리야디, 다낭 그리고 내가 유치장에 구금된 초기에는 가족과 친구는 물론 누구도 우리 소식을 듣지 못했고 누구도 우리를 찾아오거나 면회할 수 없었다. 친구들이 선임한 변호사마저도 우리가 어디 있는지 몰랐다. 최고위 책임자로부터 말단에 이르기까지 경찰은 모두 우리에 대해 전혀 모른다고 오리발을 내밀었다.

나중에 언론이 우리의 실종사태에 대해 강력하게 항의하자 자카르타 지방 경찰청은 공식기자회견을 열었다. 형사국장 나르파이지 총경과 공보책임자 밤방 하리오코 경정이 나서서 정부 허가 없이 〈인데펜덴〉을 발행한 AJI 활동가 3명을 체포했다고 밝혔다. 경찰은 또 〈인데펜덴〉이 정부를 모독, 공격하고 중상모략했는지, 정부 내 반목과 분열을 언급했는지도 계속 조사 중이라고 덧붙였다.

그리고 나는 경찰에 구금된 지 58일 만에—법률상 구속기간이 60일을 넘으면 풀어주도록 돼 있다—중부 자카르타 살렘바(Salemba) 교도소로 이감됐다.

우리는 그곳에서 새로운 삶을 시작했다. 가장 큰 일은 교도소에서 재판을 기다리는 것이었다. 나는 뜨내기 범법자뿐만 아니라, 소매치기, 헤로인 공급책, 도박업자, 고문자, 살인범, 교통사범과도 사귀었다. 또 부정부패로 들어온 사람들, 예컨대 국립은행 이사로 있다가 부패혐의로 들어온 사람과도 친해졌다. 우리는 감옥 안에서 모두 '친구'였다. 속으로는 '친구끼리도 서로 찌를 수 있다'는 말을 깊이 간직할 줄도 알게 됐다. 나는 잘 때 문을 잠갔다.

나는 감옥 안에서도 일을 계속했다. 감옥 밖에서보다 감옥 안에서 언론인으로 일하면서 돈도 훨씬 많이 벌었다. 언론에 있는 친구들은 내게 밖에서는 도저히 접근할 수 없는 범법자들을 인터뷰해달라는 주문을 많이 했다. 나는 면회 온 친구들에게 누구를 인터뷰하면 좋을지 골라달라고 부탁하기도 했다. 어떤 수감자들은 내가 법학을 공부했다는 걸 알고 재판 과정에서 검사의 조사나 판사의 심리에 어떻게 대처해야 하는

살렘바 교도소에서 필자, 그의 아내와 아들. 아들은 나중에 치피낭 교도소에서 한 사나나 옥중 인터뷰가 세상에 빛을 보는 데 큰 기여를 했다.

지 자문을 구하기도 했다. 몇 사람한테 검사의 기소에 맞서 법률적으로 항변하는 방법을 자세히 일러주었다. 헤로인 사범 가운데 하나는 내 조언대로 재판에 임해 공소기각으로 풀려나기도 했다.

판결

살렘바 교도소에서 몇 달을 보내자 내 재판도 시작됐다. 첫 번째 공판 때 나와 내 친구 '이텁'은 같은 건으로 법정에 나갔다. 우리는 마치 대통령이나 장관처럼 대우받았다. 우리가 탄 호송차는 순찰차의 호위를 받은 것은 물론, 헌병까지 나서서 길이 막히지 않도록 교통을 통제했다.

법정은 매우 소란스러웠다. 사회운동가, 언론인, 외국 외교관, 정부 정보기관 관계자들이 중부 자카르타 지방법원 법정을 가득 메웠다. 검사는 나에게 형법 154조 위반을 적용했다. 〈인데펜덴〉을 정부 허가 없이 발행해 정부에 대한 증오와 적의를 확산시켰다는 혐의였다. 정부 내각 안의 불화를 다룬 기사나 '압력'을 행사해 공짜로 언론사 주식을 챙긴 공보장관 기사 같은 것이 검사가 밝힌 증거였다.

진을 빼는 오랜 법정 공방 끝에 우리는 각각 징역 2년 8개월 형을 받았다. 이는 '정부에 대한 증오와 적의 확산'을 범법으로 규정한 법 조항을 근거로 삼았다. 네덜란드 식민지 당시 독립운동을 이끈 수카르노(Sukarno) 초대 대통령과 대표적인 반식민지운동 언론인 티르토 아디 술조(Tirto Adi Soerjo)도 바로 이 법으로 처벌받았다. 이처럼 과거 식민종주국 네덜란드에 저항하는 인도네시아 독립운동가들의 활동을 막고자 악용됐던 이 법은 수하르토 퇴진 뒤 폐기되었다.

나는 판결에 불복해 고등법원에 항소했다. 몇 달 뒤 자카르타 지방법원은 오히려 형량을 3년으로 높였다. 나는 다시 대법원에 상소했다. 대법원 재판부는 지방법원에서 내린 3년형을 확정했다. 살렘바 교도소에서 희비를 맛보며 1년을 지낸 나는 동부 자카르타 치피낭 (Cipinang) 교도소로 이송됐다.

감옥발 특종

치피낭 교도소는 여러 가지로 악명이 높았다. 살인범 수감자수만 해도 인도네시아 1위였다. 그리고 거물급 부패사범, 헤로인 범법자들, 반정부활동가, 1965년 인도네시아 군부 쿠데타 때 투옥된 인도네시아 공산당(PKI) 소속 정치인들 그리고 파푸아와 동티모르의 반인도네시아 독립운동가들이 득실거렸다. 물론 일반 죄수와 기결수들도 있었다.

감옥에 들어갈 때 교도소 당국은 훨씬 엄격하게 검색했다. 검색간수는 나를 완전히 발가벗겼다. 그 동안 다른 수감자들이 내 짐과 노트

1995년 중부 자카르타 지방법원, 우측 사진에서 맨 오른쪽 아드난 부용 나수티온(Adnan Buyung Nasution)은 유명한 인권 변호사로 현재는 수실로 밤방 유도요노 대통령의 자문위원이다.

북을 내 감방 옆방에 가져다 놓았다. 나는 다른 수감자 5명과 함께 정치범 구역에 있는 가로 3미터, 세로 5미터의 감방을 쓰게 됐다. 4명은 반수하르토 활동가였고, 한 명은 일반 형사범이었다.

옆 감방에는 1965년 쿠데타에 연루됐던 정치인들이 여럿 있었다. 육군 대령 라티에프(Latief), 공군 원사 마르수디(Marsudi) 그리고 공산당 청년조직 전 지도자이자 이론가로 막 노망이 들기 시작한 아셉 수리야만(Asep Suryaman)도 있었다.

BM이라고 불렸던 다른 블록에는 사나나 구스마오(Xanana Gusmao; 동티모르 무장독립투쟁 지도자, 현 총리)와 페르난도 라사마(Fernando Lasama; 동티모르 현 국회의장) 같은 다른 동티모르 독립운동가들이 수감당해 있었다.

인도네시아 국영은행 돈을 횡령해 20년형을 선고받은 에디 탄질. 현재 중국에 도피한 것으로 알려진다.

바로 그 무렵 1조 3,000억 루피아라는 어마어마한 거금을 횡령한 초대형 부패사범 에디 탄질(Eddy Tanzil)이 교도소에서 탈옥했다. 나는 어느 날 오후 우연히 화장실에 같이 들어간 한 수감자에게서 이 사건과 관련된 놀라운 말을 들었다. 바로 한 간수가 에디 탄질을 탈출시켰다는 것이다.

"나는 알지. 그건 월요일부터 시작됐어. 바로 이틀 전이지."

그 수감자는 중얼거렸다. 에디 탄질의 '탈옥'을 다룬 내 감옥발 기사는 내가 경찰에 붙잡히기 전까지 일했던 〈미디어 인도네시아(Media Indonesia)〉의 일요판을 화려하게 장식했다.

치피낭에 들어와 라티에프 대령을 비롯해 다른 PKI 정치인들과

1965년 10월 1일 유혈 쿠데타에 관해서도 이야기를 나누었다. 언론이 도저히 접근할 수 없는 존재라고 하던 사나나도 만났다. 나는 사나나와 축구를 했고, 연못 주변을 맴돌면서 많은 이야기를 나눴다. 우리의 만남을 다른 간수들이 눈치 채지 못하게 하기 위해서였다. 우리는 축구를 한 뒤 눈에 잘 띄지 않는 장소를 찾아다니며 대화하고 인터뷰를 했다. 나는 이 옥중 인터뷰를 인터넷을 통해 세상에 내보냈다.

이를 안 교도소 간부들은 불같이 화를 냈다. 그 뒤 그들은 내가 가족을 면회할 때 훨씬 더 엄격하고 꼼꼼하게 조사했다. 하지만 인터뷰는 계속 밖으로 나갔다. 나는 인터뷰 내용을 내 아들 '알리 안지'의 팬티 안에 넣었다. 사나나는 아이들을 무척 좋아했다. 그는 우리 아기가 올 때마다 안곤 했는데, 아이를 파푸아 독립운동단체의 한 지도자 이름을 따서 '켈리 콜릭'이라고 불렀다. 아마 그는 알리 안지라고 발음하기가 쉽지 않았던 듯하다.

한편 나의 교도소 생활은 점점 괴로워졌다. 치피낭 교도소에서 내보낸 정보들이 인터넷을 통해 퍼졌고 또 〈BBC〉나 〈VOA〉 같은 외신을 통해 보도되었던 탓이다. 당연히 권력자들은 화를 냈고, 교도소 간부들에게 그 불똥이 튀었다. 인도네시아 독립기념일 하루 전인 8월

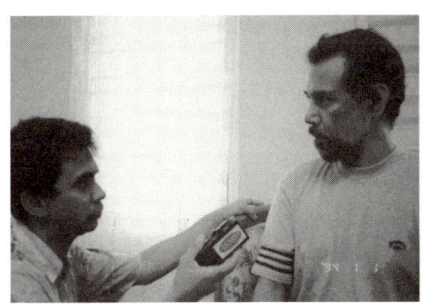

1998년 감옥 면회실에서 인터뷰 당시 사나나 구스마오(우)와 필자. 당시 필자는 석방, 사나나 구스마오는 수감 중이었다. 사나나는 2002년 동티모르 초대 대통령, 2007년 총리가 된다.

16일 자정 무렵, 나는 자다가 감방 철장이 '덜컹' 하고 열리는 소리를 들었다.

"일어나! 빨리!"

곧 무장한 간수 5명이 들어왔다. 그들이 다그쳤다. 얼굴을 씻을 짬도, 옷을 갈아입을 틈도 주지 않았다. 총을 겨눈 그들에게 끌려서 나는 급히 교도소 행정반으로 갔다. 나는 발가벗은 뒤 파란색 교도소 운동복으로 갈아 입었다. 내 오른손은 경찰관 살해로 10년형을 받은 죄수의 왼손과 한 수갑에 채워졌다. 그렇게 둘씩 수갑을 찬 수감자 10쌍이 먼지투성이 호송차에 탔다. 도대체 무슨 일이 벌어질지 감조차 잡을 수 없었다.

7시간 이상 흐른 뒤 우리를 태운 차는 치레본(Cirebon) 장기수 1급 교도소 정문에 도착했다. 정문을 통과한 차는 다시 큰 문 2개를 지났다. 차에서 내릴 즈음 지독한 냄새가 났다. 누군가가 공포에 질려 차 안에서 똥을 그대로 싸질렀던 것이다.

우리는 수갑이 풀린 뒤, 각자 흩어져 양면에 철장이 있는 특수감방에 갇혔다. 보통 이런 감방은 사형집행을 기다리는 사형수용이었다. 그 방에 갇혀 방 밖으로 한 발도 내딛지 못한 채 꼬박 2주나 보내야 했다.

다시 우리는 일반 감방으로 넘어가 치피낭에서 온 수감자 20여 명과 뒤섞였다. 서부 자바의 치레본 교도소는 수마트라와 자카르타 출신 '잊혀진 장기수'들로 유명했다. 5년 이상 형량을 받은 사람이 대부분이고 장기수들은 살인과 헤로인 관련자가 많았다.

이 교도소는 자카르타에서 멀리 떨어져 있었지만, 나는 여전히 기사를 자카르타에 있는 언론사에 보낼 수 있었다. 치레본 교도소 폭동과 헤로인 사건으로 사형선고를 받은 말레이시아 이포에서 온 중국인에 대한 기사도 썼다. 나는 한 간수에게 돈을 좀 찔러 주고 그 기사를 언론사로 보냈다.

그런데 운 나쁘게 교도소장이 그 기사를 보고 말았다. 교도소장은 펄펄 뛰었지만 특별한 조치는 없었다. 대신 내 행동을 제한하고 감시하기 시작했다.

원래 치레본에서 형기를 마쳐야 했지만, 다시 치레본에서 60킬로미터 떨어진 서부 자바 쿠닝안(Kuningan)에 있는 더 작은 교도소인 장기수 2급 교도소로 이송됐다.

내가 쓴 흥미로운 죄수들 이야기는 계속 자카르타 매체에 실렸다.

쿠닝간 교도소에서 5개월을 복역한 뒤 마침내 나는 조건부 형집행정지로 풀려났다. 일주일에 한 번씩 자카르타에 있는 간수에게 가서 보고하는 조건이었다. 맨 처음 경찰서에 끌려가 구금된 후 풀려날 때까지 2년 7개월이 걸렸다.

수하르토 쫓겨나다

투쟁은 계속됐다. 몇 달 후 1997년 10월, 형집행정지 중인데도 캐나다 밴쿠버에서 열리는 시민 운동가 정상 회의에 초대됐다. 이 회의는 수하르토가 참석하는 APEC 회의와 같은 시기에 열릴 예정이었다. 회의 참석과 별도로 나는 밴쿠버에서 미국 비영리기구인 언론인보호위원회(Committee to Protect Journalists)가 주는 언론자유상을 받았다.

나는 밴쿠버 호텔방에서 다른 시민운동가들과 함께 반수하르토 활동도 벌였다. 우리는 인도네시아 정보요원 2명이 밴쿠버 브리티시콜롬비아대학에서 활동하던 우리 유학생에 대해 정보를 수집해왔던 사실을 폭로했고, 캐나다 경찰이 그 정보원들을 체포했다. 인도네시아 정부는 캐나다에서 벌어진 반수하르토 활동에 대해 분노했다. 인도네시아 외무장관 알리 알라타스는 반수하르토 활동가들이 인도네시아에 돌아오면 체포할 것이라고 위협했다.

그러자 캐나다 외무장관은 우리한테 캐나다 망명을 허용하겠다고 제안했다. 우리가 귀국하면 체포되거나 살해될 수 있다고 염려했던 탓이다. 그러나 우리는 그 제안을 거절했다.

"우리의 투쟁은 인도네시아에서 시작되었습니다."

나는 이렇게 대답했다. 나는 또 미국 언론에 "수하르토가 참석하는 마지막 APEC"이라는 제목의 기사를 썼는데, 나중에 수하르토의 운명은 이 기사대로 됐다.

새로운 권력의 등장

1998년 5월 수하르토가 쫓겨나고 그 해 10월 1일 〈템포〉[10]가 복간됐다. 나는 〈템포〉로 돌아갔다. 우리 팀은 수하르토 시절 집권당이었던 골카르당 대표 악바르 탄중(Akbar Tandjung)의 부정부패를 추적했다. 당시 재판을 받고 있던 전 내무장관의 부패사건과 함께.

수하르토 시대는 막을 내렸고 언론은 자유롭고 독립적으로 변해갔다. 하지만 정치 권력 대신 새로운 위협이 기다리고 있었다. 바로 검은 사업가들이었다.

사건은 2003년 3월 8일 토요일에 벌어졌다. 나는 타나 아방 시장 화재 사건 전에 만든 시장 재건축 계획안을 입수했고, 시장 대화재의

---

10) 인도네시아의 대표적인 진보 주간지. 수하르토 독재 시기인 1971년 언론자유와 독립언론을 지향하며 창간했다.

감춰진 비극을 보도했다.

그날 아침 8시 무렵 나는 동부 자카르타 촌데트에서 열린 한 결혼식장에서 친구의 전화를 받았다.

"토미가 〈템포〉에 실린 타나 아방 시장 뉴스에 화가 나 있대."

불법 사업 조직들을 거느린 도박업자 토미 위나타(Tomy Winata)의 조직원들은 그동안 테러와 범법행위를 일삼아왔다. 토미가 경찰이나 군부 권력자들과 친분이 있다는 것도 널리 알려진 사실이었다.

1994년 폐간당했다가 1998년 10월 다시 발행된 〈템포〉 복간 첫 호 표지.

잠시 뒤 편집국 직원에게 전화가 왔다.

"지금 빨리 좀 와주셔야겠어요. 여기 아무도 없어요. 그런데 경찰은 벌써 사무실 앞에 배치됐어요. 그 사람들 말로는 토미 위나타 패거리가 〈템포〉를 공격할 거래요."

결혼식이 끝나려면 아직 멀었지만 서둘러 타고 사무실로 향했다. 경찰 트럭 2대가 템포 정문을 지키고 서 있었다. 15분 뒤 험상궂은 한 무리가 〈템포〉 정문을 흔들어대며 소리쳤다.

"템포를 폐간하라…… 발행허가를 취소하라…… 불 질러…… 잡아 넣어……"

나는 1층으로 내려갔다. 토미 위나타의 위임변호사 데스몬이 보낸 고소장이 내 옷 주머니 안에 있었다. 나는 경찰 뒤에 서서 시위를 지켜보았다. 늘 있는 일처럼 침착하게 한 경찰에게 말했다.

"한두 명, 아니면 다섯 명 정도만 들여보내 주시오."

경찰이 대답했다.

토미 위나타. 2006년 인도네시아 부자 35위로 발표된 사업가로 군부와 밀접한 관계를 이용해 백만장자가 되었다. 〈타임 아시아〉는 토미 위나타에게 '도박 황제(Gambling Kingpin)' 딱지를 붙였다.

"우리가 왜 그걸 합니까? 당신이 가서 그렇게 말하시오."

나는 문을 향해 걸어갔다. 경찰의 수가 시위대보다 더 많으니 '만약의 사태'가 생기더라도 별 문제는 없으리라 생각했다.

"지금은 내가 이곳 책임자요. 그러니 내가 여러분에게 설명을 하겠소."

나는 일전에 토미 위나타의 위임변호사 데스몬이 보낸 고소장을 보여주며 말했다. 하지만 그들은 막무가내로 날 끌고 갔다. 4명이 날 끌어다가 군중들 한가운데에 밀어 넣었다. 경찰이 뻔히 눈앞에서 지키고 서 있었지만 아무도 날 도와주지 않았다. 나는 끌려가며 그래도 희망을 품고 경찰에게 외쳤다.

"빨리 문 열어요. 나 좀 도와줘요!"

그러나 끝내 문은 열리지 않았다.

위기일발 상황에서 나는 정문과 한 1.5미터 이어진 곳에 쪽문이 열려 있는 것을 발견했다. 순간 나는 사내들을 뿌리치면서 죽어라 뛰었다. 간신히 쪽문에 닿았을 때 내 손은 이미 피투성이가 돼 있었다. 어쩌다 다쳤는지는 도무지 알 수 없었다. 쪽문을 지키던 경찰 2명이 경찰봉을 들어 날 후려치려 했다. 그때 누군가 외쳤다.

"안 돼!"

경찰봉이 순간적으로 멈췄다.

"미안하오. 당신이 시위댄 줄 알았소."

경찰 한 명이 말했다.

〈템포〉 동료들은 3층 창문을 통해 지켜볼 뿐이었고, 1층에 있던 일부 동료들도 밖으로 나올 엄두를 못 냈다.

나는 다시 경찰에게 대표자 2~5명만 들여보내라고 말했다. 시위대 대표들의 불만을 들은 다음 우리 입장을 설명하려는 생각이었다. 나는 그들을 3층 사무실로 데리고 갔다.

내 이름을 밝히고 현재 이곳 책임자라고 말했다. 그리고 문제가 무엇인지 물었다. 그들이 정체를 드러내기 시작했다. 테디 우반이라는 백발 사내(토미 위나타의 오른팔)가 화가 난 목소리로 말했다. 〈템포〉가 잘못된 기사를 써서 아르타 그라하(Artha Graha)그룹 은행이 계란 세례를 받았다는 것이다.

"토미는 협박까지 받고 있어. 심지어 다음 주 월요일엔 타나 아방 시장 화재사건 피해자인 상인들이 아르타 그라하 사무실을 습격한다는 말도 들었어! 왜? 안 믿어져? 내가 지방경찰청장한테 전화를 걸어

〈템포〉 사무실 주위에 몰려든 토미 위나타의 무리들.

주지. 청장을 연결시켜 줄까?"

테디는 계속 떠들어댔다.

"좋소. 그렇게 하시오"

내가 대답했다. 단지 엄포인지 알 수 없었지만 그는 전화를 걸었다.

"청장이 지금 회의 중이라는군. 지금 전화 연결할 수는 없겠어."

테디가 말했다. 이어서 접견실에 들어와 있던 토미 패거리가 소리치기 시작했다. 이쪽이 먼저 소리치면 다른 쪽이 맞받는 식으로 계속 구호를 이어갔다.

"이젠 그만하시오. 내가 설명하겠소. 토미가 변호사 데스몬을 통해 보낸 고소장도 받았소. 그리고 오늘은 그쪽에서 기자회견 연다는 말도 들었소. 이제 여러분의 불만을 알았고, 우리도 토미를 직접 만나려고 노력하고 있소. 아마 다음 주 월요일이 될 것 같은데. 지금 토미 씨는 켄다리에 있고 내가 여러분의 불만을 다 접수했으니."

자카르타 시내 한복판에 있는 토미 위나타가 소유한 아르타 그라하 그룹 빌딩. 부동산, 금융 서비스, 광산업, 전기통신, 도박장 운영, 크루즈 등 사업을 한다.

내 말을 끊고 테디가 불쑥 끼어들었다.

"이봐! 당신이 그 기사 쓴 기자지? 우린 당신한테 그런 정보를 준 자를 알아야겠어. 당장 이름을 대! 그래야 너도 살고 그 자도 살려줄 수 있어."

"고소에는 법적 절차가 있소."

"야, 이 기자 XX야! 너 기사 쓰고 나서 우리 보스한테 와서 돈 달라고 했잖아! 이 XX야!"

테디가 지껄여댔다. 그는 일어선 채 테이블을 빙빙 돌며 위협적인 태도를 보였다.

"이봐요, 그런 식으로 말하지 마시오. 그건 날 모욕하는 거요! 무슨 증거로 그런 말을 하는 거요? 〈템포〉는 그런 부패한 언론이 아니오."

"입 닥쳐! 이 개X 같은 X아!"

테디는 흥분한 채 책상 위에 있는 나무로 된 티슈 상자를 들어 내 머리를 향해 던졌다. 나는 순간 팔을 들어 막았다. 나무 상자는 내 왼쪽에 있던 동료 기자 압둘 마난의 미간을 정통으로 때렸다. 그의 얼굴에서 피가 흘러내렸다.

"이봐요…… 왜 이 사람들이 사무실 안에서까지 이런 폭력을 쓰도록 내버려두는 거요?"

나는 오른편에 말없이 서 있는 경찰관에게 따지듯이 물었다.

"좋소. 내가 우리 사장에게 전화하지요."

나는 곧바로 〈템포〉 발행인 밤방 하리 무르티(Bambang Hari Murti)에게 전화를 걸었다.

"그 자한테 잽싸게 이리 오라 그래!"

테디가 큰 소리로 외쳤다. 분위기가 점점 더 험악해졌다. 나는 밤방에게 내가 처리할 수 없는 상황이라고 보고했다. 그러곤 멘텡(Menteng) 지역 파출소장과 만났다.

"소장님, 우리가 어떻게 해야 좋겠소?"

"어떻게요? 무조건 해결해야지요. 이건 당신네 문제요."

소장은 그렇게 모든 걸 나에게 떠넘겼다.

테디가 누군가에게 전화했다.

"내가 그 기자X을 찾았어요. 어떻게 할까요?"

잠시 뒤 청바지를 입은 백발 사내 하나가 올라왔다. 그의 이름은 데이비드(토미 위나타의 왼팔)로, 아 미오우라는 별명을 가지고 있었다.

그는 당장 자기한테 그 정보원의 이름을 대라고 난리법석을 피웠다. 게다가 인종 차별적인 발언까지 해댔다.

"토미 위나타가 중국계라서 그랬다고는 하지 마. 나도 중국계야. 나는 디스코텍하고 도박장을 가지고 있어. 그리고 넌 네가 원하는 걸 다 기사로 쓸 수 있다고 생각하겠지."

"그건 그렇지 않소. 데이비드 씨. 우리 회사는 다인종 회사요. 인종 편견 따위는 없소."

"개 같은 소리 마! 괜히 맘에 없는 소리 하지 말라고!"

그가 빈정대듯이 대답했다. 그래서 나는 그의 눈을 똑바로 쳐다보았다.

"야야, 그런 식으로 날 쳐다보지 마! 더 이상 아무 말도 하지 마! 한 마디라도 더 하면 널 죽여버릴 거야!"

데이비드는 감정에 북받쳐 떠들어댔다. 플로레스(Flores)[11] 출신 사내가 의자를 치켜들고 내 얼굴을 치려했다. 이미 그가 의자를 공중에 쳐든 상태에서, 군청색 사파리를 입은 다른 플로레스 출신 사내도 다가와 날 치려고 했다.

그때 중국계 동료 기자 카라니야가 들어왔다. 나는 신에게 감사드렸다. 데이비드가 아까 '중국계' 어쩌고 하지 않았던가. 카라니야가 대신 이 상황을 떠안았다. 카라니야가 무슨 말을 하건 그들은 전혀 귀기울이지 않았다. 데이비드가 다시 소리쳤다.

"너도 개X 같은 이야기를 하고 있어! 너도 죽고 싶어!"

그 무렵 나는 어지러워 고개를 들고 있기도 힘들었다. 솔직히 무서웠고 심하게 긴장했었다. 나는 다시 밤방에게 전화를 걸었다. 그는 수

---

11) 인도네시아 중부 소순다열도 중앙에 있는 섬.

왼쪽 머리 짧은 사람이 데이비드, 오른쪽 줄무늬 셔츠를 입은 사람이 전직 경찰서장인 데이비드의 보디가드(위). 테이블 중앙에 앉아 있는 모자를 쓴 사람이 자카르타 차이나타운에서 매춘을 직업으로 삼는 토미 부하. 그 오른쪽에 앉은 이가 필자(가운데). 토미 위나타와 패거리들이 템포 사무실에 쳐들어와 경찰들이 지켜보는 가운데 기사의 취재원을 밝히지 않으면 필자를 죽이고 사무실을 불지르겠다고 협박하고 있다(아래).

디르만(Sudirman)[12] 근처까지 와 있었다. 데이비드는 그나마 있던 인내심도 잃어버렸다. 나를 가리키며 잡아넣으라는 둥 경찰서로 끌고 가라는 둥 떠들어댔다.

"내가 그 기자놈을 찾았어. 저 놈 짓이야. 끌고 가!"

멘텡 파출소장은 계속 나보고 이 상황을 해결하라고 압력을 넣었다. 그래서 내가 말했다.

"밤방 하리 무르티 사장을 기다립시다. 늦어도 10분 안에 올 거요."

데이비드는 나가서 누군가에게 전화를 걸었다. 나는 이 상황을 풀어 보려 했다. 서티모르(West Timor)산 사파리 차림을 한 요셉 어깨에 팔을 걸었다. 그리고 물었다.

"어디 출신이요? 플로레스? 와우, 우린 동향 출신이오. 우리 아버지는 와인가푸(Waingapu) 출신이오."

"오, 동향이네. 당신을 때리지 않아서 정말 다행이오. 신이 당신을 도왔소. 근데 딴 사람도 많은데 왜 당신이 앞장선 거요?"

우리는 우호적인 분위기에서 이야기를 나누었다. 요셉은 날 설득하려 했다.

"그냥 그 제보자 이름만 대요. 제발, 그럼 당신도 다 풀려나요. 내가 보증하리다. 겁낼 거 하나 없어요."

나는 그저 웃기만 하다가 그 방에서 나왔다. 잠시 뒤 밤방이 도착해 이 모든 상황을 떠안게 됐다. 패거리들은 더욱 기세가 등등해져서 막말을 해댔다. 죽이겠다는 둥 불을 지르겠다는 둥 심지어 〈템포〉쯤은 토미가 사버릴 수도 있다고까지 떠들어댔다.

데이비드는 한층 허풍이 심해져서 발리 폭탄테러 사건도 들먹였다.

---

12) 인도네시아 자카르타 시내의 중심도로.

"이봐, 경찰 총책임자에게 누가 제일 먼저 발리 폭탄 테러 정보를 줬는지 알아? 바로 나야. 난 그보다 먼저 알고 있었다고."

그는 또 타나 아방 시장 화재에 대해서도 핏대를 높였다.

템포 편집장 밤방 하리 무르티(왼쪽)가 토미 위나타의 부하 데이비드와 대치하고 있는 모습.

"네가 타나 아방 화재사건에 대해 아는 게 뭐야? 나는 그 화재의 첫 발화지점도, 왜 소방대가 그 시장에 못 들어갔는지도 알아. 그러니까 공연히 되지도 않는 말 하지 말란 말이야!"

결국 우리는 그들을 진정시키기 위해 경찰서로 갔다. 밤방은 신변 안전을 보장하고 사무실 안에 경찰 바리케이드를 쳐달라고 요구했다. 밖에는 비가 내리고 있었다. 밤방은 경찰차 티모르(Timor)[13]에 먼저 올라 카라니야와 내가 앉을 자리를 마련하려 했다.

하지만 경찰차에 타려는 나를 데이비드가 막았다. 날 다른 곳으로 납치해갈까 봐 걱정스러워졌다. 나는 카라니야를 꽉 붙잡고 떨어지지 않으려 했다. 우리는 아르타 그라하 그룹 소유의 검은색 랜드크루저에 떠밀려 들어갔다. 차 안에는 이미 토미 위나타 부하가 타고 있었다. 나를 사무실 앞에서 끌고 가 패거리 한가운데로 떠밀어 넣은 자였다. 카라니야는 다당이라는 경찰관을 붙잡아 함께 차 안에 타게 했다. 마침내 우리는 사이렌을 울리며 출발했다.

데이비드는 누군가에게 전화를 걸었다.

---

13) 우리나라 기아가 보급시킨 승용차 세피아.

"그 사무실을 봉쇄해! 템포 직원 중 누구도 이 문제가 해결될 때까지는 밖으로 내보내지 마! 알겠어?"

자카르타 중부 경찰서, 이제는 안전해지려나? 그러나 아직 끝난 게 아니었다. 데이비드가 요셉에게 화를 내며 말했다.

"넌 해고야! 저 자가 플로레스 출신이지. 그렇지 않았다면 넌 맨 처음 저 자를 봤을 때 죽여버렸어야 했어."

그때부터 요셉은 더 이상 친근하게 굴지 않았다. 오히려 훨씬 더 우리를 압박해왔다. 그가 경찰서에서 밤방 얼굴을 후려쳤을 때 밤방 안경이 날아갈 정도였다. 데이비드, 테디와 그 무리들은 크게 소리치며 밤방을 경찰서 안으로 밀어넣었다.

나와 밤방 그리고 카라니야는 경찰서 간부 A.D 요욜의 사무실로 떠밀려 들어갔다. 5명쯤 되는 경찰이 데이비드, 테디, 하리스 숨비 그리고 다른 데이비드 부하 5명과 함께 방으로 들어왔다. 데이비드는 밤방이 최고 책임자니 죽어야 한다고 날뛰며 소리쳤다.

"지금 널 쏘겠어! 내가 감옥에 갇히거나 여기서 죽더라도 겁날 게 없어. 권총을 줘!"

그는 계속 떠들면서 밤방과 나를 가리켰다.

"난 초등학교도 졸업하지 못했어. 하지만 난 하르코 망카 두아에 도박장 2개를 가지고 있어. 그리고 800명에게 매일 5만 루피아를 임금으로 줘. 내가 먹여 살려. 니들, 그럴 수 있어?"

밤방은 도무지 말도 안 되고 근거도 없는 데이비드의 비난에 대꾸하려 했다. 그리고 이 문제를 푸는 현행 절차에 대해 말하기도 했다. 경찰 몇 명이 토미 위나타 부하들과 함께 방 안에 있었다. 〈템포〉 측은 밤방, 카라니야 그리고 나뿐이었다. 데이비드는 한껏 흥분해 밤방의 배를 치고, 머리를 발로 찼다.

"이 대머리X! 맛 좀 봐라!"

카라니야는 더 이상 참지 못하고 이런 모욕적인 행동에 강력하게 항의했다. 그러나 돌아온 것은 왼쪽 얼굴로 날아든 엄청나게 센 주먹 뿐이었다. 나는 그저 가만히 있었다. 내 눈에 데이비드는 정상이 아니었다. 그는 경찰과 군인을 포함해 숱한 사람들을 모욕했다.

"나는 돈을 엄청 뿌렸어! 모든 경찰한테 돈을 주었다고. 여기 방범 등도 전부 내가 사 준 거야. 거기다 매달 언론인에게 15만 루피아씩 줬어. 그 명단도 다 내가 가지고 있어. 그뿐인 줄 알아? 수티요소 (Sutiyoso)14)를 주지사로 만들어 준 것도 나야. 나 아니었으면 지가 어떻게 주지사가 돼? 어림없어. 니들은 다 졸이야! 그딴 짓들 좀 그만 해. 이 문제는 치푸트라가 우리 보스 토미 위나타를 만나면 해결돼. 그 사람한테 전화해!"

"아, 지금 그 사람 전화번호를 알 수 없소. 휴대폰 배터리가 나가서 말이오."

밤방 하리 무르티가 말했다.

"알았어, 멍청이. 내가 전화하지."

데이비드가 이렇게 말하곤 전화를 걸었다.

"여보쇼. 누가 말씀 나누고 싶다고 그러는데요."

데이비드가 전화를 밤방에게 건네줬다. 치푸트라였다. 그러나 그와는 단지 주변적인 이야기뿐이었다.

"난 경찰위원일 뿐이고, 당신이 그 문제를 풀어야 하는 당사자니 까……"

나, 밤방 하리 무르티, 카라니야는 어떠한 물리적 폭력도 막을 수 없

---

14) 인도네시아 정치인(1944. 12. 6~). 중부 자바 스마랑에서 태어난 군 장성 출신으로 1997~2007년 자카르타 주지사를 지냈다.

었기 때문에 더 위태로웠다. 경찰은 그저 심한 폭력만 막을 뿐이었다. 그러다 경찰서장이 들어왔다. 데이비드는 경찰서장에게도 불손했으며 깔보는 게 역력했다. 서장은 그런 상황을 그저 받아들이고 있었다. 경찰서 안에서조차 법은 존재하지 않는다는 것, 참으로 아이러니였다.

잠시 뒤 데이비드가 확인하듯 물었다.

"자, 밖에선 너희들이 납치 후 체포됐다는 말이 퍼지고 있어. 하지만 실제로 너희들은 이 문제를 풀기 위해 여기 있는 거야. 그렇지?"

데이비드는 밖에 나가 사람들에게 이 건은 합의가 끝났다고, 언론에는 우리가 체포된 것이 아니었으며 어떠한 폭력도 없었다고 밝히라고 우리에게 거듭 강요했다. 다행히 기자 여럿이 우리를 따라 경찰서까지 와 있었기 때문에 토미 위나타 패거리의 압력도 서서히 수그러들기 시작했다. 우리는 경찰서 자료실에서 기자회견을 했다. 밤방 하리 무르티와 하비브 하미드 알하미드라는 사람이 회견에 나섰다. 암본 출신인 하비브는 코란 학습그룹에 속한 50명을 소형버스 2대로 데리고 왔으며, 토미 위나타를 위해 일하고 있다고 시인했다.

기자회견 중에도 방 앞에 진을 친 토미 위나타 부하들 때문에 우리는 계속 긴장했다. 밤방은 즉답을 피한 채 의례적인 대답을 이어갔다. 경찰서에서도 무슨 짓이든 할 수 있는 토미 부하들에게 실제로 포위된 상황에서, 밤방의 그런 태도는 지극히 당연한 대응이었다. 지금 우리에게 누가 무엇을 보장할 수 있단 말인가?

수크라와르히 다흘란 경찰서장이 와서 상황을 진정시키려 했지만 별다른 효과가 없었다. 테디 우반이 핸드폰으로 자카르타 경찰청장에게 전화를 걸었다. 전화가 연결되자 그는 경찰서장에게 전화를 건네주었다. 경찰서장은 밤방에게 말했다.

"이건 큰 사건이오. 지금 자카르타 경찰청장님이 당장 날 인사 조치하겠다고 했소."

그러면서 그는 우리에게 이렇게 조언했다.

"나도 〈템포〉가 허위 기사를 썼기 때문에 토미 위나타에게 사과문을 써주도록 했으면 하오."

하지만 밤방은 반박했다. 밤방은 그런 사과문을 쓸 생각이 없었다.

결국 우리는 성명서를 내는 것으로 절충했다. 다른 방에서 카라니야와 토미 위나타 쪽 대표인 하리스 숨비가 함께 성명서 초안을 잡았다.

토미 위나타가 법정에서 〈템포〉가 허위 기사를 썼다며 진술을 하고 있다.

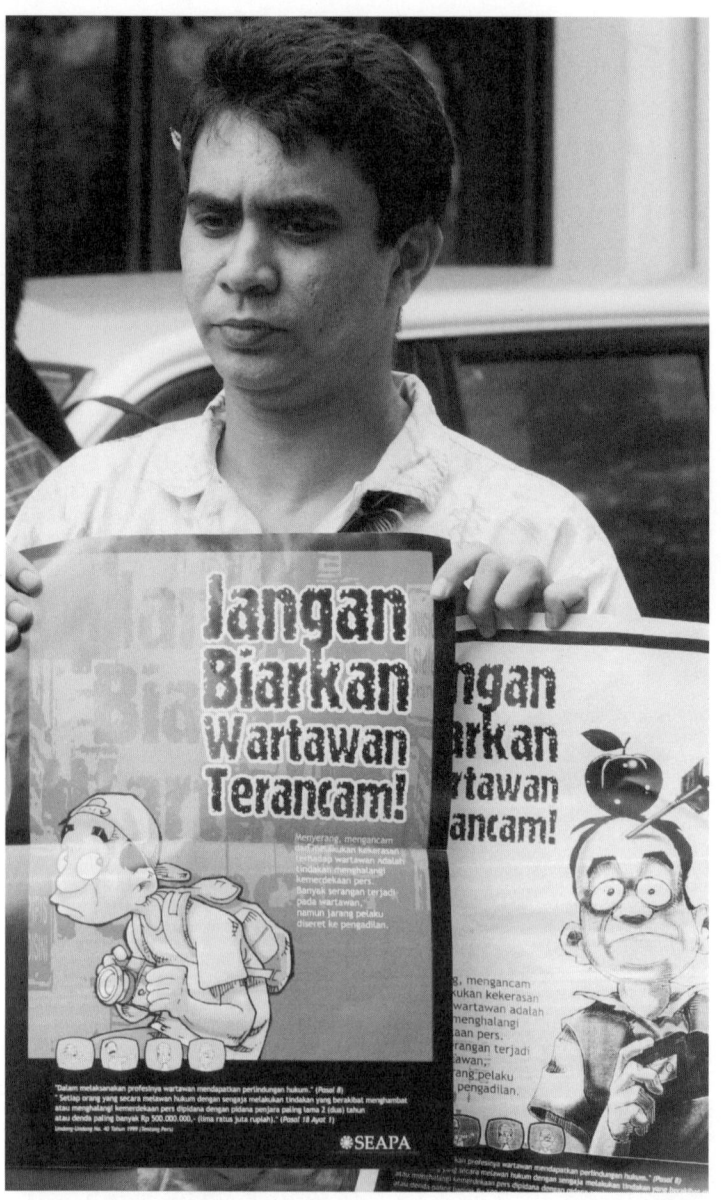

2005년 자카르타 중앙경찰서 앞에서 시위하는 필자의 모습. 손에 든 포스터는 "언론인이 위협당하게 두지 말라"는 내용이다.

데이비드와 경찰서장은 〈템포〉가 모든 문제는 이미 종료됐다고 밝힐 것을 요구했다. 또 사과문을 쓰는 문제도 거듭 강조했다. 그러나 밤방은 들은 척도 하지 않았다. 얼마 뒤 성명서가 완성됐다. 이 문제를 법의 심판에 맡기겠다는 내용이었다. 성명서에서 데이비드는 '토미 위나타의 대리인'으로 기록됐다. 우리는 경찰서장 방에서 나왔다. 그리고 우호의 표시로 악수를 했다. 그러나 이 문제는 전혀 해결되지 않았다. 어떻게 경찰서 안에서조차 이렇게 야만적인 행위가 벌어질 수 있는 것인가? 나는 절망했다.

언론의 비판 기능이 위협받고 테러의 볼모가 되는 것, 나는 이것이 걱정스러웠다. 호텔 보로부두르와 아르타 그라하 그룹의 대주주로 클럽과 도박장을 가진 토미 위나타 정도의 인물에 맞서는 것이 이 지경이었다. 기껏 사업가 하나에 언론이 만신창이가 되었다는 뜻이다. 앞으로 정치 권력, 돈, 무기 그리고 체포, 납치, 살해, 대중 동원까지 할 수 있는 사람들이 훨씬 더 큰 압력을 행사할지도 모른다.

나는 우리에게 테러를 가한 데이비드, 테디, 요셉, 하미드 알 하미드와 그 조직원들이 공정한 처벌을 받도록 요구하는 법적 절차를 밟았다. 토미 위나타도 반드시 책임 져야한다. 그렇지 않으면 수하르토 시절 겪은 상황이 다시 벌어질 수 있고, 캄보디아나 라틴 아메리카처럼 마피아 카르텔이 나라 전체를 유린하는 훨씬 극한 상황으로 이어질 수기 때문이다. 그런데 도대체 무엇을 해야 하는지 막막할 뿐이다.

토미 위나타는 법정에서 명백한 녹음 증거를 놓고도 자신의 목소리가 아니라고 우겼다. 논란 많은 재판 결과, 배심원은 내 잘못을 인정했지만 법률상 책임은 편집국장에게 있기 때문에 공소 기각 사유에 해당한다며 기소하지 않는다고 결정했다. 대신 중부 자카르타 직할법원은 밤방에게 1년형을 선고했다.

밤방은 상급법원에 항소했다. 결국 대법원에서 밤방은 무죄판결을 받았다. 나는 이 글을 쓸 때까지도 내가 오보를 냈다는 유죄평결을 파기하기 위한 법정투쟁을 계속하고 있다. 인도네시아 언론인은 여전히 공포에 질려 있다. 언제 끝날지 알 수 없는 공포 속에.

아흐마드 타우픽 (Ahmad Taufik)

인도네시아 자카르타에서 태어났다. 반둥이슬람대학(Bandung Islamic University)에서 법학을 전공했고 1985년 기자가 되었다. 1989년부터 1994년 6월 21일 수하르토 독재 정부가 발행금지할 때까지, 주간 시사잡지 〈템포(Tempo)〉에서 일했다. 1995년 3월 16일 체포되어 교도소 4곳에 수감되었다가 1997년 7월 19일 석방되었다. 1998~2000년 2월 수하르토 퇴진 후 복간된 〈템포〉 국내뉴스팀장으로 일했고, 〈템포〉 인터넷판 〈템포 인테랙픽(Tempo Interakfik)〉 편집장을 지냈고 현재 다시 주간 시사잡지 〈템포〉 국제뉴스 팀장이다.

대학 재학 시절 언론자유를 위한 활동과 투쟁을 시작한 그는 Indonesian Journalists Forum (FOWI)(Bandung)를 세우고, The Alliance of Independent Journalists(Indonesia) 초대 대표로 일하는 등 여러 단체·조직에서 일했고 세계 여러 곳에서 캠페인, 연설, 강연을 벌였다. Tasrief Award – Indonesia Press Freedom Award(Jakarta 1995), CPJ International Press Freedom Award 1995, Digul Award(Indonesian NGO's human rights award 1996), Hellmann/ Hammet Award(NewYork 1998) 등을 수상한 그를 동료들은 '언론자유투쟁 챔피언' 이라고 부른다.

라티에프 대령 (Colonel Latief)

친위 쿠데타 주역 중 유일한 생존자로 사형을 언도받고 34년 간 수감되었던 최장기수였다. 수하르토 퇴진 후인 1999년 석방되었다. 1949년 3월 대네덜란드 항전에서 수하르토 휘하 부대를 이끌었다. 1965년 친위 쿠데타 과정에서 수하르토의 의사를 파악하는 역할을 맡았던 라티에프는 사건 발생 13년 후인 1978년 법정에서 친위 쿠데타 모의를 수하르토에게 미리 알렸으나 수하르토가 어떤 행동도 취하지 않았다고 증언했다.

사나나 구스마오 (Xanana Gusmao, 1946년 6월 21일 ~)

전 동티모르 대통령(2002년 5월 20일~2007년 5월 20일), 현 총리(2007년 8월 8일 ~). 포르투갈 식민점령기에 태어나 동티모르 독립을 위해 포르투갈 식민 당국과 점령국 인도네시아에 맞서 싸웠다. 인도네시아의 동티모르 점령 이후 정치정당 동티모르독립혁명전선(FRETILIN)의 무장투쟁 지도자였고 국제사회에 동티모르독립 정당성을 알리는 주요 인물이었다. 오랜 체포작전 끝에 인도네시아 정부는 1992년 11월 사나나 구스마오를 체포했고 1993년 5월 종신형을 선고했다. 수감 중에도 독립투쟁을 성공적으로 이끌었고, 유엔 대표와 만델라 등 고위 인사들이 감옥에 갇힌 그를 방문했다. 1999년 8월 30일 독립한 티모르 공화국(Democratic Republic of Timor-Leste) 독립기념일 2002년 5월 20일에 초대 대통령에 취임했고 2008년 현재 동티모르 총리로 재임 중이다.

수하르토 (Suharto, 1921년 6월 8일 ~2008년 1월 26일)

인도네시아 2대 대통령(1967~ 1998년). 네덜란드 식민지 시절 인도네시아 자바섬에서 태어났다. 제2차 세계대전 중이던 1940년 네덜란드군이 운영하는 군사학교에 입학했다. 네덜란드가 일본에 패하자 일본 점령군 경찰이 되었고, 1945년 일본이 패망하자 일본군 잔당 소탕작전에 적극 가담했다가 네덜란드 군이 돌아오자 '독립군'이 된다. 4년 동안 이어진 대네덜란드 투쟁기간 동안 자바 디포네고로(Diponegoro) 지역 참모장이었던 수하르토는 인도네시아공산당이 이끄는 시민조직과 함께 싸운다. 1949년 12월 네덜란드가 인도네시아 독립을 인정하고, 좌우파로 분열된 인도네시아 군부에서 우파 군부 비호 아래 승승장구하던 수하르토 소장은 1965년 10월 1일, 친위 쿠데타 발생 20시간 만에 역 쿠데타에 성공한다. 1966년 인도네시아 독립영웅 수카르노 대통령(인도네시아 초대 대통령. 1945~1967년 재임)은 비상사태를 선포하고 수하르토에 권력 대부분을 이양한다. 고위 장성 6명이 살해된 친위 쿠데타에서 고위 핵심 장성이던 수하르토가 살아남았다는 사실과, 그가 20시간 만에 역 쿠데타에 성공한 것은 의문을 남긴다. 1967년 우파 군부가 장악한 임시의회는 수카르노의 모든 권력을 박탈하고 수하르토를 대통령 권한대행으로 임명하고, 3월 21일 수하르토는 5년 임기 대통령에 공식 취임한다. 역 쿠데타 이후 6개월 동안 군대와 자경단의 이른바 '빨갱이 숙청'으로 마르크스 이름도 모르는 노동운동가와 시민운동가를 포함한 수천 명이 살해된다. '200만 명 투옥, 100만 명 사망'으로 창출, 유지한 32년 철권 독재의 시작이었다.

수하르토의 "새 질서(New Order)" 통치는 강력한 중앙집권 군부 주도로 이루어졌다. 동서냉전기 서방과 이해를 함께한 덕에 받은 원조와 투자 그리고 유전개발과 1970년 유가 상승 등에 힘입어 수하르토 집권기 인도네시아의 연평균 국내총생산(GDP)성장률은 7퍼센트에 이르렀고, 전체 인구의 60퍼센트였던 빈곤선 이하 인구는 11퍼센트로 줄었으며 국민건강, 교육 수준이 향상되었다. 한편 자연 환경을 심각하게 파괴했고 수많은 정치 반대자들을 살해, 투옥, 강제노역장에 투입했다. 중국계를 비롯해 소수민족을 탄압했고, 1975년 동티모르를 침략해 24년간 점령하는 동안 20여만 명(2001년 동티모르

수용·진실·화해위원회의 조사보고서는 인도네시아 점령 24년 동안 분쟁 관련 사망자를 10만 2,800명으로 발표했는데, 증거 자료가 사라졌고 가해자인 인도네시아군과 정부 도움이 없던 탓에 누락된 희생자가 많았다)이 사망했다.

1990년대 초, 정치적 자유와 민주화를 요구하는 시민과 학생들 시위에 무슬림 지식인들이 가세했고 1997년 아시아 외환위기로 물가와 실업률이 치솟아 확대된 소요를 수하르토 정부는 무력 진압한다. 5월 12일 트리삭티대학(Trisakti University) 학생 6명이 공안부대에게 살해당한 사건은 반수하르토 운동을 격화시켜 1998년 5월 21일 수하르토가 사임한다.

집권기 수하르토 일가와 군부 부패가 극심했는데 1999년 〈타임〉은 수하르토 일가가 현금, 주식, 부동산으로 보유한 자산이 약 150억 달러라고 보도했고 2004년 국제 투명성기구는 수하르토 일가가 집권기 착복한 금액을 150억~350억 달러로 추정하며 그를 세계 최악 부패 지도자로 꼽았다. 주요 기업 거래마다 수수료 10퍼센트를 받은 것으로 알려진 수하르토 부인 티엔 수하르토(Tien Suharto)는 "마담 10퍼센트"로 불렸다.

2000년 부패 혐의로 기소되었으나 검찰은 건강악화를 이유로 2006년 공소취하했고, 2008년 자선단체기금 14억 달러 횡령 반환 민사소송도 '법정 밖 화해' 한다. 결국 수하르토 일가의 부정축재 재산은 한 푼도 국고로 환수되지 않았다. 1991년 취임한 인도네시아 대통령 와히드(Wahid)는 "어떤 범죄를 저질렀든 전임 대통령을 용서하겠다"고 말했고, 2005년 인도네시아 최고법원은 전 대통령 건강관리 의무가 있다고 판결했고, 현 대통령 수실로 유도요노(Susilo Yudhoyono)와 정치지도자들은 입원한 수하르토를 문안했다. 2008년 자카르타에서 사망했다.

치피낭 교도소 (Cipinang Penitentiary Institution)

인도네시아 자카르타에 있는 고도 보안 감옥이다. 인도네시아 민족주의 발흥기인 20세기 초 네덜란드 식민정부가 세웠으며 민족주의 지도자 모하메드 하타(Mohammed Hatta)가 치피낭에 갇혔다. 인도네시아 독립 후 1961년 수하르토 정부의 반화교 정책을 비난한 저명한 소설가 프라무디아 아난타 토르(Pramoedya A. Toer)가 재판 없이 1년 동안 감금되었다. 엠네스티와 휴먼라이츠워치 등 인권단체들은 수하르토 정부가 치피낭 같은 교도소에 반대자들을 가둔다고 주장했다. 2005년 엠네스티는 상습적인 고문과 학대를 보고했다. 인도네시아의 동티모르 점령기, 사나나 구스마오를 비롯한 독립운동가들, 반 수하르토 정치가, 노동운동가 등이 수감되었다.

템포 (Tempo)

인도네시아 시사 주간지로 인도네시아에서 가장 신뢰받는 출판물 중 하나다. 1971년 작가인 구나완 모하마드(Goenawan Mohamad)와 동료들이 설립했으며, 수하르토 독재기 억압적인 상황에서 혁신적 독립 보도로 선도적 시사 잡지로 자리잡았다. 정부가 운영하는 독점 에너지 회사 페르타미나(Pertamina) 부정을 세세히 보도했고, 집권당인 골카르당 선거 운동 중 발생한 폭동을 실은 후에는 가판을 할 수 없었다. 못쓰게 된 동독 해군 전함 39척 구입 결정 비판 기사를 낸 후 1994년 9월 11일 권력 정점에 있던 수하르토 장군은 〈템포〉 폐간을 명령했다. 〈템포〉와 독립언론 〈데틱(Detik)〉 〈에디터(Editor)〉 발행금지는 가두시위를 촉발했고 AIJ 설립 계기가 되었다. 〈템포〉는 폐간 몇 달 후 온라인 뉴스 매체 〈템포 인테랙픽(Tempo Interakfik)〉을 올렸다. 〈템포〉는 1998년 수하르토 사임 후에 복간되었다. 2000년 영어판 잡지를 시작했고 다음 해 일간신문 〈코란 템포(Koran Tempo)〉를 발행했다.

토미 위나타 (Tomy Winata)

2006년 인도네시아 부자 35위로 발표된 대만계 인도네시아 사업가로 군부와 밀접한 관계를 이용해 백만장자가 되었다. 전 대통령 아들 토미 수하르토(Tomy Suharto), 전 대통령 메가와티 수카르노푸트리(Megawati Sukarnoputri)

남편 타우픽 키마스(Toufik Kiemas)와 친밀하다고 알려졌다. 그가 소유한 아르타 그라하 그룹(Artha Graha Group)은 부동산, 금융 서비스, 광산업, 전기통신, 도박장 운영, 크루즈 등 사업을 한다. 〈타임 아시아〉는 토미 위나타에게 '도박 황제(Gambling Kingpin)' 딱지를 붙였다.

인도네시아 연표

1512~1850년 포르투갈 식민지.

1800~1942년 네덜란드 식민지.

1942~1945년 일본 식민지.

1945~1949년 인도네시아와 네덜란드의 군사, 외교 전쟁인 인도네시아민족혁명(또는 인도네시아독립전쟁).

1945년 8월 17일 공화국 독립 선포.

1945년 8월 18일 인도네시아민족중앙위원회(The Central Indonesia National Committee), 독립운동지도자 수카르노(Sukarno)와 모하메드 하타(Mohammad Hatta)를 각각 초대 대통령과 부통령으로 발표.

1966년 10월 1일 수하르토(Suharto) 소장 쿠데타로 정권 장악.

1967년 수하르토, 격리된 수카르노 대통령에게 받았다고 주장한 수퍼세마르(Supersemar; 진위가 불분명한 이른바 3월 11일 사령장에는 '대통령 권위와 정부 안정을 지키기 위해 모든 판단을 수하르토 소장에게 위임한다'고 적혀 있다)를 근거로 정권 장악, 3월 12일 대통령 취임, 이후 32년간 철권통치.

1975년 12월 인도네시아, 미국제 군함과 전투기를 동원해 동티모르 침략, 이후 24년 간 점령.

1997년 태국에서 시작된 동아시아 금융위기로 인도네시아 화폐인 루피아(Rp) 가치 추락. IMF에 긴급 구제 금융 요청. 경제 악화로 확대된 민주화 시위에 대한 수하르토 군부의 무력진압으로 반수하르토 운동 격화.

1998년 5월 21일 수하르토 하야. 부통령 하비비(Bacharuddin Jusuf Habibie)가 정권 승계.

1999년 10월 20일~2001년 7월 23일 와히드(Abdurrahman Wahid) 대통령 재임.

2001년 7월 23일 국민협의회(MPR ; 인도네시아 헌법상 최고의사결정기구), 군부 지지 속에 와히드 탄핵안 결정, 수카르노 초대 대통령의 딸 메가와티(Megawati Sukarnoputri)를 대통령으로 임명(2004년 10월 24일까지 재임).

2002년 동티모르 독립.

2004년 10월 20일 첫 직선제 대통령 선거에서 육군대장 출신 정치가 수실로 밤방 유도요노(Susilo Bambang Yudhoyono) 당선. 2008년 7월 현재 재임 중.

뉴스의 서구중심주의?

1984년 12월, 인도 보팔에서 유니온 카바이드 가스 누출 참사가 벌어졌을 때 나는 〈조선일보〉 외신부 기자로 일하고 있었다. 사회부 기자 2년을 거쳐 외신부로 온 지 채 1년이 안 됐을 때다.

〈조선일보〉는 첫 판 신문에서 그 기사를 1면 머리기사로 쓰지 않았다. 사망자가 3,000명 선이라는 큰 틀은 다 나와 있었다. 하지만 출고부서인 외신부도, 기사 크기 제목 등 지면 편집을 관할하는 편집부도, 기사 가치와 지면을 총체적으로 점검하는 편집국 고위간부들도 그 사건을 가장 중요한 뉴스로 생각하지 않았던 것이다.

통신용지 이면에 볼펜으로 휘갈겨 쓴 기사를 보며 납활자 하나하나를 골라내 손으로 짜 맞춰 조판해야 하는 탓에 특히 첫 판 신문을 만들 때는 편집국과 공무국이 마치 전쟁터를 방불케 하는 시절이기는 했다. 외신부장이 출근하지 않아 그 기사가 1면 머리로 올라야 한다고 세계 '세일' 하지 못했을 수 있다. 아시아 담당기자도 나오지 않아 다른 기자가 그 기사를 다뤘을 수도 있다. 하지만 누구도 보팔 참사가 1면 머리기사로 오르지 않는 것에 이의를 제기하지 않았다. 다행히 최병렬 당시 편집국장이 나중에 첫 판 신문을 보고 불같이 화를 냈다.

"아니, 어떻게 사람이 3,000명이나 죽었는데 이렇게 작게 취급하나!"

그 결과 문제의 기사가 1면 머리로 올랐다(바로 이 기사 판단 때문에 나는 최 국장의 정치적 입장과 상관없이 그가 기자로 가진 능력을 존경한다).

아시아 사람 수천 명이 미국계 다국적 기업 유니온 카바이드의 범죄적 기업 활동 때문에 억울하고 비참하게 죽어나갔는데도 정작 아시아(한국)의 언론인들은 무엇인가에 홀려 있었다.

전두환 독재의 암울한 시절, 광주에서 숱한 사람들이 죽어간 반작용으로 국제 뉴스는 별로 신경 쓰지 않는 사회 분위기에 휘말렸기 때문일까? 사이클론 한 방에 방글라데시 사람 수천 명 정도는 해마다 죽어나가기에 아시아 사람의 목숨은 목숨 같지도 않게 생각하도록 스스로 길들여졌기 때문일까?

아니면 뉴스의 서구중심주의? 설득력이 떨어진다. 당시 국제 뉴스를 거의 독점 공급했던 4대 통신사 〈AP〉 〈로이터〉 〈AFP〉 〈UPI〉는 모두 이 기사를 속도 차이는 있어도 주요 뉴스로 타전했다. 따라서 그 뉴스를 어떤 비중으로 다룰지는 모두 그 통신을 받아썼던 각 언론사들 몫이다. 만일 미국 뉴올리언스에서 보팔 참사와 똑같은 사건이 일어나 3,000명이 죽었다고 해도 아시아(한국)의 언론은 보팔처럼 보도하고 말았을까?

〈조선일보〉와 〈한겨레〉 국제부 기자 경력 6년에, 〈한겨레21〉 편집장, 〈한겨레〉 사회부장 정치부장 편집국장 등을 거치며 나는 국제뉴스와 떼려야 뗄 수 없는 인연으로 묶여 살아왔다. 그 인연 속에서 북한을 비롯해 중국·일본·태국·방글라데시·인도·네팔·러시아·우크라이나·그루지야·스위스·프랑스·독일·스페인 등을 찾아가 취재하기도 했다.

그렇게 기자 생활 사반세기를 넘긴 뒤 마침내 이 책을 번역하게 됐다. 그리고 누구보다 먼저 나 스스로 새로운 세상과 새로운 관점에 눈뜨게 됐다. 많은 생각과 이미지가 머릿속에서 빠르게 흘러갔다.

아시아, 뉴스의 중심이 되다

아시아 현장을 누비는 '아시아' 기자 10명이 쓴 글 가운데 가장 먼저 눈길이 간 글은 보팔이었다. 보팔 참사가 세계 언론을 뒤덮은 1984년 12월에는 찾을 수 없던, 사건의 직접 피해자이며 특종 기자인 라아즈쿠말 케스와니의 글을 23년이 지나 읽으며 나는 새로운 각도에서 뉴스와 인간의 관계를 깊이 응시할 수 있었다. 기억 속 4대 통신이 쏟아낸 엄청난 양의 기사에 결정적으로 빠져 있던 그 무엇을 뚜렷하게 잡아낼 수 있었던 것이다. 그것은 생생하게 살아서 뛰는 심장이었다. '아시아의 심장' 그 땅과 물에서 살고, 거기서 울고 웃고 당해보지 않으면, 사랑하는 이들이 눈앞에서 죽어나가는 것을 보지 않았으면, 느끼려야 느낄 수 없고 움켜쥐려야 쥘 수 없는 울림이 있었다.

'울림'은 인도 보팔에서 버마·태국·캄보디아·인도네시아로, 네팔·아프가니스탄·팔레스타인으로 퍼져나갔다. 번역하는 내내 나는 '아시아 기자' 10명이 보여주는 아시아 산하(山河)와 그 사람들, 고뇌와 희망에 공감하며 가슴이 울렁거렸다. '아시아 기자' 10명이 아시아의 땅과 물에 떨어뜨린 땀과 눈물과 탄식이 생생하게 살아 있는 것처럼 느껴졌다. 바로 나의 이야기며, 우리들의 이야기였다. 1970년

대 고등학교에 다니며 이른바 반공과목 과제로 신문에 실린 파월(派越)한국군 전공 관련 기사를 스크랩하고 있을 때, 맹호부대니 청룡부대의 베트콩 사살자수를 도표로 그리고 있을 때, 마부치와 그의 '진보적' 일본 기자 동료들은 앙코르와트를 배경으로 총을 들고 있을 크메르루주 병사들의 사진 한 컷을 찍기 위해 목숨을 걸고 있었다. 그 사진 한 컷을 위해 총탄에 쓰러지거나 콜레라에 걸려 죽어나가고 있었다.

1989년 여름 휴일을 맞아 홍콩 중심부 광장에 모여든 '아마(홍콩에 와서 가정부를 하는 필리핀 출신 여성에게 홍콩 사람들이 붙인 통칭)'들의 모습을 보았다. 광장 보도 턱에 쭉 늘어 앉아 간단한 음식을 나눠먹으며 그들은 격음의 타갈로그말을 끊임없이 토해내고 있었다. 그 뒤 한국에 국제결혼이나 산업 연수생으로 온 필리핀 여성들을 보며 나도 알게 모르게 폄하나 무관심에 점차 물들어갔음을 고백한다. 그런 나에게 필리핀 탐사보도팀 여걸 4인방은 진짜 부끄러움을 안겨주었다. 한국에서 잘 나가는 기자에 긴답시고 몇 차례인가 대학신문 기자들 앞에서 강의를 했던 나는 필리핀 대통령 에스트라다의 부정부패를 캐고 들어가 권좌에서 내쫓는 역사를 일궈낸 그들의 탁월한 취재력과 용기, 노력, 영리함에 놀라고 또 놀랐다. 그리고 얼굴이 뜨거워졌다. 필리핀탐사저널리즘센터(PCIJ) 활동을 기록한 쉐일라 코로넬의 글은 앞으로 기자가 되려는 세계 젊은이들이 꼭 읽어보기를 권한다.

아시아의 울림

우리는 아시아를, 아시아의 뉴스를 우리 밖의 시각, 우리 아닌 사람들의 가슴에 맡겨왔다. 아무렇지도 않게. 그 결과 한국 주재 해외특파

원이 취재해 해외언론에 실은 기사를 해외 주재 한국특파원이 베껴 한
국으로 보내는 일이 아무렇지도 않게 벌어진다. 심지어 해외언론이 한
국 언론 보도내용을 베낀 것을 마치 새로운 뉴스인 양 베껴서 보낸 기
사가 국내 신문에 대문짝만 하게 실리는 일까지 벌어졌다. 이런 관행
속에서 한국과 아시아의 언론은 조롱받고 무시당했다. 그리고 서구 세
력의 정보조작 대상으로 전락하곤 했다. 매파와 군수재벌의 지능적인
언론플레이에 같은 민족끼리 이웃나라끼리 갈등을 빚고, 군비경쟁을
벌이고, 전쟁까지도 일으켰다. 남의 눈을 빌리고 남의 가슴에 기댄다
는 것은 목숨을 저당잡히고 영혼을 팔아버리는 일이다.

아시아의 울림을 아시아와 그 너머 넓은 세계에 전하려는 시도는
여러 곳에서 여러 사람들이 벌여왔다. 25년 기자생활 속에서 그런 언
론인과 언론집단을 만날 수 있었던 건 큰 축복이다. 그 가르침과 깨달
음 속에서 나 스스로 작은 노력을 기울여본 기억도 있다.

그 한가운데 '정문태' 라는 친구가 있다. 1994년 〈한겨레21〉 취재팀
장으로 일할 때 나는 한국에서 산재를 입어 손가락이나 손이 잘린 채
네팔과 방글라데시로 돌아간 이들을 취재하고 돌아오는 길에 방콕에
내렸다. 오랜 시간 아시아 대지에서 숱한 사건, 인간과 부대껴온 그의
내공은 셌다. 그가 말하는 콘텐츠 하나하나는 모두 특종이거나 커버
스토리, 특집거리였다.

"지금 동남아 암시장에서는 한국 여권이 3,000달러가 넘는 고가에
팔려나가고 있다."

"캄보디아 킬링필드는 과장과 왜곡의 산물이다. 숱한 해골의 절반
이상은 실제론 미군 폭격으로 희생된 사람들일 것이다."

"에티오피아에는 1950년대 한국전쟁 때 참전한 '각뉴부대' 사람들
이 아직도 상당수 생존해 있다. 가난하지만 한국을 또렷이 기억한 채

한국을 그리워하고 있다."

나는 놀라우면서도 기뻤다. 당장 레스토랑 식탁에 깔려 있던 커다란 메뉴가 적힌 종이를 뒤집었다. 그러곤 이면 백지에 펜으로 적어나갔다.

이날의 만남은 '국제분쟁전문기자 정문태'의 이름으로 〈한겨레21〉에 실리는 수많은 특종과 르포, 특집기사로 발전했다. 덕분에 〈한겨레21〉은 그 참신성과 고급함을 선명하게 알릴 수 있었고 덤으로 나도 유능한 편집장이라는 명예를 얻게 됐다. 그의 경험과 인맥은 나중에 '아시아 네트워크'라는 의미 있는 기자 모임으로 뿌리를 내린다.

1990년대 말 인터넷이 새로운 미디어 채널로 부각될 무렵, 〈한겨레〉의 자회사로 출범한 〈인터넷한겨레〉 초대 대표이사를 맡은 나는 '레인보우 아시아'라는 이름 아래 인터넷으로 아시아 언론을 묶는 뉴스 연합체를 만들어보려고 했다. 오프라인으로는 매우 어려운 미디어 네트워킹을 온라인으로는 구현할 수 있다는 꿈 때문이었다. 그러나 우리 자신이 재정적으로 기술적으로 너무 준비가 모자랐다. 제휴대상으로 상정한 언론들도 필요성이나 가능성에 충분히 공감하지 못한 상태였다. 결국 무지개는 흐릿하게 뜨는 듯 싶더니 곧 꿈처럼 사라졌다.

정문태 기자는 꿈이 아닌 현실로 아시아를 끌어안고 계속 나아갔다. 어느 집단의 지원도 없이 '아시아 네트워크'를 이끌어가는 고군분투를 계속하면서 그는 스스로 세운 정체성과 방향성을 절대 놓지 않으려 했다. 그 고집과 정열은 이미 비슷한 문제의식을 지닌 채 세상과 부대껴온 다른 '아시아 기자'들을 하나의 공동체로 묶어갈 수 있었다.

정문태 기획으로 아시아 기자들의 특종 이야기를 모은 이 책은 아시아와 아시아의 뉴스에 생명과 영혼을 불어넣으려는 그들의 꿈과 울림을 응축적으로 담고 있다. 저마다 세계에서 손꼽히는 기자들이 쓴 글 하나하나는 진실을 씨줄로 사랑을 날줄로 깊은 감동을 전한다.

제대로 된 눈으로 직시하고 제대로 된 가슴으로 전달하는 뉴스가 얼마나 힘이 있는지는 사건 발생 이후 수십 년이 지났는데도 그 실체와 의미를 이보다 더 잘 일깨우는 글을 본 기억이 떠오르지 않는다는 점에서도 확인된다.

'전선'은 분명해졌다

우리가 진입한 이 시대는 어떤 시대인가? 미디어의 관점에서 볼 때 우리는 과거 소수에게 집중됐던 기자권력을 디지털 기기와 민주주의로 무장한 시민대중과 분점할 수밖에 없는 새로운 시대에 들어섰다. 세계 정보와 여론을 주물러왔던 서구언론의 독과점체제에 맞설 수 있는 방법론이 이제 기술적으로, 민주적으로 가능한 시대로 돌입한 것이다. 그렇다면 '전선'은 보다 분명해진다. 누가 불을 지필 것인가?

일본? 뛰어난 기술력과 자금력을 가졌지만 여전히 아시아 사람들의 마음을 얻는 데 실패한 의심스러운 국가가 아닐까? 중국? 급격한 현대화를 바탕으로 강대국으로 부상해나가면서 점차 국제적인 견제와 비판의 대상이 돼가고 있지 않을까? 한국? 국제적으로 많은 약점과 한계를 지닌, 오히려 문제아에 더 가까운 존재일지도 모른다. 동시에 어떤 나라도 갖지 못한 '아시아 발전 모델'로서의 가능성을 인정받는 이중적 존재이기도 하다. 또 의식적이든 무의식적이든 한국이 발산하는 역동적인 문화 코드와 공동체주의적 정서는 아시아 사람들의 잠재적 동질성을 별 거부감 없이 끄집어내는 데 성공하고 있기도 하다.

이처럼 한국의 가능성이 점차 새롭게 주목받는 시기에, 아시아의 울림을 주도할 수 있는 소중한 씨앗이 한국에서 뿌리내리려는 것이다. 그 씨앗은 한국발이지만, 우리의 민들레가 그러하듯이 그 열매는 평양에서 카트만두까지, 아프가니스탄의 힌두쿠시산맥으로부터 팔레스타인의 라말라까지 퍼져나갈 것이다.

지치지 말자. 아시아 기자 10명이 출판사 기획에 전폭 동의하고 참여했다는 사실에 많은 이야기가 담겨 있다. 그들이 체제나 돈 따위의 논리를 뛰어넘는 자유 정신을 지녔다는 것을 아시아네트워크 출판사는 정확하게 읽은 셈이다.

그들에게는 시작이 필요했던 것이다. 이제 점화된 횃불은 힘차게 타오르기 시작했다. 그러므로 남은 것은 하나다. "경기는 계속되어야 한다!"

오귀환

옮긴이 **오귀환**

〈한겨레〉 전 편집국장. 1982년 〈조선일보〉 기자로 언론인으로 첫발을 뗀 뒤 지금까지 다양한 미디어 활동을 하고 있다. 1988년 〈한겨레〉로 옮겨 시사주간지 〈한겨레21〉 편집장, 〈한겨레〉 사회부장, 정치부장, 편집국장, 이사 등을 지냈다. 〈인터넷한겨레〉(현 한겨레플러스) 창립 대표이사, 중앙일간지 인터넷신문 연합체인 한국온라인신문협회 회장을 역임했다. 〈한겨레〉의 '북녘동포돕기 캠페인'을 주도해 한국기자협회, 전국언론인노동연합, 한국PD연합회가 공동으로 시상하는 '통일언론상'을 수상했으며, IMF 사태 직후 '실업극복국민캠페인' 신문부문 지원활동을 주도했다.

THE **NEWS**
아시아를 읽는 결정적 사건 9

첫판 1쇄 펴낸날 2008년 7월 25일
 8쇄 펴낸날 2009년 6월 5일

지은이 쉐일라 코로넬 외
옮긴이 오귀환

펴낸이 김수진
기획 정문태
편집 이현주 이정규

인쇄 중앙 P&L
제본 정민제책

펴낸곳 아시아네트워크
출판등록 2007년 10월 2일 제 406-2007-000093호
주소 경기도 파주시 교하읍 문발리 파주출판도시
 529-3번지 푸른숲 빌딩, 우편번호 413-756
전화 031)955-1441~3(편집부), 031)955-1400(마케팅부)
팩스 031)955-1445

ⓒ 아시아네트워크, 2008
ISBN 978-89-960239-3-7 04910
 978-89-960239-0-6 (세트)

* 잘못된 책은 구입하신 서점에서 바꾸어 드립니다.
* 본서의 반품 기한은 2014년 6월 30일까지입니다.

이 도서의 국립중앙도서관 출판시도서목록(CIP)은 e-CIP 홈페이지(http://www.nl.go.kr/cip.php)에서 이용하실 수 있습니다. (CIP제어번호: CIP2008002221)